山区高速公路
项目管理工程实践

主　编　周洪文　董德全
副主编　杨兴娜　袁茂林　张林俊

人民交通出版社股份有限公司
北　京

内 容 提 要

本书以河南省洛栾高速公路工程建设为实例，将理论与实践相结合，探讨、分析山区高速公路项目建设管理的方法与成效，主要内容包括：山区高速公路项目建设的组织管理、目标的动态控制、项目参与各方的合同管理、项目的技术创新与管理以及山区高速公路项目的组织与协调等。

本书可作为山区高速公路项目建设管理和施工技术研究人员的参考书，也可作为道路工程、管理科学与工程等相关专业高年级学生与研究生的教学参考用书。

图书在版编目(CIP)数据

山区高速公路项目管理工程实践 / 周洪文，董德全主编. —北京：人民交通出版社股份有限公司，2021.6

ISBN 978-7-114-17196-3

Ⅰ.①山… Ⅱ.①周… ②董… Ⅲ.①山区道路—高速公路—基本建设项目—项目管理—研究 Ⅳ.①U412.36

中国版本图书馆 CIP 数据核字(2021)第 063720 号

Shanqu Gaosu Gonglu Xiangmu Guanli Gongcheng Shijian

书　　名： 山区高速公路项目管理工程实践
著 作 者： 周洪文　董德全
监　　制： 邵　江
策　　划： 邵　江　杜　琛
责任编辑： 陈力维
文字编辑： 卢　珊　陈力维
特约编辑： 刘楚馨　李梦霁
营　　销： 吴　迪　赵闻恺　苗　苗
责任校对： 孙国靖　龙　雪
责任印制： 张　凯
出版发行： 人民交通出版社股份有限公司
地　　址： (100011)北京市朝阳区安定门外外馆斜街 3 号
网　　址： http://www.ccpcl.com.cn
销售电话： (010)59757973
总 经 销： 人民交通出版社股份有限公司发行部
经　　销： 各地新华书店
印　　刷： 北京建宏印刷有限公司
开　　本： 787×1092　1/16
印　　张： 12.25
字　　数： 239 千
版　　次： 2021 年 6 月　第 1 版
印　　次： 2021 年 6 月　第 1 次印刷
书　　号： ISBN 978-7-114-17196-3
定　　价： 58.00 元

编写委员会

主　编： 周洪文　董德全

副主编： 杨兴娜　袁茂林　张林俊

审定委员会

主　任： 丁文胜

副主任： 武田艳　张伯简　周世伟

成　员： 刘论锋　石春香　许改平　王　哲　袁　超　艾辉林　霍延敏
颜剑锋　闫　兵　柯翔西　袁宝月　王金丽

前言

高速公路作为我国境内运输路网的重要组成部分，是一种现代化的公路运输通道。回首过往，从改革开放初期全国无高速公路，到1988年我国首条高速公路沪嘉高速公路全线通车，再到2019年中国高速公路总里程达到14.96万km，位居世界第一，在过去短短的几十年里，中国的高速公路经历了从无到有、从少到多的跨越式发展，并且在中国经济发展历程中做出重大贡献。

山区高速公路作为高速公路建设中的一种重要组成部分，其特殊的地理环境和恶劣的气象条件等给山区高速公路的建设增添了额外的困难。山区高速公路项目工程建设具有施工难度大、投资高、施工周期长、风险源种类多、安全风险高等多种特性。因此，一直以来山区高速公路的建设研究，对提高项目建设与管理水平有着重大意义。

近年来，在我国山区高速公路建设研究中，既有依据绿色公路以及旅游公路等新理念，通过结合公路选线方案、工程、技术、经济、安全、社会及环境等多方因素进行综合评价分析，从而选出最优方案，为减少对生态环境的破坏提供新思路，在促进国民经济发展的同时进一步贯彻落实健康可持续发展的新思想。还有通过对已有道路施工技术的进一步发展与完善，结合不同项目施工环境的地貌、水文、气候等因素，为高速公路项目的质量、安全等诸多方面提供有效的保障。

河南省作为我国人口及资源大省，高速公路的修建对经济发展、文化交流等有着重要的推动作用，鉴于目前洛阳市下辖9县市中洛宁县、嵩县、栾川县仍未有高速公路的现状，交通的不便利不仅阻碍了各地区之间的文化交流，还进一步制约了当地经济的快速发展。洛栾高速公路的建成通车有效地推动了河南省高速公路路网的建设，进一步拉动线路沿线地区的经济发展与资源开发，因此洛栾高速公路的建成通车具有重要的历史意义。

洛栾高速公路项目作为典型山区高速建设项目，由于项目本身所面临的特殊地形、地貌条件，项目建设规模之大、施工难度之高，都对工程建设与管理提出了巨大的挑战。虽然我国目前对于高速公路的研究已有较为成熟的技术体系与方案设计，如对高速公路路线的选址规划以及针对高速公路建设中某些具体技术难点所提出的可行性研究及技术创新等方面都较为成熟,但目前我国对于山区高速公路技术及项目管理的系统性研究还较为稀少。因此,本书通过从项目管理的角度出发对洛栾高速公路项目的管理进行系统性概述与分析,并就山区高速公路建设中的管理、技术等方面所出现的问题进行研究与分析,对项目管理过程中的经验进行总结,为其他山区高速公路的项目管理提供相关的参考与借鉴。

本书通过对洛栾高速公路项目管理经验及教训的翔实记录与分析,可以清楚地了解到山区高速公路建设中所面临的主要难题,以及进行山区高速公路项目管理的重要性。为此,河南嵩阳高速公路有限公司在确保工程质量的前提下,从项目立项到项目竣工、验收采取了严密的项目规划、论证与管理,在面对项目中出现的多种建设管理和施工技术方面的难题时成立专项课题研究进行攻克,并取得诸多方面的创新性突破,如在路面车辙问题的研究中提出的经济有效型抗车辙沥青路面成套技术,在经济和环境等方面都产生了显著的效果。这些技术成果与创新不仅为洛栾高速公路的修建提供了有效的支撑,同时在项目中也取得了显著的经济效益,并为其他同类高速公路的建设提供了新的思路。

本书依托实际工程,介绍了山区高速公路工程项目管理,主要包括以下几个方面:

(1)项目的组织管理。组建合理高效的项目管理机构、选择合适的组织结构模式、建立行之有效的项目管理制度是项目能够有效运作的前提和保证,项目中主要通过对各元素、各部分的工作任务分工以及管理职能分工明确项目部门以及管理人员的责任和任务。

(2)项目的目标控制。在项目的建设过程中,由于会受到各种因素的干扰,因此在项目管理过程中必须对建设目标进行有效的前期规划和过程中的动态控制。其中,主要的控制目标有成本控制目标、进度控制目标、质量控制目标和安全控制目标等。鉴于项目工程周期长、工程量大、参与人数及单位多,因此只有将项目目标进行阶段划分,并在项目实施过程中坚持以科学理论作为管理基础,在过程中实现对阶段目标的及时调整与控制,才能实现项目的最终目标。

(3)项目的合同管理。在我国现行国情下工程合同的签订对于整个项目的规划设计、实施等过程有着重要影响。项目合同的签订不仅明确了项目的组织关系与责任的划分,还进一步为后期项目参与各方组织协调工作以及利益冲突提供解决依据。因此,合同的签订是项目施工与管理的必然要求与保证,同时又是工程项目管理中有效的管理手段。

(4)项目的技术管理。施工技术作为高速公路建设中的重要支撑,对于技术的管理工作在项目建设当中同样有着重要作用。相较于其他高速公路,山区高速公路对技术的专业性、高效性有着更高的需求,技术运用与创新作为技术管理活动中的重要工作内容,不仅有利于克服项目中所面临的施工难题,更有利于项目节约成本、缩短工期,并为今后其他高速公路的建设提供优秀的案例。

(5)项目的组织与协调。对于项目管理而言,组织与协调是管理者重要的管理方法,通过一定的组织形式、方法和手段,对项目中存在的问题与干扰进行排除,加强项目参与各方在信息上的交流与联络，及时有效地对项目信息进行收集、处理与分析，从而达到全面协调工程建设的目标。

洛栾高速公路项目作为山区高速公路项目，在施工过程中存在许多建设难点，为保证该项目在2012年底实现通车的进度目标，需要将原有的36个月的施工周期缩短至24个月，并确保项目质量、安全等多个目标的高效完成。本书重点描述了洛栾高速公路项目建设过程控制所采取的多项措施，如实施动态的合同管理、推进全过程的质量管理、强化有效的目标进度管理、实施全面的成本管理与控制、进行全方位的安全生产管理等多项举措；针对洛栾高速公路的绿色公路、旅游公路的定位，从项目规划设计与技术管理的角度重点描述了线路的选址以及技术的管理与创新；同时介绍了关于项目管理活动中组织结构以及组织管理体系的构建。

为了更好地将山区高速公路项目管理的经验及教训进行推广，全书共分8章：第1章介绍项目背景、意义及地位；第2章介绍公司管理体制；第3章介绍工程项目合同管理；第4章介绍工程项目质量管理；第5章介绍工程项目进度管理；第6章介绍工程项目成本管理；第7章介绍工程项目安全管理；第8章介绍工程项目技术管理与创新；第9章介绍工程项目的主要创新点与效益分析；第10章是工程项目的总结与展望。书中还引用了一些专家、学者的最新研究成果和许多施工现场技术人员、专家的工作创新实践，本书在编写过程中得到许多专家、学者的大力支持，作者对收到的宝贵修改意见和建议表示衷心的感谢！

书中难免存在不妥和错误之处，恳请读者批评指正。

编　者

2021年3月

目录

第1章 洛栾高速公路工程概况

1.1 工程概述

洛栾高速公路位于河南省境内，南接旅游名城栾川，北接古都洛阳，全长 129.229km，其中洛嵩段全长 62.691km，嵩栾段全长 66.538km，总平面图如图 1-1 所示。

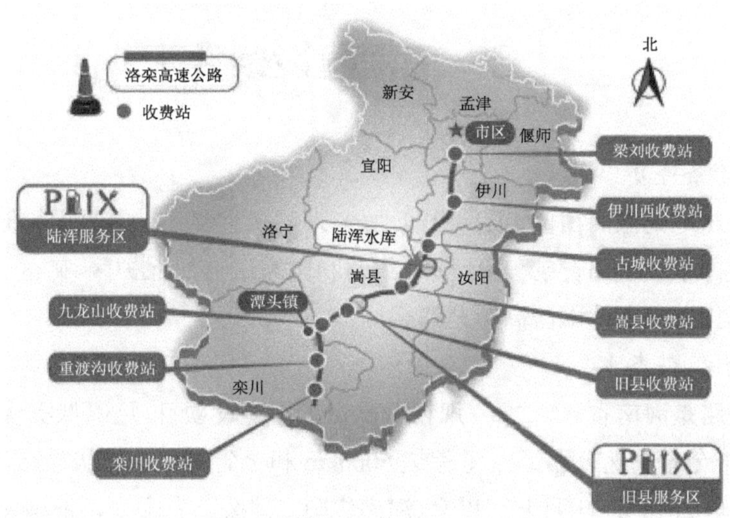

图 1-1　洛栾高速公路总平面图

洛阳至嵩县段：该项目北起洛阳市洛龙区，向南经伊川至嵩县县城东，沿途经过 1 区 2 县 9 个乡镇，与同期规划的洛栾高速公路嵩县至栾川段项目相连接。路线全长 62.691km，设计行车速度为 100km/h，采用双向四车道标准。沿线设停车区 1 处、服务区 1 处、互通式立交4处、主线收费站1处、匝道收费站3处。概算投资40.77亿元。

嵩县至栾川段：该项目起于嵩县县城东，与先期开工的洛嵩段项目相连接，沿途经过2县8个乡镇，接拟建的武西高速公路尧山至西峡段，线路全长66.538km，设计行车速度为80km/h，采用双向四车道标准。沿线设停车区1处、服务区1处、互通式立交4处、匝道收费站4处。概算投资63.18亿元。

1.2 项目建设特点

洛阳至嵩县段：全线有特大桥1座、大桥39座、中桥6座、分离式立交20座、隧道3座、通道39道、涵洞102道、天桥37座。其中，八道河大桥桥梁主跨径130m，玉皇庙隧道施工是在泥石流形成的山脉沉积层中进行。全线最高填方30多米，挖方深达60多米，50m以上高墩近百根，主要控制性工程有3处。

嵩县至栾川段：全线有特大桥1座、大桥77座、中桥8座、分离式立交13座、隧道24座、通道22道、涵洞74道、天桥5座。全线50m以上高墩300余根，桥梁最高墩高77.5m，最大单跨170m，隧道全长20余公里，且多处设计为桥隧相连，桥隧比为全省在建高速公路项目中最大，高达57%。主要控制性工程有6处。

1.3 工程建设条件

1)地质、地形条件复杂

洛栾高速公路地处豫西山区，项目沿线地形、地质条件复杂，工程实施难度大，且多次跨越水库、河流、地方干线道路、交叉高压输电线路和国家级自然保护区、矿区、文物保护区等，是河南省首条真正意义上的山区高速公路。

2)通车时间紧、任务重

洛栾高速公路是河南省“十二五”规划的重点工程建设项目，是确保实现河南省委、省政府提出的2012年全省高速公路通车里程达6000km和全省108个县级城市20min上高速公路的重点项目。自2010年11月开工以来，河南嵩阳高速公路有限公司把确保完成2012年通车目标作为一项政治任务，在26个月的工期内，克服时间紧、任务重、技术标准高、施工难度大等诸多困难和挑战，积极采取一切有效措施，充分调动一切有效资源，全面加快施工进度，在2012年12月底按期完成了全线通车目标，为拉动豫西南山区区域经济快速发展，促进沿线旅游资源、矿产资源等相关产业的开发，以及推动全省高速公路建设做出了积极的贡献。

1.4　关键控制性工程

洛栾高速公路位于豫西南山区，作为山区高速公路，除了具备一般工程项目的系统性、一次性、目标约束性和具有生命周期等特点之外，还具有建设周期长、规模庞大、投资额巨大、参与方众多等特征。

洛栾高速公路全线所经区域地质条件复杂、地势地貌起伏较大、施工难度大，全线关键控制性工程共有 9 处。其概况及特点分别如下。

1）洛嵩段（3 处）

（1）八道河大桥：位于洛嵩段土建 6 标（K45+635.675），为 3×30m 预应力先简支后连续箱梁 +75m+130m+75m 预应力混凝土连续刚构。主桥按 4 号、5 号墩共两个 T 对称悬臂现浇施工，除 0 号梁段采用在墩顶旁搭托架施工外，其余梁段采用挂篮悬浇。主桥合龙顺序为先同时合龙两个边跨，再合龙中跨。

（2）乾涧沟特大桥：位于洛嵩段土建 8 标（K53+316.42 ～ K54+427.58），全长 1111.16m，桩基采用钻孔灌注桩，下部结构为圆形、方形、箱形桥墩，柱式、肋式桥台，上部结构为 50m 装配式部分预应力混凝土组合连续 T 梁。

（3）玉皇庙隧道：位于洛嵩段土建 9 标，该隧道采用上下行分离设置的中隧道，为小净距隧道 + 独立双洞隧道，小净距段设计线最小间距为 15.2m。其中右线隧道长 809m，左线隧道长 815m。

2）嵩栾段（6 处）

（1）栗子坪特大桥：位于嵩栾段土建 1 标，全长 368.12m，采用预应力混凝土连续刚构箱梁，桥跨布置为 95m+170m+95m，双向四车道，桥面宽 12m。桥梁下部结构墩身为双肢等截面矩形空心墩，单肢截面 6.5m×3m，壁厚 0.7m，最大高度 68m。

（2）前范岭 2 号大桥：位于嵩栾段土建 2 标（中心桩号为 K74+352），桥区属于低山地貌，地势起伏较大，地形条件复杂，桥址区横跨山间冲沟，冲沟内建有当地钼矿场尾矿坝、配电机房及供排水设施。桥梁下部结构墩台为桩基础，柱式桥台，等截面薄壁空心墩，上部结构采用 52m+2×90m+52m 预应力混凝土变截面连续箱梁。

（3）狮子坪 1 号隧道：位于嵩栾段土建 6 标，左线起讫里程桩号为 K101+346 ～ K103+500，全长 2162m；右线起讫里程桩号为 K101+328 ～ K103+500，全长 2172m。中间设人行横洞 6 处，车行横洞 2 处，左、右线各设紧急停车带 2 处。左右线洞口均采用端墙式洞门。

（4）山羊圈大桥：位于嵩栾段土建 8 标（中心桩号为 L6K114+980），全长 126.94m，桥位区属于低山地貌，地势起伏较大，地形条件复杂，桥址区横跨伊河半山腰。桥梁下部结构为桩基础，柱式桥台。上部采用 4×20m 预应力混凝土先简支后连续箱梁。

（5）西沟 1 号隧道：位于嵩栾段土建 8 标，该隧道右幅为隧道（起讫桩号为 K114+873 ～ K114+968），全长 95m；左幅为路基，进口洞门采用端墙式洞门，出口洞门接棚洞（起讫桩号为 K114+934 ～ K114+968），全长 34m。

（6）西沟 2 号隧道：位于嵩栾段土建 8 标，西沟 2 号隧道采用小净距隧道（测设线间距为进口 17.7m，出口 17.1m），其中左线起讫桩号为 L6K115+049 ～ L6K115+154.3，全长 150.3m；右线起讫桩号为 K115+009 ～ K115+136，全长 127m。属短隧道，进出口洞门均采用端墙式洞门。

1.5　洛栾高速公路规划设计

山区高速公路桥梁多为跨越沟谷和河流而设计，一般具有以下几个特点：

（1）山区公路地面高差大，变化频繁，道路线性设计为满足纵坡的平稳过渡，跨越山谷地段，桥梁高墩普遍较高。桥位处纵、横断面地形起伏大，在同一座桥梁中，相邻桥墩高度甚至同一桥墩的墩柱高度差别都有可能很大。以上特点与平原区公路截然不同，因此桥梁构造物设置及桥型选择时，桥梁构造物的设置是否合理，桥型方案是否可行、施工方法是否可行，都需作出多方案的比较和选择，以期获得最优化的设计方案。

（2）山区、半山区河流对桥梁基础冲刷大。山区河床纵坡大，洪水汇流时间短，水流速度快；山区大部分河床属于砂性土，当水流动时砂粒被水冲击而滚动，沿河床呈半悬浮状态向下游推移。当桥位与河流相交，桥下有河床铺砌时，在入水口处河床同铺砌高度基本一致，在出水口处洪水下泄淘刷冲出数米的水口形落差，导致桥梁处于危险状态。当桥位处土质特别松软时，洪水在桥孔中都处于压缩流，极易产生严重冲刷。同时由于桥梁上部构造物及漂浮物的阻水，对桥梁产生过高的桥前奎水、过大的推力和浮力，或推倒、冲毁桥梁，或淘空桥梁墩台基础，使墩台下沉倒塌，而山区公路桥宽较窄、墩台高，不少又为轻型桥台，自重轻，基础埋置深度浅，桥的横向稳定性较差，易倾覆，在各方面不利因素的共同作用下，极易导致桥梁水毁事故发生。

（3）山区大多地形复杂，环境恶劣，桥梁施工难度大，进度慢。桥梁施工过程中，受地形限制，很多平原区施工可使用的自动化程度高的大型机械无用武之地，而更多的是以人员围绕机械进行的半机械化作业。这种劳动形式的效率低于高度机械化、自动化的作业，从而限制了山区桥梁的施工进度。在地质情况不好的环境中，更会加大施工难度。在狭小的山谷中预制施工时，桥梁预制无合适场地，料场狭小不能满足混凝土备料的需要。在基础施工时，暴雨可能引起河流水位迅速上涨，加大基础施工的难度。

（4）由于地形地貌的影响，山区的风况特征与平原和沿海地区有较大差异。其一般特点为：桥位附近的山体对桥位处风速分布影响非常明显，在山体背风面与平原接合处，存在比较大的竖直方向旋涡，旋涡内部较高位置处的风速比较低位置处风速值小；在我国的西部山区，以西北方向为主导风向的风经由山体从山坡吹下来，可能产生旋涡而导致各种风致振动，对大跨度桥梁的稳定非常不利。

（5）山区地形、地质复杂，地质灾害较频繁，主要包括岩溶、泥石流等不良地质现象和湿陷性黄土、膨胀性岩土等特殊性岩土，对滑坡、崩塌与岩堆、地质条件的不确定性风险也必须予以足够的重视。

1.5.1　洛栾高速公路路线设计

山区公路设计是决定山区公路建设项目工程价值和使用价值的重要阶段，设计质量对工程的总体质量和安全有着决定性的影响。因此，山区公路建设项目，均面临着在保证公路行车安全与将所设计公路充分融入周围环境之间寻求一种协调和统一的任务。在设计中，山区公路要坚持“不破坏就是最大保护”的原则，按照少剥、少切、少砍、少盖、多恢复的思路，进行环保选线、地质选线、安全选线。

1）建设方案

洛栾高速公路设计全长129.23km，概算总投资103.95亿元，路线起点位于洛阳市溢坡村东北侧，北设连接线连接洛阳市城市道路孙辛路，途经洛阳市伊川县、嵩县和栾川县境内，主要穿越洛阳市、伊川县鸦岭乡、高山乡，嵩县纸房乡、河村乡、德亭镇、大章镇、旧县镇及栾川县潭头镇、庙子乡、栾川乡等乡镇（图1-2）。洛栾高速公路项目所在区域地形复杂，地貌多变，由大起伏中山、中起伏中山、中起伏低山、小起伏低山、河谷平原等地貌组成。地面高程自起点处350m上升到终点约800m。路线多沿伊河河谷布线，伊河河谷自嵩县至栾川段两侧地势险峻，壁崖陡峭。项目所在地区属于秦岭—淮河以北暖温带半湿润大陆性季风气候，季风环流明显，四季温差和风向变化显著。年平均气温14～14.86℃，极端最高气温43.6℃，极端最低气温-20.0℃。1月最冷，7月最热；年平均降水为662.0～938.3mm，且多集中在7月、8月、9月三个月，其特点是山地降水量大于河谷区；区内水面蒸发量北强南弱，历年平均水面蒸发量1365.3～1504.1mm；无霜期210d左右，年平均风速3.5～4.0m/s。路线所经地区沿线水系较发育，主要河流有伊河及其支流，主要水库有陆浑水库和金牛岭水库。伊河是区内最大的河流，明白河是区内伊河最大的支流，均属黄河水系。丰富的水系为植被生长提供了有利条件，原地表植被丰富，植物多样性好，为打造生态路、景观路、文化路和旅游路提供了一个优质的自然平台。

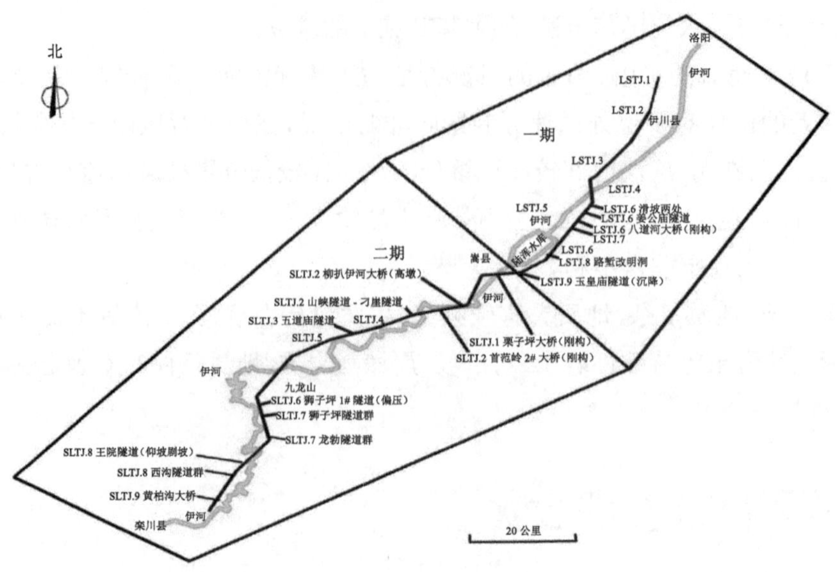

图 1-2　洛栾高速公路位置图

2)设计原则及思路

洛栾高速公路按照《公路勘察设计典型示范工程咨询示范要点》的要求,以《新理念公路设计指南》《降低造价公路设计指南》为指导,充分贯彻“安全、环保、舒适、和谐”及“六个坚持、六个树立”的设计理念,按照安全、环保、整体协调的设计原则进行总体设计。

根据以上设计原则,针对洛栾高速公路的特点,按照路线走向与城镇规划相适应、减少耕地占用,并利用沿线资源开发,建设“旅游路、景观路、生态路”,保护饮用水资源,结合沿线居民及地方政府意见,打造“和谐精品”的思路进行设计。

在线形设计中灵活运用《公路工程技术标准》(JTG B01)和《公路路线设计规范》(JTG D20),应用高速公路线形设计理论,使路线线形设计不仅要满足长度、宽度、高度等几何要求,还要尽可能地与沿线地形、地物、景观及自然环境相协调。项目位于洛阳西南,自然景观和人文景观较多,人口稠密、村庄密集,设计时采用曲线并采用较均衡的平纵指标,使平曲线占路线总长的 91.93%。以曲线为主的路线可较好地适合地形,绕避村庄、景点、文物和重要设施,主要体现在:

(1)道路曲线和自然生态环境相协调(图 1-3)。

山区公路路线布置要依山势而行,顺势而为,从而实现人与自然的和谐。同时,路侧自然风景是山区公路最直观的视觉对象,山区公路周边山清水秀,绿树成屏,鲜花绽放,是一种别样而富有诗意的旅途。然而,现代化公路建设难免带来大量的填挖工程,山区公路自然景观的保护和恢复是当前棘手的设计难题。公路边坡是一种人工开挖边坡,其开挖的位置、模式、高度、坡率均具有可选择性。当路线遭遇大型滑坡或不良地质高边坡时,改线回避往往是公路工程趋利避害的重要技术手段。

图 1-3　洛栾高速公路道路曲线和自然生态环境

（2）路容品质（图 1-4）。

山区公路优良的路容品质包含富于美感的路侧景观、宽阔大方的行车带、舒适平整的沥青路面、安全小憩的路侧停靠站、直观清晰的诱导标志、高品质的服务区和安全可靠的工程设施等。山区公路设计要以人为本，做到对驾驶员和乘客的观赏习惯、速度、安全距离和活动特征加以调查，为乘客创造良好的视觉条件和优美的风景景观。在观感较好的地段可结合地形适当布置安全停靠站台，方便乘客安全停靠休息。

图 1-4　洛栾高速公路工程设施

洛栾高速公路沿线共设 8 个出入口，收费站与高速公路以互通式立交相连，而出入口也多靠近沿线景区，方便游客就近下高速公路游玩。高速公路沿线还设有陆浑服务区和旧县服务区两个服务区，分别在嵩县饭坡乡和嵩县旧县镇境内，服务区内有加油站、休息室、厕所等，可为游客提供必要的休息、加油及车辆维修服务。

1.5.2　洛栾高速公路生态环境的环保设计

洛栾高速公路由于线路所经区域地质条件复杂、地势地貌起伏较大、施工难度大等，生态环境的环保设计上采用"沿山少挖山，沿江不占江，沿路不占路""桥隧代路，桥隧相连"的理念。

1）以桥代路（图 1-5）

高速公路经过峡谷山区时，大填大挖会极大破坏沿线路容，导致挖方边坡绿化恢复困难。填方路段挡土墙修筑，沟谷山涧大量弃石填埋，严重时会导致泥石流、滑坡等大型地质灾害，山区自然景观遭受严重破坏，而且工程代价不可估量。合理地选择桥梁跨越沟谷，用桥梁代替路基依山傍水而建，不仅可以减少土石方工程，而且可以减少地表植被破坏，有效保护生态环境，回避地质灾害。

图 1-5　以桥代路

洛栾高速公路沿线共设置大桥 117 座、中桥 13 座，包括八道河大桥、乾涧沟特大桥、栗子坪特大桥、前范岭 2 号大桥、山羊圈大桥等控制性桥梁工程。

2）以隧代路、桥隧相连（图 1-6、图 1-7）

当高边坡防护比较棘手时，选择棚洞、明洞或隧道方案减少开挖不失为一种良策。选择棚洞或明洞可以有效地降低边坡开挖高度，有利于放缓边坡开挖坡率恢复绿化；采用隧道则可以回避边坡开挖，减少地质灾害隐患。而且，山区隧道洞口的生态型景观布置也越来越富于多样化，洞门形式灵活多变，因地制宜。

沿线地形起伏，重峦叠嶂，沟谷纵横，设计中多桥梁和隧道，不可避免地出现了多处桥隧相连的情况。桥隧相连情况共分两种，一种是桥梁台尾结构进入隧道内，即桥隧串接；另一种是桥梁台尾里程与隧道洞口里程（或缺口里程）对接，即桥隧对接。

洛栾高速公路沿线共设置隧道 26 座，全长 20km，其中狮子坪隧道长约 2.3km，且多处设计为桥隧相连。全线主要控制性隧道工程有玉皇庙隧道、狮子坪 1 号隧道、西沟 1 号隧道、西沟 2 号隧道。

3）跨线桥设计（图 1-8）

洛栾高速公路沿线共设置天桥 47 座。其布设是按照农村路网布局，并参考乡村规划、农村格局及远景发展，以方便沿线群众为宗旨。天桥结构形式遵循经济实用、安全美观、施工方便的原则。为避免全线景观的单调、缓解驾驶视觉疲劳，使桥型更美观、更富于变化，根据挖方路堑深度和地质情况，天桥的结构形式采用轻巧的连续箱梁、简洁的斜腿刚构、美观的飞燕式拱、活泼跳跃的偏态拱和富于现代气息的中承式拱等多种结构形式。

图 1-6　以隧代路

图 1-7　桥隧相连

图 1-8　跨线桥

1.5.3　洛栾高速公路道路设计

在路线平面确定以后，不过分追求纵断面坡长高指标，从而减少大填大挖现象；采用低路基设计，不仅为行车提供安全保障，而且可以减少占地，节约土地资源，减少土方数量、防护高度、下处理宽度，降低工程造价，同时又能缩小噪声的传播范围，保护环境；涵洞设计尽量采用打井灌溉来代替设涵灌溉，从而减少涵洞数量，节约工程造价；排水设计，根据年降雨量及地形的特点，因地制宜，设置排水形式；防护设计中，路基防护贯彻自然顺势的原则，充分考虑公路与各沿线景观的协调，尽量采用草灌结合的植物生态防护；边坡形式与坡率设计，形式灵活自然，路基横断面采用流线型，同时结合路基高度、地形条件和土地类别，放缓路堤边坡坡率，使路基与周围环境相融合，并尽量为失控车辆提供适当的救险机会；互通式立交区设计，突出互通式立交的风格特征，注重构图中骨架植物的搭配组合，尊重各地的地域文化特点，突出文化内涵，并针对互通式立交总体造型和线面结合的空间造型进行研究和精细设计。

根据河南省地方标准《高速公路设计技术要求》，洛栾高速公路道路设计主要考虑：

（1）合理布局路基横断面，增加道路保通、畅通能力。

洛阳至嵩县段采用 26.0m、嵩县至栾川段采用 24.5m 路基按四车道进行布置，中央分隔带宽度为洛阳至嵩县段 2.0m、嵩县至栾川段 1.0m，采用新泽西护栏的设计新理念，有效地提高了道路通行能力。

（2）根据沿线岩土特性，灵活采用路基、路堑边坡坡率，保证道路景观与自然环境的和谐统一（图 1-9）。

图 1-9　道路景观与自然环境和谐统一

路基边坡坡率及形式的选择不仅影响边坡稳定，同时也影响环境保护和景观效果。洛栾高速公路在路基边坡坡率的确定上，充分体现了灵活性原则。在低填和有条件的路堑路段尽量放缓边坡，形成有效路侧净空区和缓冲带，不仅可以提高行车安全，同时也为生态植被防护创造条件，缓边坡有利于当地物种自然繁衍生长，看不出明显开挖（填筑）痕迹。对于高边坡路堤，设计以安全、稳定为原则。根据不同的地质条件，通过采用稳定的边坡坡率、台阶型路基断面形式、变坡点设置 2m 边坡平台等，以保证路基满足承载力和稳定的要求。同时，在石质挖方平台上设置花坛，提高了路线边坡的景观效果。

（3）采用灵活多变的边坡防护体系，确保路基稳定（图 1-10、图 1-11）。

洛栾高速公路填方段路基中心填土高度在 0 ～ 31.2m 之间。在易于草木生长的土质（或土石混填）填方边坡，当边坡高度 $H \leqslant 5$m 时，鉴于边坡汇水面积不大，边坡采用植草、灌防护；当 $H > 5$m 时，边坡汇水面积较大，从尽快将水排离路基的角度考虑，路面采用分散排水方式，边坡采用 M7.5 浆砌片石拱形骨架内植草、灌进行防护、绿化。为了后期管养方便，每隔 100m 左右将拱肋设计成阶梯式，既可以泄水，也可以作为检查梯使用。临河或水库路段，设计水位 +0.5m 以下边坡采用 M7.5 浆砌片石全防护。石质填方路段，边坡采用石块码砌防护，但路基上部 1.5m 高度内边坡不再码砌，采用植草、灌绿化防护。在陡山坡上，为了保证路堤稳定，收缩坡脚，减少占地，部分路段设置了挡土墙。

图 1-10 边坡防护体系

图 1-11 三维网植草绿化边坡

项目挖方路段分为土质挖方路段和石质挖方路段，最大挖方边坡高度达到 70.4m，为了充分保证挖方边坡的安全稳定，并考虑到驾乘人员的视觉感受，根据挖方路堑高度、土质、坡率，结合排水、环境保护、景观设计等因素，采用多种工程防护与植物防护类型，避免视觉的单调、乏味，努力将本项目建设成为景观路、生态路。

挖方路段主要采用如下边坡防护类型：

①路堑高度小于 4m 的一般土质或强风化、全风化路段，边坡采用三维网植草绿化。

②路堑高度大于 4m 的一般土质或强风化、全风化路段，采用 M7.5 浆砌片石拱形骨架内三维网植草进行防护，考虑到防护形式的多样性，避免单调，选用人字形浆砌片石衬砌拱植草的防护形式，与其交替使用。另外，为了后期管养方便，每隔 60 ～ 100m 将拱肋设计成阶梯式，既可以泄水，也可以作为检查梯使用。

③路堑高度小于 4m 的膨胀土路段，边坡坡率放缓为 1∶1.5，采用三维网植草绿化。

④路堑高度大于 4m 的膨胀土路段，将坡率放缓至 1∶1.5 ～ 1∶2，坡面采用拱形骨架 + 六棱块防护。

⑤石质挖方路段，若路堑边坡石质较好、稳定，采用光面爆破，边坡保持原貌，张扬个性，充分展现边坡岩体的结构、纹理、质感，彰显岩体自然美，不进行防护。

⑥对于岩石风化程度较轻、有碎石滚落可能，但边坡整体稳定的硬质岩石路段，清除边坡危岩后，采用挂网防护，防止边坡岩体局部碎落，碎落台及边坡平台设置花坛，种植攀缘类植物，经过 1 ～ 2 年的自然恢复，裸露的边坡将自然融入周围环境中。

⑦对于裂隙发育或易风化不耐冲刷的岩质边坡，采用孔窗式护面墙防护。

⑧对于岩质边坡存在滑塌、滑落可能的路段，采用锚杆混凝土格室进行防护，多种防护形式既保证了路基边坡的稳定，又增强了边坡的景观效果。

（4）部分路段合理设置低矮挡土墙，有效节约工程用地、减少路基土石方工程量。

洛栾高速公路大部分路段位于山区，河谷纵横，路基填土较高，占用土地多且土石方工程量较大，由于山区耕地稀少，征地困难且征地费用较高，因此该项目因地制宜地在部分路段设置了挡土墙，有效地减少了占地和路基土石方工程量。

（5）采用简洁实用、协调统一的构造物结构形式。

洛栾高速公路沿线共设置涵洞通道 156 道。为方便施工，全线盖板涵洞、通道沉降缝布置和暗盖板设计按斜交正作的原则进行设计，所有明涵通道盖板为现浇钢筋混凝土。根据标段划分，在可能的情况下统一各标段桥梁跨径设置，各施工标段尽可能设计较少类型的桩径、柱径、盖梁宽度、薄壁墙宽度等构造尺寸，便于施工单位制作较少种类但高标准的模板。

（6）对互通立交区进行微地形处理，确保与周围自然景观相融合（图 1-12）。

洛栾高速公路沿线共设置互通立交 9 处、分离式立交桥 13 处。互通式立交是公路沿线的主要景点，一般在视觉上雄伟壮观，无论从路内还是路侧观看，都能成为引人注目的焦点，有时还会点缀一方佳色，勾绘一幅图画。在洛栾高速公路互通式立交设计中，充分考虑了周围环境和人文景观的和谐，把原有天然地物如小片沼泽地、河流、小块岩体和小树等纳入互通式立交设计范围。在互通立交区匝道圈内，低处利用清表耕植土、弃方等填筑，将高处挖除，填挖到与匝道、主线大致平整，增加行车视距，且立交圈内尽量少设置圬工防护工程，以设土质边沟为主，植被防护相结合。经过处理，使互通式立交设计总体上既满足功能要求，又能给人以如在画中走的感觉。

（7）对遗留的弃土场进行修整、防护、绿化，确保修整后的地容地貌与周围自然景观的协调。

不良的取、弃土方式将严重破坏公路沿线环境及景观。洛栾高速公路在设计时充分考虑到了这一点，取土坑的处理，对原为耕地的要进行复耕，对原为荒地的，将取土坑边坡清理成缓坡，修复成自然地貌，然后进行绿化美化。对弃土堆，原则上移走绿化，不能移走的，对下游无村庄的，采用降低弃土高度、放缓边坡坡度（尽量保持与原地貌坡度相同），种植根系发达植物进行防护；对下游有村庄的，将弃土堆边坡放缓至 1∶2，坡脚用浆砌片石防护，上部修整为与周围自然景观协调的原地貌后进行绿化。

（8）路面结构设计。

路基段路面结构层依次为：4cm 细粒式改性沥青混凝土上面层 +6cm 中粒式沥青混凝土中面层 +8cm 沥青碎石混合料下面层。桥梁段路面结构层依次为：4cm 细粒式改性沥青混凝土上面层 +6cm 中粒式沥青混凝土中面层。隧道段路面结构层依次为：4cm 细粒式改性沥青混凝土上面层 +6cm 中粒式改性沥青混凝土中面层。

图 1-12 互通立交区

1.5.4 洛栾高速公路桥梁设计

洛栾高速公路大桥上部结构采用装配式部分预应力混凝土先简支后连续箱梁和 T 梁；中桥采用跨径 20m 装配式部分预应力混凝土先简支后连续箱梁。下部结构设计根据桥高不同，在进行稳定性验算的基础上，采用更加灵活、机动的形式。墩身高度小于或等于 35m 时，采用柱式桥墩，其中墩身高度在 25m 以下时，采用圆柱；墩身高度在 25 ～ 35m 之间时，采用方柱；墩身高度在 35 ～ 50m 之间时，采用等截面箱形桥墩；墩身高度在 50 ～ 70m 之间时，采用顺桥向 50∶1 的变截面箱形桥墩；墩身高度大于 70m 时，采用顺桥向 45∶1 的变截面箱形桥墩。桥头填土高度低于 6m，采用柱式桥台；填土高度大于或等于 6m，采用肋板式桥台。

为保证空心板顶板厚度，洛栾高速公路在跨径 13m 空心板中拟使用聚苯乙烯泡沫代替充气胶囊内模，在跨径 20m 空心板中使用钢内模，解决了梁板预制中充气胶囊上浮和顶板厚度不足的技术难题，保证了内模定位准确，达到了保证结构物设计尺寸的目的，如图 1-13 所示。

图 1-13 栗子坪大桥

1.6 洛栾高速公路的建设意义及地位

1.6.1 洛栾高速公路建设的重要意义

洛栾高速公路是河南省委、省政府确定的 2012 年全省高速公路通车里程达 6000km 确保建成通车的重点项目，是全省高速公路规划网中的重要组成部分，其地理位置十分重要。项目的实施与区域内洛阳绕城高速公路、连霍高速公路、郑少洛高速公路、二广高速公路互联成网，与 S323、S247 等多条省道、县道相连接，有效补充和完善了全省高速公路网络，拉动豫西南山区区域经济快速发展。项目建成后，加强了洛阳区域经济中心和辐射带之间的联系，成为带动豫西地区经济发展的纽带，形成一条资源开发大通道，对促进豫西南地区旅游资源、矿产资源等相关产业的快速发展，改善和提高沿线人民群众的生产生活水平都具有十分重要的意义。

1.6.2 洛栾高速公路建设的战略地位

洛栾高速公路项目的筹备、实施、建设和管理是在河南省交通运输厅、河南省交通投资集团有限公司、河南省高速公路发展有限责任公司的正确领导下，在河南省交通运输厅有关处室、河南省收费还贷高速公路管理中心、河南省交通基本建设质量检测监督站等有关部门及单位的大力支持配合下，在河南省发展和改革委员会、河南省重点项目办、国土资源厅、河南省环境保护局，以及洛阳市委、政府相关部门的密切配合下进行的。是对坚持可持续发展理念的建设策略定位；是符合当时河南省运输要求的功能定位；是面向规划要求的建设标准定位；是基于需求预测的规模定位。洛栾高速公路的建设对于河南省及全国交通运输系统的运输能力的提升具有重要的战略地位。

第2章

公路工程项目管理组织

项目管理组织是指项目管理系统的结构和组成方式，主要是明确管理机构的设置、各管理机构职权的分配以及各机构间的相互协调。其中组织结构是项目正常运转和职能划分中最基础的依据，对于不同规模的项目而言，所采用的组织结构也不尽相同，因此组织架构的设置需要根据项目目标和管理任务等综合因素进行考虑，形成科学的管理体系。

2.1 公路工程项目的组织结构

组织结构是工程项目组织内的所有成员为实现具体项目组织目标，在具体的项目管理工作中分工协作，在职务设定、责任划分、权利保障等方面形成的结构体系。同时组织结构是工程项目组织在职、责、权方面的动态结构体系，是为实现工程项目具体建设目标而采取的一种分工协作体系，并且组织结构必须随着工程建设项目组织相关问题的调整而调整。在按照组织的结构分类中，我国公路工程项目目前主要分为线性组织结构、矩阵组织结构和职能型组织结构，从而反映出组织系统中各子系统之间以及元素之间的指令关系，从而为项目管理提供保证。

1）线性组织结构

线性组织结构又称军队式结构，在军事组织体系中存在着严格的组织纪律，对于指令的传达，每一个工作部门只能对其直接的下属部门下达指令，每一个工作部门也只有一个直接的上级部门，因此每一个部门有唯一的指令源，从而避免了由于矛盾的指令而影响组织系统的运行。其组织结构形式如图 2-1 所示。

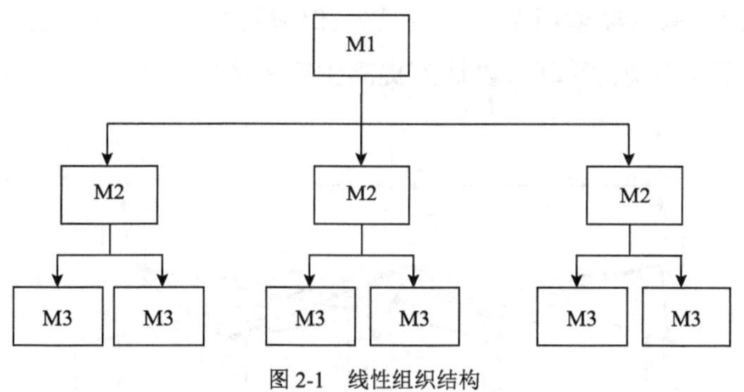

图 2-1　线性组织结构

线性组织结构模式作为一种最简单、最常用的工程管理模式，有着结构简单、追责有据、效率高效、相对稳定性较大的优点，但同时也存在着管理方式死板僵化以及局部领导独断专行的潜在风险。线性组织结构适用于企业规模较小、项目工程较为简单的项目管理，而对于较大的组织系统而言，线性组织结构模式由于指令路径过长，容易造成组织系统运行的困难。

2）矩阵组织结构

通常发生在公司内部，为某种特别任务，另外成立专案小组负责，小组是由有着不同背景、不同专长，分别选自不同部门的人员组成，通过专案小组与原组织配合，在形态上有行列交叉形式，即为矩阵式组织。在矩阵组织结构中，通过将职能划分的部门和按目标（工程项目或产品）划分的小组结合起来形成一个矩阵。其组织结构形式如图 2-2 所示。

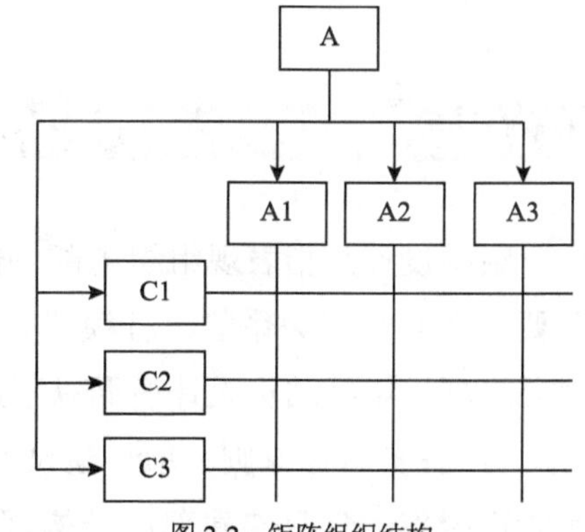

图 2-2　矩阵组织结构

在矩阵组织结构中，每一项工作都有来自横向和纵向两个部门的指令，因此存在两个指令源。当指令发生矛盾冲突时，由该系统的最高指挥者做最终的决策，为了在工作中避免指令冲突的情况出现，可以采用以横向工作部门指令为主或者以纵向指令为主的矩阵组织结构。

3）职能型组织结构

职能型组织结构又称多线性组织结构，职能型结构起源于 20 世纪初法约尔在其经营的煤矿公司担任总经理时所建立的组织结构形式，故又称"法约尔型"。它是按职能原则建立项目组织，从企业高层到基层把承担相同职能的管理业务及其人员组合在一起，设置相应的管理部门和管理职务。职能组织结构是一种传统的组织结构，其结构形式如图 2-3 所示。

在职能组织结构中，每一个职能部门都可以根据工作需要向他的直接下属部门或者其他非直接下属部门下达指令，因此可以更好地减少指令下达的路径，从而达到节约人力、减少资源浪费的优势。但同时每个工作部门都可能接收到多个矛盾的指令源，从而降低工作效率，因此职能组织结构主要适用于中小型且外部环境比较稳定的企业。对于大型企业，也可根据具体情况设置相应职能部门，以达到提高生产效率的目的。

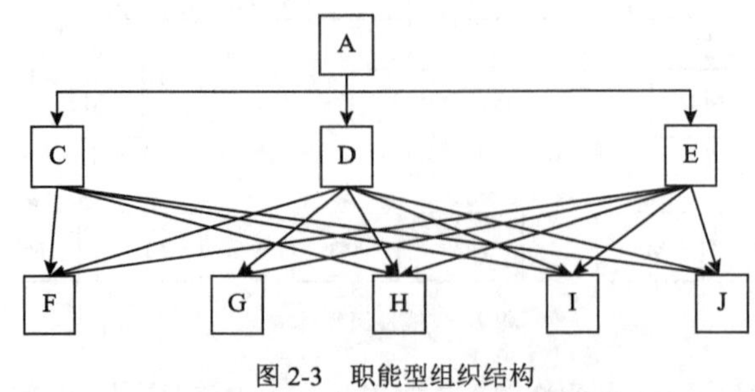

图 2-3 职能型组织结构

2.2 洛栾高速公路的项目组织

2.2.1 洛栾高速公路项目组织结构设置原则

组织设计是指表现组织内部各部门、各层级排列顺序、空间位置、聚集状态、联系方式及各要素之间相互关系的一种模式。项目的组织结构设计，关系到项目管理的成败。洛栾高速公路项目组织结构设计遵循以下原则：

（1）任务目标原则。项目建设过程中结构设计做到因事设职、因职设人、因职定岗定责、因责而授权。项目参建部门结构、职务、职位的设计充分考虑工程目标的确定，以具体的项目为设置依据。

（2）专业分工与协作统一原则。通过将项目组织任务目标分解成各级、各部门、各岗位的任务和目标，对各个部门和各个岗位的工作内容、工作范围都作出严谨细致的规范和要求，为项目后期的工作考核提供依据。

（3）命令统一原则。项目组织内的各类管理部门，以及所有参与人员必须服从同一个上级的协调指挥，以确保项目管理过程中指挥的统一性和贯彻性，避免多头领导和多头指挥，使项目组织的各个部门无从下手，从而造成指挥命令不能在建设管理过程中得以贯彻执行。

（4）集权与分权相结合原则。项目管理机构既要明确各级管理人员和各类管理部门的责任，又要赋予其完成具体的管理任务所具备的管理权限。通过将部分权力下放，进一步激发执行层人员的主动性与创造性，同时通过合理的集权与分权进一步提升项目建设效率，从而形成一个健全高效的组织结构。

（5）精干高效原则。是指在项目结构设计中，应尽可能做到避繁就简，通过减少不必要的层次和职务，进一步降低项目的费用支出，保证组织结构能够充分利用项目资源，提高工作效率与工作质量。

（6）权力与职责统一原则。通过有效的组织之分工，需要进一步明确各岗位、人员的责任与权力以及相应的利益，做到责任明确、权力恰当、利益合理。因为有责无权和责大权小，会进一步束缚管理人员的积极性与创造性；而无责有权或责小权大，容易出现权力滥用的现象。

2.2.2 洛栾高速公路项目组织结构

组织结构作为项目管理的核心问题，洛栾高速公路项目在进行项目管理组织结构设计时，需要考虑多方面的因素，包括工程的规模和特点、项目结构、建设单位管理人员、人力资源的条件、合同结构、工程任务的委托和发包的模式等众多因素。同时组织结构是工程项目组织在职、责、权方面的动态结构体系，是为实现工程项目具体的建设目标而采取的一种分工协作体系，因此组织结构必须随着工程建设项目组织相关问题的调整而调整。在综合考虑影响洛栾高速公路项目的多个因素的基础上，采取了如图 2-4 所示的组织结构。

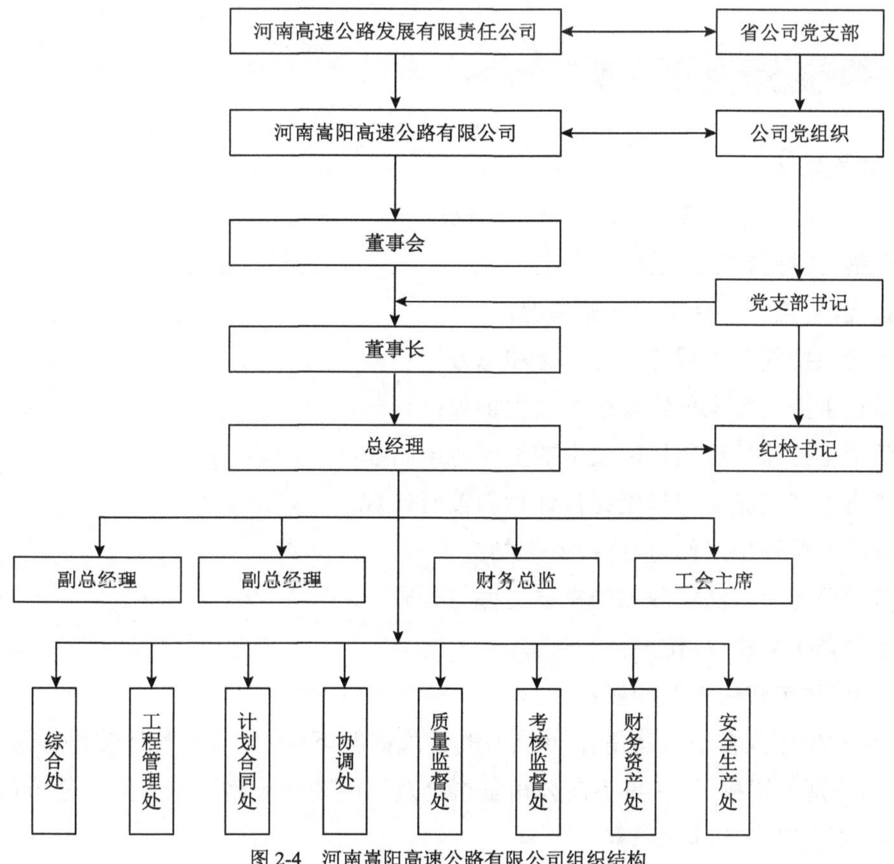

图 2-4　河南嵩阳高速公路有限公司组织结构

由图 2-4 可以看出，河南嵩阳高速公路有限公司设董事长 1 人、书记 1 人、总经理 1 人、副总经理 2 人、纪检书记兼财务总监 1 人、工会主席 1 人。下设 8 个职能处室，各处室工作职责及分工如下：

综合处：主要负责公文处理、后勤管理、党务、人事、宣传等工作。

工程技术处：主要负责工程技术管理工作。

计划合同处：主要负责计划、合同及招投标工作。

质量监督处：主要负责工程质量监督管理工作。

安全生产处：主要负责安全生产监督管理工作。

财务资产处：主要负责财务管理工作。

考核监督处：主要负责施工节点目标检查考核和廉政建设工作。

协调处：主要负责征地拆迁及施工环境协调工作。

从职能分配来看，公司的高层主要由主管业务的董事长和总经理共同组成，中间管理层明显减少，8 个职能处室的设置都是与一线工程建设紧密相关的职能部门以及后勤保障部门，扁平化的机构设置模式有利于精简人力，做到责权明晰。质量监督处、协调处等专门的工程监督、协调部门，有利于控制工程建设过程中的沟通成本。

2.2.3　公司领导工作职责

1）董事长职权

根据公司章程规定，董事长行使下列职权：

（1）召集、主持董事会会议；

（2）督促、检查董事会决议实施情况；

（3）负责主持制定工程建设总目标和总方针；

（4）负责主持决策工程建设中的重大事项；

（5）负责主持和处理项目建设中的重大协调问题；

（6）负责主持实施公司年度经营计划和投资计划；

（7）做好财务管理工作，搞好投资控制；

（8）签署公司具有法定效力的重要文件与合同；

（9）签署董事会决议、纪要；

（10）行使法定代表人的职权；

（11）在发生特大自然灾害等不可抗力的紧急情况下，对公司事务行使符合法律规定和公司利益的特别处置权，并在事后向公司董事会及河南高速公路发展有限责任公司报告；

（12）董事会赋予的其他职权。

2）党支部书记职权

（1）全面贯彻党的路线、方针、政策，传达落实上级党组织、公司党支部的决定、决议和指示；

（2）负责主持、召开公司党组织会议，检查决议的执行情况；

（3）负责公司党的建设、政治思想工作、政治文明、精神文明建设工作及理论学习，对公司重大问题做出正确决策；

（4）主持召开全体党员大会，向大会报告工作；

（5）推行党建目标管理，加强党内监督，搞好班子建设和队伍建设，抓好党风廉政建设工作；

（6）加强和改进对工、团工作领导，支持他们独立自主地开展工作；

（7）做好入党积极分子的培养、教育、培训和党员发展工作，严格按照组织程序，把好党员入口关；

（8）负责公司宣传工作，推广先进经验，树立高速公路良好形象；

（9）指导组织开展党内“争先创优”活动及宣传工作；

（10）负责公司党建目标管理工作，抓好民主评议党员、党员年度考核及党建目标考核工作；

（11）完成领导交办的其他工作。

3）总经理职权

在董事会的领导下，协助董事长抓好公司的生产经营管理工作，其主要职责是：

（1）认真贯彻执行董事会决议，确保工程建设总体目标的完成；

（2）主持公司重大课题的研究和运作，检查和指导各副总的工作，保证各项工作顺利进行；

（3）组织拟定公司的工程建设管理办法、工程质量监督管理办法、安全生产管理办法、设计变更管理办法等公司的各项规章制度并上报董事会；

（4）组织公司重要的经济合同的谈判及签订工作并上报董事会；

（5）负责工程建设的技术和质量管理及相关工作，主持拟定具体的实施方案；

（6）主持审查主要设计文件，施工方案和技术措施，参与制定工程招标方案和施工计划，负责组织工程设计文件的交底；

（7）主持研究施工中的关键技术问题；

（8）具体负责质量管理，指导建立质量检查制度，做好工程质量的监督工作，处理重大质量事故；

（9）负责组织重大课题研究和技术培训工作，组织推广新技术、新设备、新材料和新工艺的应用；

(10)参与审查工程开工及各种指令,各种支付证书,参与地方协调、双文明建设等工作;

(11)监督、检查、督促监理代表处和驻地办的相关工作;

(12)完成董事会决议的其他工作。

4)副总经理工作职责

(1)协助总经理做好公司的生产管理工作;

(2)参与项目的招投标工作;

(3)负责工程项目用地征用和附属物拆迁及施工过程中的环境协调工作;

(4)负责组织对各标段施工进度、质量、安全及各项管理工作的检查评比;

(5)负责工程项目总体进度计划的制定、投资的控制和对各标段总体施工进度计划和月、季、年进度计划的审批及工程投资计划的报批工作;

(6)参与各标段施工组织设计的会审工作;

(7)参与监理代表处召开的每月工地例会,及时解决存在的问题;

(8)负责工程所需主要材料招标、供应及质量验收工作;

(9)负责公司各项合同的管理工作;

(10)负责审核、批准工程计量的支付,处理合同纠纷索赔等事项;

(11)组织审核新增项目工程预算;

(12)负责组织编制工程进度统计报表及上报工作;

(13)负责分管处室的全面工作;

(14)负责完成领导交办的其他工作。

5)纪检书记岗位职责

(1)负责公司纪律检查工作,协助党支部书记开展公司党支部的日常工作;

(2)根据上级纪委的要求和公司党支部的工作计划,制定年度纪检工作计划,开展党风党纪教育;

(3)负责公司党风廉政责任制执行情况的监督检查,研究公司党风廉政建设工作中存在的问题,提出改进意见和建议;

(4)根据有关制度,负责对公司各基层支部、党员和党员领导干部执行党规党纪情况的监督、检查,纠正违规违纪行为,并向公司党支部提出对违规违纪行为的处理建议;

(5)分析公司经营活动和重点工作岗位监督工作的薄弱环节,提出加强监督的有关意见和建议;

(6)完成公司监督约束机制建设中纪检监督方面的工作;

(7)主持公司纪检监察的日常工作,受理有关检举、控告、申诉事项,负责接待与纪检有关的来访工作,制定公司纪检监察工作程序和工作制度,并组织纪检监察部门开展工作;

(8)协助党支部书记规划公司党建工作,协助党支部书记组织和指导公司各部门、子公司基层支部抓好党的组织作风建设,开展积极的思想政治工作;

(9)按照上级纪委的要求,完成有关统计和信息报送工作;

(10)配合公司党支部其他部门完成基层支部成员的培训工作;

(11)负责完成领导交办的其他工作。

6)财务总监岗位职责

(1)监督项目公司执行国家有关财经法律、法规和政策,督促项目公司贯彻执行公司有关财务制度和规定,督促项目公司保护公司的财产安全,防止国有资产流失,促进国有资产的保值增值;

(2)督促项目公司建立、健全各项财务管理和内控制度,提高财务管理水平和效率,增强防范财务风险的能力;

(3)监督项目公司按批复的概算和施工图预算控制工程建设成本;督促项目公司加强对成本费用进行预测、分析和控制,降低消耗、节约费用、提高经济效益;

(4)检查审核项目公司财务管理、会计核算、资金筹措、财务收支和对外担保情况;

(5)检查审核项目公司月度、年度的会计报表和财务报告的质量;

(6)参与制定项目公司财会机构的设置、财会人员的配备和会计专业职务设置、聘任方案;参与组织财会人员的业务培训和业绩考核,支持财会人员依法行使职权;

(7)参与协调项目公司与公司财务及审计部门的关系,参与协调项目公司各职能部门、基层单位与财务部门的关系;

(8)参与项目公司发展战略和重大决策的制定,参与监督项目公司重大投资项目、设计变更的决策和实施,参与招投标活动;

(9)监督项目公司的融资活动,参与融资决策;

(10)对发现的违规行为予以阻止。

7)工会主席岗位职责

在公司工会和党支部领导下,全面负责本单位工会工作。及时向公司工会汇报工作,接受检查、考核和监督。

(1)根据上级下达的目标任务制定工作计划,组织制定本单位工会工作制度和年度工作计划,组织实施;

(2)负责先进工作者、劳动模范的评选、表彰工作;

(3)负责组织参加公司职代会,做好本单位职代会的筹备、换届工作,并组织职代会的召开,贯彻落实公司职代会及本单位职代会决议;建立并执行职工民主管理、民主决策、民主监督的各项制度,收集上报职工代表提案,积极发挥职工代表在职代会闭幕期间的日常参与作用;

(4)参与制定修改本单位有关生产劳动的政策、办法和规定,监督集体劳动合同的实施,参加安全检查工作和伤亡事故的调查处理工作,维护职工的合法权益;

(5)负责组织发动职工开展岗位练兵、技术革新、技术比武,合理化建议等群众性经济技术活动;

(6)负责工会组织建设,做好会员会籍管理工作;

(7)负责对职工进行思想政治教育,做好"六必访"及特困职工帮扶工作、职工补充医疗等各类保险工作;

(8)负责工会女职工工作;

(9)负责"职工之家"建设,开展职工文化体育活动;

(10)负责组织制定并执行工会财务预算计划,做好工会经费收缴、使用及会员会费管理工作;

(11)负责组织办理职工各项福利,定期组织职工疗养;

(12)办理上级领导交办的其他工作。

2.2.4 职能机构工作职责

1)综合处工作职责

(1)负责公司各项日常管理及内部综合协调工作;

(2)负责拟定各项基本管理制度,并督促、检查、落实;

(3)负责公司各类会议的筹备、安排,起草综合性的工作总结和会议材料;

(4)负责对外联络和大型会议、活动的安排、组织及协调工作;

(5)负责公务接待工作;

(6)负责劳动人事管理、员工薪酬福利工作;

(7)承办党建党务、精神文明建设、党风廉政建设等方面的具体工作;

(8)负责信息、宣传、网络工作;

(9)负责固定资产和办公用品的购置、管理工作;

(10)负责档案的收集,整理、归档工作;

(11)负责做好车辆的购置、调度、维修,驾驶员、燃油等管理工作;

(12)负责做好职工食堂伙食的管理工作;

(13)负责做好公司内部的安全、保密、卫生管理及其他综合治理工作;

(14)负责计算机、局域网、水、电、电话等设施的维修和管理工作;

(15)完成公司领导交办的其他工作。

2)工程管理处工作职责

(1)认真贯彻落实国家和上级公路主管部门工程技术管理等的有关规定;

(2)配合项目前期手续的报批工作;

(3)负责项目设计监理、设计管理工作,确保设计方案合理,争创国家级优秀设计;

(4)负责开工报告的审批,组织设计交底和图纸会审;

(5)负责制定项目整体创优规划及创优工程措施;

(6)配合合同履约评价;

(7)制定工程技术管理办法并贯彻实施,负责工程技术资料的管理;

(8)负责重大施工技术方案的审批;

(9)负责项目工程施工进度管理;

(10)负责工程设计变更管理;

(11)负责工程数量的审核和计量;

(12)负责重大安全施工方案的审批;

(13)负责新技术、新材料、新工艺、新设备的推广与应用;

(14)参与合同、招投标、质量管理和创优工作,参与交(竣)工验收和安全管理工作,参与履约评价和农民工工资管理工作,参与环境协调工作;

(15)完成上级交办的其他工作。

3)计划合同处工作职责

(1)认真贯彻执行国家和上级主管部门关于计划合同、统计招投标等有关方面的法律、法规和政策,并根据工程实际情况制定相应的管理办法;

(2)负责组织工程项目总体计划的编制、上报、安排、检查、调整、落实等管理工作;

(3)负责工程项目合同的谈判、起草、审查、签订、条款解释、纠纷处理等管理工作;

(4)负责工程项目计量支付工作的检查、审核、办理,变更单价和费用确定等管理工作;

(5)负责工程项目统计工作的检查、审查等管理工作,以及统计资料的汇总、整理、上报等管理工作;

(6)负责工程信息的管理,并做好与政府、河南省交通运输厅等上级部门的沟通;

(7)参与工程项目的招评标和综合检查评比工作。负责对监理、承包人主要人员及机械设备的履约检查和考评工作;

(8)完成公司领导交办的其他工作。

4)协调处工作职责

(1)根据国家有关法律、法规负责项目的立项、报批和征地拆迁工作;

(2)负责审查征地拆迁补偿标准和费用支付,并检查落实完成情况;

(3)协助施工单位解决临时用地、用水、用电工作,做好建设中的节地、改地、造地和临时用地的复耕工作；

(4)负责调查处理因工程产生的线外工程及改路、改线和电力、电信设施的拆迁改造等工作；

(5)负责指导督促施工单位履行合同中有关环境保护、水土保持等有关条款，做好施工中的环境保护工作；

(6)协助施工单位解决在施工中使用地方道路问题；

(7)负责做好各方关系的协调工作，创造优良施工环境；

(8)完成领导交办的其他工作。

5)质量监督处工作职责

(1)认真贯彻、落实国家有关公路质量管理方面的法律、法规；

(2)负责工程质量管理办法的制定并监督、检查、落实；

(3)负责对各总监办的协调和管理工作；

(4)负责完善四级质量保证体系，监督检查工程参建各方的落实情况；

(5)负责工程质量的评比、检查，分析工程质量问题并提出处理意见；

(6)负责已完工程的质量评定工作；

(7)负责原材料的质量把关，对主要原材料及特殊材料，建立完善黑名单制度；

(8)参与工程项目综合检查评比，配合上级质量监督部门的工程质量检查工作；

(9)负责日常工程质量巡检，对各参建单位主要人员进行日常考核；

(10)完成公司领导交办的其他工作。

6)考核监督处工作职责

考核监督处在公司董事会的领导下，全面负责公司考核监督工作，负责组织对公司机关处室、施工单位和监理单位的考核监督工作，其工作职责主要是：

(1)负责制订细化各项考核监督办法和细则，对公司处室和监理、施工单位进行日常考核；

(2)监督检查公司各项规章制度的贯彻执行情况；

(3)负责公司所属单位监督考核监督人员的培训工作；

(4)受理施工单位、监理单位、公司员工违纪违规行为的检举、控告，调查处理处室、施工单位及员工的违纪违规问题，做好相关案件查处的协调工作，并提出处理意见；

(5)参与工程项目招投标、设备材料和办公用品采购等方面的监督；

(6)负责对考核监督中发现的问题进行整改落实；

(7)负责对考核监督相关信息进行收集、调查研究并提出实施意见；

(8)负责起草公司考核监督等规范性文件，对其他职能部门起草的规范性文件进行审核并提出修改意见；

(9)完善考核监督资料并对监督考核结果通报、汇总、归档,并将监督考核结果上报公司领导,对考核中发现的需整改或限期落实的工作进行监督落实;

(10)积极完成领导交办的其他工作。

7)财务资产处工作职责

(1)认真贯彻执行国家有关的财务、资产管理制度和税收制度,执行国家统一的财务制度;

(2)建立健全财务、资产管理的各种规章制度,编制投、融资和资金使用计划,加强财务核算和资产管理工作,编制财务报表,分析财务计划的执行情况,检查监督财务纪律和资产管理的执行情况;

(3)积极为投资管理服务,通过财务监督发现问题,提出改进意见,促进公司取得较好的投资效益;

(4)厉行节约,合理使用建设资金;

(5)做好各项财务收支的计划、控制、核算、分析和考核工作,依法合理筹集资金;

(6)积极主动与有关机构及审计、税务、银行部门沟通,及时掌握相关法律法规的变化,有效规范财务工作,及时提供建设财务报表和有关资料;

(7)按照国家会计制度的规定,妥善保管会计凭证、账簿、报表等档案资料。

8)安全生产处工作职责

河南嵩阳高速公路有限公司自成立以来,认真贯彻《中华人民共和国安全生产法》《建设工程安全生产管理条例》《河南省安全生产条例》《公路工程施工安全技术规范》和建设部、河南省、洛阳市有关安全生产管理法规、规章的规定及河南省交通运输厅、河南省交通投资集团关于安全生产的通知精神,正确认识安全生产形势,牢固树立“质量第一、安全第一”的思想,把安全工作作为施工过程的重中之重,积极开展全面的安全生产自查和各项整治工作,坚决消除各类安全生产隐患,确保项目工程的顺利开展。为了加强对安全生产工作管理,项目公司成立了安全生产领导组,各施工、监理单位也成立了相应的安全生产管理体系,为搞好安全生产提供了保障。在公司具体领导和组织下各部门共同配合下,相互协作,形成了一个安全生产齐抓共管的良好局面。

(1)贯彻执行国家、河南省政府有关安全生产的法律、法规,认真落实河南省交通运输厅安全生产工作的部署和安排;

(2)研究制定安全生产工作规划和管理目标及措施,督查、指导项目的安全生产工作;

(3)定期或不定期召开安全领导组会议,分析项目建设安全生产形势,布置安全生产工作;

(4)制定安全生产各项规章制度,检查各单位安全生产规章制度的落实情况,督促各单位制定安全生产应急预案和安全隐患整改;

(5)全面掌握项目建设的安全生产动态、信息,定期通报安全生产情况和安全生产制度、措施、经费的落实情况;

(6)做好节日期间项目建设的安全保障工作;

(7)组织安全教育培训和安全生产考核评比;

(8)配合安全监督机构对安全生产机构人员、设施设备进行检查、监督,对安全生产措施进行监督管理和评定。

小结:从以上洛栾高速公路的项目组织结构中可以看出,公司内部的组织设计采用了直线职能型组织结构模式,部门和职能上的设置结构比较简单,责任分明,命令统一。各专业的职能机构的设置有助于高层主管人员做出正确的指挥和决策,但这种直线职能型组织结构模式在职能部门之间的横向联系较差,且各职能部门工作内容需请示上级主管,在项目实际情况的传达和问题的综合整改上效率较低。

2.3 洛栾高速公路项目管理机构

2.3.1 嵩县、九龙山驻地办事处组织结构

鉴于洛嵩段、嵩栾段两个项目建设线路长、投资规模大、施工难度高以及工期紧等实际情况,为了确保项目建设各项工作顺利实施,项目成立了嵩县、九龙山两个工地一线办事处,进一步明确和强化各个职能处室的责任和工作目标,不断调整和充实两个办事处的业务技术骨干力量,按照深入一线、服务一线的工作思路和要求,做到督导靠前、服务靠前、解决问题靠前,急一线之所急、想一线之所想、办一线之所需,及时协调解决在施工过程中遇到的各种困难和问题,全力做好服务保障工作,及时全面掌握一线施工进展情况,以便及时进行调控决策。现场办事处与各职能部门的矩阵关系如图 2-5 所示。

同时由于多个标段的实施建设,各职能部门能较有弹性地适应不同变化、规模和复杂程度的工程任务,适应多标段对企业有限资源的竞争,充分体现了矩阵式组织形式在项目建设中的优越性。但矩阵式组织结构存在组织上的双重领导,双重职能,双层汇报关系,双重的信息流、工作流和指令界面,使界面管理的难度和复杂性增加,办事处主任和部门负责人双方容易产生争权、扯皮和推卸责任的现象。项目建设中通过严格区分项目和部门的任务、责任和权力,并明确划定界限,有明确的职权划分,同时由公司总经理负责全线的施工生产和两个办事处的管理以及与各部门的协调工作,有效地避免了建设中潜在的矛盾冲突。

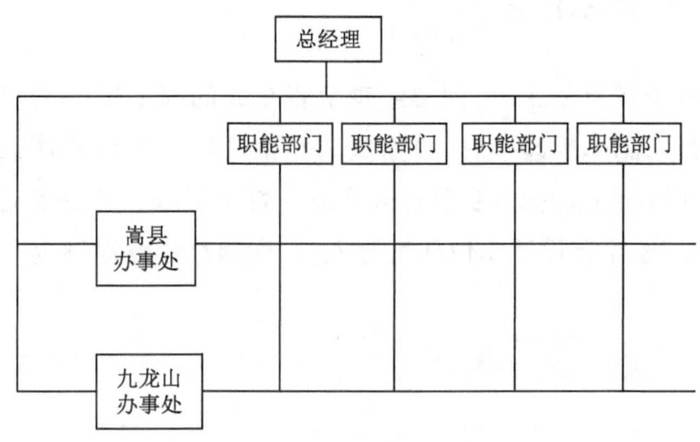

图 2-5　驻地办事处的矩阵式组织结构

嵩县、九龙山两个办事处采用矩阵式组织在项目建设中体现的主要优势如下：

（1）能够集中企业的全部资源（特别是技术力量）在各标段上，形成以标段任务为中心的管理方式，对环境变化迅速做出反应，确保项目全过程和各项目之间管理的连续性和稳定性，及时满足项目建设的质量和进度要求，保证项目目标的实现。

（2）企业对资源实行统一管理，对人员实行统一指挥，使资源能够最有效地、均衡地、节约地、灵活地得到使用，特别是能充分发挥企业稀缺人才的作用，进而保证项目和部门工作的稳定性和效率。

（3）在矩阵式组织中，各办事处成员仍归属于一个职能部门，这不仅保证了企业组织和项目工作的稳定性，而且成员能够在职能部门中更多地参与各类项目，不断历练，积累经验，获得专业上更大的发展。

（4）矩阵式组织结构富有弹性，有自我调节的功能，能更好地体现生产要素的动态管理和优化组合，更能体现本项目进度紧张和费用控制难度大的特点。

（5）矩阵式组织的结构、权力与责任关系趋向灵活，能在保证总经理对项目进行最有力控制的前提下，充分发挥各职能部门的作用，保证信息和指令的传递途径较短，减少组织层次，使企业组织扁平化，缩短“决策层—职能部门—实施层”之间的距离，加快沟通速度。

（6）组织上打破了传统的“以权力为中心”的管理模式，树立了“以任务为中心”的管理理念。这种组织的领导不是集权的，而是分权的、民主的、合作的。

（7）能兼顾项目和专业职能活动，由职能部门和办事处共同承担项目任务、共同工作，各参加者独立地追求不同部门和不同标段利益的平衡，能够发挥更大的积极性。

（8）在组织中，各个成员积极承担义务，互相学习，信息共享，互相信任。通过交流知识和信息，促进了良好的沟通，进一步加强成员的创新能力与创新精神。

2.3.2 办事处的人员配备

根据公司领导班子成员分工，公司总经理负责全线的施工生产及两个办事处的管理工作。办事处主任由公司副总经理兼任，办事处成员由公司工程技术处、质量监督处、安全生产处、协调处、综合处等相关处室主要负责人及业务骨干组成。各办事处管理制度依据公司相关规定实施。另外，还配有设计单位代表等人员，为项目建设提供全方位保障服务。

2.3.3 办事处组织主要职责

根据项目实际施工管理需求，对项目施工过程中办事处组织的主要职责进行如下规定：

（1）按照公司总体工作安排和制定的节点目标等有关要求，分段督导各施工标段抓好具体落实工作。

（2）根据公司有关要求，由各办事处负责人组织，实行旬例会、月例会制度。主要参会人员：一线各处室负责人及所辖各监理代表处总监、各标段项目经理、设计单位驻一线代表。会议内容：根据公司总体安排部署，听取各单位主要工作进展情况汇报、总结存在的问题、制定具体解决办法、安排下一步工作等。

（3）按照公司“服务一线、工作前移”的总体要求，由各办事处负责人带队，坚持每天深入施工一线、深入各施工单位实行现场办公，现场协调解决有关问题，保障项目建设按照公司制订的节点计划顺利推进。

（4）两个办事处与公司领导及公司各处室、各监理代表处、各标段项目经理部、设计单位全部实行网络化办公，及时了解公司工作动态，及时掌握施工进展情况，及时协调处理相关问题。同时，还实行工程进展情况日报、周报、月报制度，确保做到日保旬、旬保月、月保年、年保通车目标，为公司领导减压分忧。

（5）充分发挥两个办事处的督导、协调与参谋作用，为公司领导正确决策提供可靠依据。

小结：在洛栾高速公路项目管理中，根据项目实际对项目一线的管理采用了线性组织结构模式，由公司对办事处进行直接管理，有效地缩短了指令传达的路径，有利于公司管理人员对于项目现场一线施工情况的了解，为后续决策和管理提供依据。

为了防止办事处和职能部门之间产生争权、扯皮和推卸责任的现象，采用矩阵组织结构，明确区分项目和部门的任务、责任和权力，从而避免了建设中潜在的矛盾冲突。充分发挥办事处和各职能部门的作用，保证信息和指令的传递途径较短，减少组织层次，使企业组织扁平化，缩短了“决策层—职能部门—实施层”之间的距离，加快了沟通速度提高工作效率。

2.4　洛栾高速公路项目组织与管理制度体系

2.4.1　实施高速公路建设项目法人责任制度

2009年8月6日，河南高速公路发展有限责任公司拨付注册资本金1000万元；2009年8月13日，河南嵩阳高速公路有限公司正式注册成立；2011年11月，注册资本金变更为5000万元。河南嵩阳高速公路有限公司具有基本的专业素质和必备的基本条件；项目法定代表人具备相应的政治、业务素质和组织能力，以及项目管理的实践经验；法人单位的人员素质、内部组织机构均能满足工程管理的技术要求，建立了健全的内控制度。

2.4.2　强化监督和考核机制，保障各类主体专业化水平

按照合同约定和目标责任书要求，公司在进一步明确各方责任目标的基础上，狠抓监理、施工单位主要负责人的管理行为和管理成效，进一步强化各方主体责任意识，严格加强监督考核，严厉追究主体责任，确保工程质量、安全生产、进度计划、资金使用、廉政建设等各项工作能够得到有效落实。并按照履约考核结果，每月定期在全线进行通报和上报上级有关部门及各标段的上级主管单位，将项目建设及履约考核结果全部纳入信用评价体系管理，不断提高各参建单位的管理水平和合同履约信誉。

2.4.3　提升合作关系，加强彼此间的平等与信任

在强化合同管理，明晰各方责、权、利的基础上，进一步加强彼此间的合作和信任。项目建设过程中，河南嵩阳高速公路有限公司与监理方和施工方之间建立了彼此信任、平等合作的关系。监理方和施工方对加强与建设方的合作有强烈的需求，如他们普遍要求在赶工期中须“以合作的姿态”协调处理解决赶工期所带来的一些问题。为此，河南嵩阳高速公路有限公司充分考虑了施工方和监理方的合作心态和实际需求，在兼顾各方利益的前提下，本着稳固合作关系，进一步统一和强化共同的项目建设目标，增进彼此间的信任与平等合作。

2.4.4　加大对外协调力度，保障项目建设环境

在项目建设期间，河南嵩阳高速公路有限公司严格按照“一个服从、两个依靠”的总体思路和要求，进一步加大与地方各级政府及有关部门的协调力度，全力保障施工环境。

（1）充分依据河南省交通投资集团有限公司、河南省高速公路发展有限责任公司与洛阳市政府签订的《关于洛阳至栾川高速公路洛阳至嵩县段项目投资框架协议书》《特许经营权协议》《建设优惠协议》和《地方支持协议》开展工作，主动把加快高速公路建设与支持地方经济发展融为一体，把加快高速公路建设与促进中原经济区建设融为一体。

（2）通过充分利用市政府重点项目办公会、市政府主要领导督导检查等有利条件，进一步促进沿线各级地方政府及有关部门加大地方协调工作力度，不断提高工作效率。

（3）通过市县乡三级例会制度、实行施工协调半小时工作制度、聘请地方协调顾问、配合市职能部门联合开展督查检查、进一步加大对县乡各级政府及有关部门的奖励措施等，有效加快了各项工作进度，提高了工作效率，较好地解决了征地拆迁、改路改渠、三线迁改、施工震动等有关遗留问题。

（4）认真细致地做好被征地群众的思想教育工作，尤其是在征地拆迁工作中，公司严格按照国家和上级的征地拆迁补偿政策有关规定，做到"六个到位、三个见面"，即组织到位、责任到位、宣传到位、工作到位、征拆资金到位和协调工作到位；征地拆迁时间和要求与被征拆户见面，征迁范围和数量与被征拆户见面，补偿标准和额度与被征拆户见面，严格实行"阳光操作"、规范运作，确保群众应得的征迁安置补偿费按时足额到位，努力为项目建设创造一个良好的施工环境。

（5）根据项目建设实际和沿线群众的生产生活需要，进一步优化改路改渠、跨越高速公路天桥等施工方案，努力维护沿线人民群众的切身利益，无发生未征先用、未拨先占的现象，无发生因征迁补偿款不到位而引起的社会不稳定问题，所有征迁手续齐备。

2.4.5 建立激励机制并综合运用激励手段，提高激励效果

洛栾高速公路项目针对监理方和施工方，综合运用多类激励手段，提高激励效果。

1）培养项目团队精神

建设方、监理方、承包方共同的首要目标是确保工程质量。嵩阳高速公路有限公司以合作的姿态，协商制定合理的进度安排和进行有序的工作调整，没有不切实际的强求。项目管理中存在明确的最终目标和短期目标，项目经理可以对一般的项目管理人员实行目标管理。目标管理是通过组织成员亲自参加工作目标的制订，通过成员"自我管理"和"自我控制"来实现目标的一种管理方式。在实行目标管理过程中，项目团队成员不但是项目目标的实现者，同时也是目标的制定者。通过自我控制的管理，项目团队成员有充分的发展空间，从而使组织目标与个人目标更密切地结合在一起，能有效调动项目团队成员的积极性，提高员工在工作中的满足感，增强组织的凝聚力。

2)监理方的激励机制

制定明晰的合同权限,按合同管理手段对监理方进行全面有效的监督是最直接有效的手段。河南嵩阳高速公路有限公司坚持“疑之不授,授之不疑”的管理授权原则,委托监理监督、赋予管理权限、减少越权管理、明确惩罚制度等合同管理目的,避免建设方与监理方的职权交叉。

河南嵩阳高速公路有限公司将监理方的报酬分为两块:一块是固定的基本报酬,另一块是根据质量进度等检查结果判定的风险金。若有不尽职情况发生,则要扣除部分风险金;若尽职尽责,则风险金用于奖励,激励监理方与项目建设方利益一致。

3)施工方的激励机制

由于洛栾高速公路项目建设具有建设里程长、周期短的特点,增加了施工方按计划完成任务的难度,因此要促进施工方积极赶工期,必须提高施工方积极赶工期的收益,对施工方进行激励的根本目的是促使其在规定的工期内按时保质地完成施工任务。具体措施如下:

(1)足额报酬+实施补偿机制。为了保证洛栾高速公路项目建设的进度,适当加大投入是必需的。增加的投入主要用于为施工方赶工期提供必要的管理技术条件,充分调动施工方的积极性等方面。在保证足额报酬的前提下,河南嵩阳高速公路有限公司在合同中明确约定施工方赶工期所得补偿的确定原则、支付方式和支付日期,使施工方增强对赶工补偿实施的信赖。建设方通过多种形式补偿,如增加对施工方因赶工期而增加的费用;设定质量、进度、安全等多类奖项,扩大获奖范围形成变相补偿等。

(2)完善奖罚机制。洛栾高速公路项目对施工方的激励措施总体原则是多奖少罚,扩大激励覆盖面和增加新奖种,提高奖罚额度,拉开奖励档次。同时通过充分运用信息管理系统提高奖惩的客观性、公正性和公平性。对施工方可采取颁发荣誉证书、在权威机构公布评比结果,以及增加质量、进度、安全、施工工艺奖项等措施。

2.4.6 尽职尽责提供坚实可靠的后勤保障

综合处作为项目建设的后勤保障部门,具有以下职责:负责办公基地及职工食堂建设;负责办公机具的公开采购及搬迁入驻;解决员工住宿、通信问题;组织并参与项目工程奠基仪式;组织公司揭牌活动;落实公司决议,完成公司内部机构设置、干部任用、人力资源配置;成立党支部;规范公司内部管理,建立制度流程;确保公司公文、公务正常运转;整理印发公司会议纪要、各类文件;落实公司关于人事劳资工作;负责勘界清点外业操作的食宿安排、安全保障等工作;负责驾驶员、车辆管理;负责各种会议活动的会务保障;负责各级领导视察、检查的接待服务;与相关处室共同负责公司安全生产工作。

2.4.7 开展党建工作，建立健全组织保障体系

稳步推进基层党建工作，建立健全基层党组织，积极开展基层党务工作。成立临时党委，对施工方、监理方进行双重管理。公司大力推进和谐企业建设，以人为本、关爱员工。逐步丰富精神文明建设内容，为员工创造更多的学习培训机会，广泛开展各种文体活动。大力提倡学习创新、大力提倡艰苦奋斗、大力弘扬先进典型，鼓舞和激励项目公司全体干部员工振奋精神、坚定信心，加倍努力工作，在项目建设的大环境下建功立业、实现人生价值。

2.4.8 大力加强廉政建设，确保廉政“零”违纪

按照上级有关规定和公司的工作安排，在加强廉政建设方面主要工作内容如下：

（1）每年初及时召开廉政建设工作会，对廉政工作进行全面安排部署，并与公司各处室、各监理代表处、各标段负责人分别签订《廉政建设目标管理责任书》和《廉洁自律承诺书》，严格实行责任目标管理。

（2）通过廉洁从业教育、专题“警示教育”、发送廉政短信等多种方式，进一步提高全体参建人员的廉洁自律意识和安全防范意识。

（3）认真贯彻落实“三重一大”制度，严格执行上级的各项规定，切实加强对权力运行的规范和监督。召开重大事项专题会议，并形成会议纪要。

（4）严格加强对各种主要原材料的考察及采购、合同招投标、大宗办公用品的购置等进行全程参与和监督。

（5）认真查找廉政风险源点和易发腐败环节，制定和完善廉政风险源防范措施，广泛接受监督。受理并查处各类举报案件，并依据相关规定分别作出严肃处理。

（6）按照中央的统一安排部署和要求，认真开展“工程建设领域突出问题专项治理工作”和“小金库”专项治理工作，认真抓好自查自纠和整改落实，进一步规范项目管理。

（7）认真开展纪检监察“队伍建设年”活动，切实提高纪检监察干部的党性修养、素质能力和监管水平。

（8）定期分析研究党风廉政建设面临的形势和问题，及时制定和完善相关管理措施，确保廉政建设工作顺利开展。公司及监理方、施工方分别设立监督举报电话、廉政举报信箱和廉洁自律自查自纠个人档案等，公司定期对各单位的监督举报信箱以及反映的相关问题等进行检查，主动接受上级组织和广大职工群众以及社会各界的监督。

2.4.9 农民工管理

通过有效的制度和措施，保障和维护农民工的合法权益，确保农民工受到公平、公正地对待。强制承包人向劳动保障部门缴纳农民工工资保证金。不管是长期雇用还是临时雇用，承包人应与农民工签订劳务合同。每个农民工手上都应持有工资卡和合同文本。

小结：在管理制度体系的建设中，河南嵩阳高速公路有限公司严格遵守国家的相关法律法规，在管理体系的建设中深入贯彻落实党中央精神，加强思想建设和廉政建设。施工中对于监理方和施工方的管理采用多种激励手段，采用经济措施奖惩并举，以达到提高工程质量的目的。

2.5 本章小结

在管理体制的建立与运行中，洛栾高速公路项目管理从项目实际出发，在公司管理体制上充分体现了职责明确、权责统一的原则，在项目实际操作过程中精准落实各项措施，从而确保完成各项计划指标。

（1）公司管理体制中最核心的部分即是对管理机构的设立和对权限职责以及利益关系的明确，是作为直接影响管理效能并在整个项目管理中起决定性作用的部分，为此，在洛栾高速公路项目管理中坚持以机构健全为首，以权责一致、科学高效为目的，在整个项目管理中对于管理机制和管理制度的建立和健全以及管理机构的设立都力争做到科学合理，为项目的建设提供了重要的制度保障。

（2）洛栾高速公路项目组织架构中对于公司内部所采用的直线职能型组织结构，在管理模式上集直线型和职能型于一体，取长补短，可以充分发挥各职能处室的专业优势，对于各高层主管人员的职能分工详细、责任明确。但各鉴于职能部门之间的协作和配合性较弱，对项目整体的效率造成不利影响。针对此种组织结构弊端，公司可以通过建立项目专属委员会，制定相应的会议制度，增强部门之间联系，以达到及时解决问题的目的。

（3）洛栾高速公路项目管理中办事处的设立，充分结合了线性组织结构和矩阵组织结构模式特点。采用线性组织结构，对公司来说，更有利于直接获取项目一线实时信息并对项目决策和计划做出实时调整；采用矩阵组织结构，具有灵活、机动的特点，项目的人员可随项目的需要进行调配，同时对于办事处与职能部门之间权利的相互制衡也起到了重要的作用。但在多种组织结构模式相结合的情况下，对于权责的分配需要做出进一步明确规定，才能确保在项目实施过程中达到提高工作效率的目的。

（4）洛栾高速公路项目管理中市县乡三级例会制度、施工协调半小时工作制度等各种相关制度的构建与实施，充分从制度层面对项目管理做出严格规范，并为工作效率的提高提供了保证。各项制度的结合与创新值得在其他相关高速公路的项目管理中采纳和运用。

（5）针对洛栾高速公路的实际情况亦可采用项目型组织结构，通过对不同项目特点的分部工程项目进行资源划分，并由公司高层领导分别进行直接管理，从而更有利于项目的控制和资源的充分利用。

第3章 公路工程项目合同管理

当今时代，随着经济与科技的不断发展以及社会生产力的不断提高，生产过程中专业化分工越来越细，不同行业、不同专业、不同类型的企业都将成为社会生产中不可或缺的重要部分，使得各行各业在社会建设与发展过程中变得愈加紧密。

山区高速公路作为对于技术和管理等方面要求极高的工程建设项目，从项目立项到项目竣工乃至项目运营阶段都涉及社会中的各行各业，虽然各参与方都是以各自利益为目的，但始终坚持以项目建设目标为共同目标，为此各方都必须在建设中相互合作、相互配合，并防止意外冲突的发生，而签订工程建设合同是作为确保项目各方调解纠纷、确保项目顺利进行的重要保证措施。

3.1 公路工程项目合同概述

3.1.1 合同

（1）合同是当事人或当事双方之间设立、变更、终止民事关系的协议。在合同的定义中分为广义合同和狭义合同之分，广义合同是指所有法律部门中确定权利、义务关系的协议。狭义合同是指一切民事合同。还有最狭义合同，仅指民事合同中的债权合同。

合同作为我国最具法律效应的文件，依据相关规定进行规范和约束。如《中华人民共和国民法通则》第八十五条规定：合同是当事人之间设立、变更、终止民事关系的协议。依法成立的合同,受法律保护。《中华人民共和国合同法》第二条规定:合同是平等主体的自然人、法人、其他组织之间设立、变更、终止民事权利义务关系的协议。婚姻、收养、监护等有关身份关系的协议,适用其他法律的规定。

(2)依据《中华人民共和国合同法》规定依法成立的合同,自成立时生效。合同生效后,当事人应按照合同约定履行合同的义务,且不得擅自变更或者解除合同,除不可抗力等法律规定的情况以外,当事人不履行合同义务或履行合同义务不符合约定的,应承担违约责任。

3.1.2 工程合同

工程合同又称建设工程合同,是承包人进行工程建设,发包人支付价款的合同。建设工程合同包括工程勘察、设计、施工合同,是工程承发包双方为完成工程任务所签订的经济合同。在工程施工前,通过签订工程合同明确规定出关于工程施工中双方的责任和义务,使其在后期施工中起到严格规范的作用。在工程建设中,发包人一般为投资建设工程项目的建设单位;承包人是在工程建设中承担勘察、设计、监理、施工等专业工作的单位。

3.1.3 强化合同管理意识,完善合同管理体制

项目管理模式的核心是合同管理,通过合同明确项目中各主体的权、责、利和义务,确立各主体彼此之间的关系,约束各主体的行为,使项目建设顺利有效地进行。河南嵩阳高速公路有限公司采取以下对策:一是采取事前、事中、事后的全程合同管理控制,提高各主体的合同履约意识;二是建立合同实施过程中的保证和监督体系,使合同各方始终处于警觉的工作状态,确保各主体严格地按合同进行项目建设;三是严格合同履约考核制度,以迫使各类主体认真履行合同,提高合同的履约率,具体地,就是构建项目合同履约考核指标体系,并尽量使考核指标量化,增加考核结果的客观性和科学性,为奖惩提供科学依据。

为加强公司合同管理,维护公司合法权益,规范公司对外签订合同的审批程序,明确公司内部合同管理职责,有效地履行合同,根据《中华人民共和国合同法》及有关法律、法规的规定,结合河南嵩阳高速公路有限公司实际情况,制定了《河南嵩阳高速公路有限公司合同管理办法》,并在认真履行合同规定各项条款的基础上,严格实行各级、各方责任目标管理,并与公司各处室、各监理代表处、各标段项目经理部负责人分别签订了年度《工程建设目标责任书》《安全生产目标管理责任书》《廉政建设目标管理责任书》等。同时,还与各标段上级法人单位代表签订了《年度节点目标承诺书》,并实行各标段上级单位派驻督导员制度,全面加大督导协调力度,为项目建设提供全方位可靠保障。

3.1.4 工程合同的管理

工程合同管理是项目管理中的一项重要工作，工程合同管理作为一个动态的过程，主要是在项目工程合同签订和履行过程中对于各单位、各部门的组织与协调工作，从而促进各部门之间的团结协作，是工程合同管理机构和管理人员运用管理职能对于工程合同的签订和履行以及合同发生纠纷时的管理。

1）工程合同的签订

工程项目合同的签订必须依据《中华人民共和国合同法》的相关规定，就合同签订双方的权利与责任进行明确规定，同时在合同的签订过程中必须遵循平等原则、自愿原则、公平原则、诚实信用原则。

（1）平等原则。

合同当事人的法律地位一律平等。不论签订合同双方的所有制性质如何，以及单位大小和经济实力的强弱，在签订合同中各方地位平等，合同中的权利义务对等。所谓"对等"，是指享有权利，同时应承担相应义务，并且彼此权利、义务相互对应，当事人所取得的财产、劳务或工作成果与其履行的义务大体相当，要求一方不得无偿占有另一方的财产，侵犯他人权益；合同当事人必须就合同条款充分协商，取得一致，合同才能成立。任何一方都不得凌驾于另一方之上，不得把自己的意志强加给另一方，更不得以强迫命令、胁迫等手段签订合同。

（2）自愿原则。

根据《中华人民共和国合同法》规定，合同当事人依法享有自愿订立合同的权利，任何单位和个人不得非法干预。合同当事人的自愿原则主要包括：第一，订不订立合同自愿；第二，与谁订合同自愿；第三，合同内容由当事人在不违法的情况下自愿约定；第四，当事人可以协议补充、变更有关内容；第五，双方也可以协议解除合同；第六，可以自由约定违约责任，在发生争议时，当事人可以自愿选择解决争议的方式。

（3）公平原则。

合同当事人应当遵循公平原则确定各方的权利和义务。在订立合同时，首先要根据公平原则确定双方的权利和义务，在追求个人利益的同时兼顾项目整体利益和他人合法权益；其次要根据公平原则确定风险的合理分配并在合同中明确违约责任。

（4）诚实信用原则。

当事人行使权利、履行义务应当遵循诚实信用原则。在订立合同和合同履行过程中，都要讲诚实、守信用，不得有欺诈或其他违背诚实信用的行为。在行使权力时应尊重他人合理权利，对于合同约定职责和义务应当忠实履行。

（5）善良风俗原则。

当事人订立、履行合同，应当遵守法律、行政法规，尊重社会公德，不得扰乱社会经济秩序，损害社会公共利益。

2)工程合同的履行

工程合同只要符合国家法律规定，合同一经签订即具有法律效力，双方的合法权益就受到法律保护。合同双方当事人应当按照合同中约定内容，在后续项目实施过程中严格履行且不得违反，否则将依法受到法律惩罚。合同的履行应遵循协作履行原则、全面履行原则、实际履行原则。

(1)协作履行原则。

工程合同的协作履行原则是指当事人不仅适当履行自己的合同债务，并且应基于诚实信用原则的要求协助对方当事人履行其债务的履约原则。鉴于工程所具有的复杂性和多样性，在工程实施中合同的履行，若只有债务人的给付行为，没有债权人的受领给付，则合同的内容仍难实现。因此，对于工程中合同的履行，需要合同双方的协作去完成合同中所规定的任务和目标，履行各自应尽的责任。

(2)全面履行原则。

工程合同的全面履行原则是指签订合同的当事人必须按照合同中所签订的各项任务的质量和数量要求履行自己的义务，对于合同中所规定的未能全面履行或者部分履行的，即构成违约。

合同签订生效以后，若合同中对于部分常见条款如价款、期限和质量等内容没有约定或者约定不明确的，当事人可以通过协商达成补充协议，若未能达成协议，一般按照合同的有关条款或者交易习惯进行确定。

(3)实际履行原则。

工程合同的实际履行原则是指合同当事人必须按照合同的规定完成自己的义务。自合同签订起，合同当事人就应开始承担合同中所规定的工作任务，在规定的期限内按照合同规定的内容和范围实际履行，若未能履行，违约一方应对另一方进行违约赔偿，以此来对合同当事人进行约束，促进当事人按照合同规定标的认真履行自己的义务。

3)工程合同的分类

在工程项目建设过程中，根据不同需求、不同对象而签订的合同种类也不尽相同，其中主要选择的合同类型如下：

(1)以划分项目各方承包关系为目的进行分类。

①工程总承包合同是指工程建设单位通过将工程项目建设活动中的勘察、设计施工等工作全包给总承包单位而签订的工程合同。就项目责任双方而言，总承包单位直接对建设单位负责，建设单位仅同总承包单位之间产生法律关系。

②工程分包合同，与工程总程包合同相比，是指总程包单位通过合法途径将项目按照专业类别或工程部位进行分包，由总承包单位与各分包方进行分包合同的签订。分包合同签

订所产生的权利与义务，也只在总承包单位与各分包方之间发生，而与建设单位无关。

（2）以明确工程结算方式为目的进行分类。

①固定总价合同是指工程项目建设总价以建设方与发包方招标时所签订的合同总价为依据进行工程结算，不因工程量、设备与材料价格等因素的变动而进行合同价的调整。但人力不可抗拒的各种自然因素、国家统一调整价格、设计有重大修改等情况除外。

②成本加酬金合同是指工程最终合同价按照工程实际成本加上一定比例的酬金所组成的工程合同。由于该种合同签订过程中项目合同总价的不确定性以及承包人利润与工程总价的相关性，导致建设单位承担了项目建设过程中的全部风险，而承包人缺少成本控制的积极性进而对工程的整体效益产生不利影响。

③单价合同是指承包方以建设单位在招标文件中所提供的工程项目类别与工程量为基础编制工程量清单，项目合同总价以实际发生的工程量和合同中规定的工程单价进行确定。单价合同又分为固定单价合同和可调单价合同。

（3）以明确工程建设对象为目的进行分类。

①工程勘察合同是指在承发包双方在明确双方权利与义务的前提下，由承包方进行工程勘察而明确的勘察法律协议，同时为确保工程勘察的质量，勘察单位必须获得相关部门批准许可，是具有法人资格的勘察单位。

②工程施工合同又称建筑安装工程承包合同，是指建设单位与施工单位为完成工程项目的建筑安装任务，进一步明确合同双方的权利与义务的法律协议。

③工程监理合同是指工程建设单位委托专业监理单位对工程实施过程进行监督管理而签订的法律协议，同时根据项目实际情况建设单位必须选择具有相应资质等级的监理单位进行监理。

3.2　洛栾高速公路项目动态合同管理

3.2.1　建设高水平的招标投标管理制度

河南嵩阳高速公路有限公司招投标工作按照国家相关法律、法规及河南省交通运输厅、河南高速公路发展有限责任公司的相关规定和要求，全面落实招投标制度。在具体实施过程中，按照公开、公正、公平、科学、择优的原则和规定程序进行。

为全面落实公司的“创优理念”，计划合同处在土建工程施工招标文件中新增项目专用条款共计 23 款。其中，将文明施工实施细则、明确人员更换要求、明确创优基金的提取和使用、农民工专项保护制度、建设资金管理制度、资金监管协议和资金监管办法等列入招标文件的做法，有效地增强了公司对合同单位管理的力度和深度，降低了合同实施过程中的风险，规避了潜在的公司责任，更好地保护了公司的权益，为项目的顺利实施奠定了基础。

3.2.2 “三合同”管理

项目的勘察设计、施工、监理以及重要设备、材料的采购，将通过招标选择单位，依法签订“三合同”，即《工程建设合同》《廉政建设合同》和《安全生产合同》。

参建各方须严格执行《廉政建设合同》，对工程变更、工程延期、费用索赔、争端与仲裁违约、分包、转让与指定分包、保险等，严把变更设计与计量支付关，严把廉洁自律关，堵塞各种漏洞，防范各种违纪违法行为，通过双合同管理，依法实现质量、投资、进度的控制目标，实现廉政建设目标。

为在洛栾高速公路嵩栾段土建工程施工合同的实施过程中创造安全、高效的施工环境，切实搞好项目的安全管理工作，在严格遵守《中华人民共和国安全生产法》等法律、法规规定的基础上严格执行《安全生产合同》，严格执行公司《安全生产管理办法》。明确公司一把手负责制，实施逐级落实，加强对施工单位、监理单位的安全生产责任监督检查，通过合同履约审查、考核监督等多种方式进行综合防控，实行安全事故报告制度和安全事故责任追究制度及安全生产一票否决制。杜绝违章指挥、违章作业、违反劳动纪律的“三违”行为。力争通过运用科技手段、提高科学管理水平打造安全生产保障体系，确保工程建设过程中无四级（含）以上重大安全责任事故发生。

3.2.3 强化履约管理

按照招投标合同规定和上级的有关要求，公司先后制定并下发了《关于加强对各标段关键人员和监理人员合同履约考核管理的通知》《关于洛阳至栾川高速公路工程监理管理办法的通知》等多项管理措施，全面加强对监理单位、施工单位主要人员和机械设备的履约管理，严格履行合同，保证监理单位、施工单位主要人员和机械设备满足施工现场的需要。

履约管理的重点在集中在如下五个方面：

（1）切实强化监理单位、施工单位对于“安全、质量、进度、廉政”等方面的责任主体意识。

（2）督导施工单位加强对进度计划的安排和落实，对人员、设备的投入及调配管理，对质量薄弱点、关键工艺、重要部位、质量通病等的控制。

（3）按照监理管理办法严格要求监理人员工作行为，坚决整治“不作为、乱作为”现象，对于极个别监理人员“吃、拿、卡、要”的恶劣行为，一经查实将从严处理。监理人员必须坚持独立抽检，切实做到对工程实施全过程的动态监管，各驻地办要提高旁站到位率，对重点部位、重点项目、重要工艺、隐蔽工程等实行全过程旁站，及时发现问题，及时解决问题。

（4）坚持“三铁、四严、四坚决”的原则开展工作，即铁心肠、铁手腕、铁面孔；检查严、程序严、要求严、落实严；不合格的材料坚决不准进场，不合格的队伍坚决清退出场，不称职的监理人员坚决撤换，不合格的工程坚决推倒重来。同时切实实行工程质量责任追究制，对发生质量问题的要详查原因，划清责任，严肃处理。

（5）严格责任追究，监理单位、施工单位凡是不按照合同文件配置人员和机械设备、不按照要求进行人员信息登记和在人员更换时，提供虚假个人信息进行登记、擅自离岗、工作不负责任、造成质量安全隐患或有不廉洁行为的，均视情节轻重给予通报批评、驱逐出场、建议取消或降低建造师资格并上报“黑名单”等进行处罚。各监理代表处、施工单位的主要合同人员和机械设备均须达到合同要求，满足施工现场的需要。

3.3　本章小结

“守合同，重信用”是企业生存发展之本，不仅是对国家相关法律、法规的遵守，更能对企业良好形象的树立和市场竞争力的有利提升产生至关重要的影响。

（1）在洛栾高速公路的案例中，河南嵩阳高速公路有限公司以健全合同管理制度为优，设立多种专项条款，全面落实公司对于合同管理的创优理念，使得项目在实施过程中的管理工作做到有据可查、有章可循，并为公司规避了诸多潜在风险，更好地保障了公司利益，也为项目的顺利实施奠定了坚实基础。

（2）加强学习教育，提高合同管理人员和监理人员的整体素质。为确保实现项目实施中合同监管的高标准、严要求，河南嵩阳高速公路有限公司强化履约管理，下发多项管理措施并组织人员学习相关的法律法规，以此来严格规范合同管理人员的相关行为，为确保工程质量和企业利益提供基础。

（3）在洛栾高速公路的项目管理中，各项制度的建设和完善工作都十分全面，但对于合同管理组织机构的建设以及管理人员的责任划分还不够清晰，合同管理架构的建设不够明晰，需要进一步明确如项目合同变更或解除后的法律责任以及针对项目合同中出现违约、索赔、争议等情况的处理方法。

（4）在高速公路项目管理中，合同管理工作范围广、工作量大，为了防止施工过程中出现工作漏洞，需要细化合同管理工作，针对项目施工活动实现全覆盖。洛栾高速公路项目作为典型的山区高速建设项目，需要针对众多参建单位建立更为详细的合同管理条例和合同要求，只有将项目责任实现精准定位、精准管理，才能保证项目各项建设目标的完成。

（5）洛栾高速公路项目中对参建单位合同履行情况的奖惩不够明确，对于项目中违反合同的参建单位应进行处罚，严重者应立即解除合同关系，而对于合同履行情况良好的企业应进行一定的奖励。建立关于合同实施情况的奖惩制度，有利于激发相关单位的积极性与创造性，有利于促进项目参建单位信用制度的建设。

第4章 公路工程项目质量管理

山区高速公路项目质量管理不仅关系到项目的成本与投资效益，还关系到广大人民群众的生命安全问题。山区高速公路由于复杂的地形、地貌条件，给项目的质量管理工作带来了巨大挑战，因此针对项目中可能出现的危险因素与潜在风险，如何对项目的质量实现精准管控，确保项目的工程质量达到预期目标，是项目管理工作的重要目标之一。

山区高速公路的质量管理工作同时也反映出企业管理水平的高低，是工程项目管理水平的考核标准。高效的质量管理是在完成企业利润目标的同时可以用最快的施工速度、最低的施工成本完成高质量、高品质的工程项目，实现企业利润最大化和质量最优化的企业目标。

4.1 工程项目质量管理概述

4.1.1 工程质量

工程质量是指工程能够满足建设单位需求，且符合国家法律、法规、技术规范标准、设计文件及合同规定的特性综合。山区高速公路的工程质量主要包括工程寿命、可靠性、经济性、安全性、功能性、适应性六个方面。

（1）工程寿命。项目的工程寿命是指工程在项目完工后在规定的使用要求下，能够满足工程建设要求的寿命周期。在项目中，针对不同的建筑类型、不同的使用功能和施工工艺，对于工程的合理使用寿命周期有着不同的要求，对于工程组成部分的合理使用寿命周期也不尽相同。我国将公路划分为高速公路、一级公路、二级公路、三级公路、四级公路五个等级，其中高速公路的设计年限，我国要求为20年。

（2）可靠性。工程的可靠性是指工程在规定的时间和规定的使用条件下，能够完成工程规定功能的能力。对于山区高速公路的项目而言，不仅要求项目在竣工验收时达到规定的验收标准，而且要求工程项目实体在一定的使用周期内保持项目设计的使用功能，如路基的稳定性、路面的安全性等都属于可靠性的质量范畴。

（3）经济性。工程的经济性是指在工程从设计、施工、运营等全寿命周期内，工程的建设、使用成本和相关费用的消耗，以及工程项目建设在同类项目建设中建设及运行成本对比下的经济性，从而判断是否符合经济性要求。

（4）安全性。工程的安全性是指工程建设完毕投入使用过程中，对于工程整体结构、行车人员以及周边环境的安全程度。在运营过程中必须保证工程整体能够免遭结构破坏以及外来危害。

（5）功能性。工程的功能性是指工程能够满足使用要求的各种性能，主要包括如结构性能、使用性能等方面。

（6）适应性。工程的适应性主要是指工程的建设与工程所在地的环境、生物以及居民生活之间的适应程度，对于环境动态平衡的影响大小和生物种群的生存状况的影响程度，以践行我国对于可持续发展理念的倡导。

综上，多种工程质量的特性，都是作为构成工程质量的重要部分，各部分之间相互影响、相互牵制，对于不同种类、不同功能、不同环境下的工程在工程质量、工程技术的要求上各有差异、各有侧重，但都必须满足质量标准规范和工程验收要求。

在工程质量的管理上我国也有着严格的法律规定。《中华人民共和国建筑法》第六十一条规定“交付竣工验收的建筑工程，必须符合规定的建筑工程质量标准，有完整的工程技术经济资料和经签署的工程保修书，并具备国家规定的其他竣工条件。建筑工程竣工经验收合格后，方可交付使用；未经验收或者验收不合格的，不得交付使用。”《建设工程质量管理条例》第二十八条及第九条规定“施工单位必须按照工程设计要求、施工技术标准和合同约定，对建筑材料、建筑构配件、设备和商品混凝土进行检验，检验应当有书面记录和专人签字；未经检验或者检验不合格的，不得使用。施工单位在施工中发现设计文件和图纸有差错的，应当及时提出意见和建议。”

4.1.2 工程质量管理

1）工程质量管理的概念

工程质量管理是指为保证和提高工程质量，通过确定质量目标和质量方针，并在工程实施中运用的一整套质量管理体系、手段和方法确保实施的系统管理活动。高速公路作为一项投资大、建设及运营周期长的工程项目，项目的建设与运行过程中关系到广大人民群众的财产与生命安全，因此只有当项目工程质量符合质量标准时，才能投入生产和交付使用。

工程质量管理的概念有广义和狭义之分。广义的工程质量管理是指工程建设全过程的质量管理，包括工程的决策、勘察、设计、施工的全过程的质量管理；狭义的工程质量管理是指在工程施工阶段的质量管理。

2）工程质量管理的特点

山区高速公路项目基于其特殊的工程条件，在诸多方面和其他建设项目都有着明显不同之处，其中对于山区高速公路质量管理的特点主要表现在以下几个方面：

（1）影响因素众多。

首先，山区高速公路的建设过程中由地形、地质、水文、气象等自然因素对工程质量易产生不利影响，并给质量管理工作带来困难。其次，在项目建设中，人员、技术、材料等非自然因素的变化同样直接或间接地对项目的质量产生一定影响。

（2）过程控制要求高。

山区高速公路由于在施工过程中工序衔接多、中间产品多、隐蔽工程多，因此在质量管理过程中如果不能及时检查工程内在质量，那么事后从工程的表面进行检查很难发现工程内在所存在的质量问题，从而容易因其表面质量的合格而产生判断错误，即第二类判断错误。故在山区高速公路的建设中应加强对于工程质量的检查和隐蔽工程的质量控制，提高过程中对于质量的控制要求。

（3）终检的局限性。

对于山区高速公路而言，项目建成后的质量管理不能像其产品一样可以通过拆卸或者解体来检查工程的内在质量，并对项目质量进行进一步的修缮和改进，这样就无法发现山区高速公路工程中存在的隐蔽工程质量缺陷。因此，要求在工程建设中加强相关工序中的质量监督并加强过程中的质量管理，及时检查、发现质量问题并解决问题，从而达到最终的质量目标。

4.2　全过程的质量管理

1）初步设计阶段的质量管理

（1）资质控制。根据项目规模大小选择具有相应资质的建设工程设计单位，并根据国家相关规定对设计单位进行相应的资质检验，从项目开始就对项目的质量进行严格把控。

（2）方案比选。对于设计方案的选择坚持择优录取的原则，并需要进一步针对相关设计方案做出优化设计，在重大技术问题的工程设计方案还应组织专门的科学调研，多方位、多层次地选择设计方案。

(3)资料整理。关于项目各方原始资料的收集，核实有关项目的各种报告和工程资料的完整性和准确性，整理出满足设计要求的初步设计资料，并将资料进行归档整理，为后期管理人员对于原始资料的核实与校验提供基础。

2)施工图设计阶段的质量管理

(1)人员协调。作为工程最为重要的环节之一，施工图设计阶段需要根据项目施工需要，通过协调、调动项目各方的积极协作，加强各方的沟通交流，从而确保工程施工图纸的准确性与施工过程中的可行性。

(2)制度管理。对于施工文件的审核，需要坚持制度化管理，通过制度规范施工图设计阶段工作的开展，若存在不符合质量要求的情况，则需要相关单位进行修改，直至符合要求为止。

3)施工阶段质量管理

山区高速公路项目质量管理中施工阶段的质量管理，是作为工程项目实际质量形成中的主要部分。从项目管理角度出发，施工阶段的质量管理主要是指通过运用科学的管理方法和理论以达到工程项目的质量、成本等项目目标的管理活动。

(1)施工方的管理。

①人员管理。是指对于参与项目施工阶段的各作业人员以及管理人员的管理，主要包括加强施工现场作业人员的质量意识；加强完善施工现场的质量管理制度规范作业人员行为；加强管理人员的安全、质量意识为项目建设保驾护航。

②机械管理。山区高速公路作为综合性大型建设项目，针对山区的特殊建设环境，离不开各种更为专业化的机械设备。在施工阶段为确保工程质量，应定期开展对于施工机械设备的检查和维修，并加强操作人员的资质检查以及与机械设备相关质量管理制度的建立与完善。

③材料管理。施工阶段材料的质量管理主要包括对于施工材料的质量检验和使用的管理。在施工阶段，对于材料，应加强对其质量的检查，以确保可以用于工程项目建设当中，在使用上，也应根据项目的实际需要正确合理使用，并就材料的使用建立完整的资料记录。

④方法管理。施工方法的管理主要包括施工方案、施工工艺、施工组织设计和施工技术措施等方面的管理。项目施工需要结合项目实际，以确保质量为前提，选择合理有效的施工方法。

⑤环境管理。在工程的施工阶段对于环境的影响最为明显，加强对于施工环境的管理不仅有利于提高施工质量和安全，还有利于创造良好的生态环境。对于自然环境的管理主要包括：事前对于施工现场的水文、地质等自然环境信息的掌握，对于项目施工沿线野生动

植物信息的了解，以及对于项目施工附近社会环境的认识，为项目施工方法的选取以及施工方案的选择提供重要的数据支撑。

（2）建设方的管理。

建设方在项目实施阶段的质量管理主要包括：对于施工阶段材料进场的质量检查与监督以及后期对于材料的抽查监督工作；关键部位以及隐蔽工程的质量检查和验收工作，以确保工程质量，降低质量问题出现的可能性；加强对施工设备的质量控制，了解施工所需的机械设备，并对设备供应商进行深入了解，从而为施工单位在机械的选择上实现质量的控制目标。

4.3　洛栾高速公路项目全过程质量意识的强化

工程质量意识是指人们对待工程质量的态度、认识和观念，是一种主观的东西，却又客观存在并对建设工程质量产生影响，是一种意识能动作用的发挥。作为施工企业，工程质量是企业管理水平、技术水平以及综合实力的集中体现，保证和提高工程质量是企业赖以生存和发展的基础。应在企业内部通过强化项目管理人员、实际操作人员的质量意识，建立健全质量保证体系。

高速公路工程质量作为事关人民生命和国家财产安全的大事，与公众利益息息相关。洛栾高速公路作为河南省高速公路规划网络的重要组成部分，其工程质量的优劣将直接对整个河南省的经济交通、省份形象乃至全国的经济发展产生重要影响。因此，河南嵩阳高速公路有限公司始终坚持以创建“国家优质工程”为工程建设总目标，以逐级递进的管理方式确立节点目标，并将其落实到工程建设的各个环节，了解工程建设最新技术，并与工程项目实际相结合，通过高标准、严要求的工程管控，确保工程建设总目标的实现。

4.3.1　以创优为动力，坚持质量第一方针

洛栾高速公路建设工程指挥部，针对山区高速公路建设的战略定位和决策思想，因势利导，在全体员工和建设者中提出，争创国家优质工程奖、科技进步奖和河南山区高速公路典型示范工程的工程创优目标，为整个工程建设注入了强大的动力和活力，对于增强全员的质量意识，并贯彻于实际行动中，起到了极大的推动作用。

以创优为动力，是发挥广大建设者的创造力，推动技术进步和科学管理的重要举措。国家优质工程的质量目标是集优秀设计质量和优良施工质量于一体，是工程项目适用性、安全性、可靠性、经济性和环境适宜性的高度统一的最佳质量水平。因此，以创优为动力，树立“国家优质工程”的质量意识，有利于充分发挥设计单位、施工单位、监理单位以及其他为工

程建设服务的单位和部门中广大技术人员与管理人员的创造力。在洛栾高速公路建设中，无论是对整个高速公路总体规划方案的不断优化，对工程设计中的创新创意和精益求精的努力，还是对施工中复杂的地质环境处理过程以及高难度施工技术方法的制订等，都是建设者们在创优的动力推进下，克服一个个难题，创造性地完成一项项任务的过程，其中不乏先进单位和先进事迹，真正体现了精心设计、精心施工、精心管理的重点工程质量意识。

以创优为动力，不仅是山区公路工程建设质量保证和质量控制的需要，也是各参与单位和广大建设者的愿望，因为洛栾高速公路无论是在建设意义方面，还是在工程技术方面，都为建设者们提供了一个广阔的大有作为的舞台和展现自己技术及管理实力的机遇，他们都以参与项目建设为荣，并为此重大工程做出贡献。这对于参与者提升企业知名度、扩大市场影响力、树立企业形象等起到重要的作用，也使他们不但通过工程承包或监理服务，创造了企业经营的经济效益，并且更重要的是创造了无形资产、企业形象，因此在工程承包单位中蕴含着极大的为工程创优的积极性，如承建总公司河南嵩阳高速公路有限公司，在工程始建初期阶段，公司领导积极地就“关于成立‘创建国家优质工程’领导小组”下发了通知，组织召开党委会和办公会，研究工程施工方案，并从所有管理阶层人员中抽调技术好、业务精、素质高的干部组建了创优领导小组，紧紧围绕项目建设总体目标，充分结合项目实际，确立工程建设全面质量管理的指导思想、总体目标和核心任务、节点目标、创优管理目标，并对“创建国家优质工程”各项任务进行了总体部署和全面安排。

一是明确和完善了创优工作组织机构，并与各单位分别签订了《创优工作目标责任书》，严格实行责任目标管理；二是继续严格实行“首件工程认可制”和“样板工程评审制”，狠抓首件工程各项质量指标的落实和综合评价，以达到以点带面、整体优质的效果，截至2011年12月，全线共完成各项“首件工程认可”95个，评选“样板工程”25个，形成了一个良好的“争创优质”氛围；三是通过加强对小型预制构件的质量控制，进一步提高了结构物的外观质量效果，通过治理工程质量通病，使全线的工程质量通病问题得到了有效解决；四是通过对钢筋制作采用先进的数控机床加工技术，有效提高了加工精度；五是通过开展创建“样板工程”和组织现场观摩学习，全面推动了创优工作的深入开展。

4.3.2 明确节点目标，保证质量总目标的实现

河南嵩阳高速公路有限公司根据河南省交通运输厅召开的“创优座谈会”，明确了理念是灵魂、设计是基础、管理是关键、施工是保证的精神要求，深刻理解了构建优质高速公路的内涵，准确把握了高速公路建设管理创优的重要性。坚持从大处着眼、从细节做起，将“创优”的各项要求贯穿项目建设始终，将“创优”的标准落实到具体工作，做到了国内工程建设管理的一流水平。

1）提出“创优”三目标，确立管理核心

在项目工程建设初期，工程指挥部按照工程实际开展情况，调整思路、转变观念、明确责任，确立了以工程建设质量为核心，质量、工期和投资同步控制为目标的建设管理思路，提出了建设工程“工程设计创优、工程质量创优、施工环境创优”的管理目标。通过强化管理制度，完善内部组织结构，严格各项规章纪律，建立并落实各项工作措施，使各职能部门分工明确，责任到人。在质量控制方面，本着职能上分、目标上合，工作上分、岗位上合，对外上分、项目上合的原则，严格要求，使得任何一项建设工作或工序都做到有人管理、有人检查、有据可查、有章可循。

2）制定工程建设质量总目标，明确创优核心

河南嵩阳高速公路有限公司为洛栾高速公路项目建设规划的创优工程总体目标如下：

（1）创建国家优质工程奖，确保国家优质工程银质奖，争创国家优质工程金质奖。

（2）创建河南山区高速公路典型示范工程，以“旅游路、生态路、环保路、景观路”为建设目标。

（3）项目所属各分项工程合格率均达到100%，且分项工程按照《公路工程质量检验评定标准》（JTG F80—2004）评分不低于93分，所属单位工程合格率100%。

河南嵩阳高速公路有限公司为洛栾高速公路项目建设制定的创优工程核心任务如下：

（1）建设程序符合国家有关法律、法规、标准的要求，做到管理规范，理念先进，方法科学，有所创新。

（2）资金管理规范，竣工决算不超概算（包括修正概算），无工程款拖欠，无农民工工资拖欠，无重大经济纠纷。

（3）实际工期满足合同工期（含经批准延长的工期）要求。

（4）项目竣工验收工程质量和建设项目综合评定等级为优良，主体工程标段质量等级评定均为优良；勘察设计达到国内优秀设计水平，设计有创新、有亮点。

（5）工程建设过程中无四级（含）以上重大安全事故。

（6）杜绝商业贿赂，实现零违纪。

3）以逐级递进的管理方式确立节点目标

工程指挥部在强化参建人员质量意识时提出七个管理办法，并把七个管理办法作为各环节工作的最高目标。这七个管理办法包括节点目标考核监督及奖惩管理办法、计量支付管理办法、合同管理办法、工程变更管理办法、安全生产管理办法、环境优化管理办法以及廉政建设管理办法，可以看出每个管理办法的层面在逐级向上抬升，从最基本的监管措施到最理想的精神作风建设，从硬件的保障到软件的升华，都将整个洛栾高速公路项目的建设质量抬升到一个新的高度。

（1）节点目标考核和奖惩是保障“创优”各项工作全面落实的关键。总结施工过程中掀

起的各种创优活动的成功经验，坚持过程监督手段，充分考虑创优工作的长期性、综合性，以推动科学管理，加强有效监督为原则，制定包括对公司处室、监理单位、施工单位的全面考核和奖惩管理办法。

(2)计量支付管理办法、合同管理办法和工程变更管理办法是“创优”工作的重要手段。工程计量支付是工程建设施工阶段投资控制和合同管理的核心内容，是监理工程师实施工期控制、质量控制的前提条件。针对项目建设过程中计量原则、计量范围、计量依据、计量标准、支付原则、支付种类、支付程序、支付情况等管理进行规范完善和不断创新；同时，规范和完善合同管理是保障项目健康有序进行，避免重大经济问题和处理其他经济纠纷的重要工作，也为项目后期审计奠定基础；工程变更是项目建设领域比较敏感、备受关注的问题，是廉政案件的主要诱发因素，需充分结合计划合同、纪检部门，构建从源头到主要环节到审批全过程、全方位的管控体系，通过有效的机制和程序严格控制。

(3)安全生产管理办法。在创优工作中，安全生产任务非常重大，没有安全何谈质量。为此，责任部门要专门建立健全制度规程，积极运用科技手段、提高现代化管理水平、严格执行安全管理，打造安全生产保障体系，避免责任事故的发生。

(4)环境优化管理办法。协调工作是项目创优环境保障的重要方面，在保障工程质量的同时，施工环境和工程周边环境的协调和优化问题也是一个工程质量高的重要体现方面。制定施工环境优化管理办法，增强协调工作的预见性、计划性，对项目建设环境相关问题进行协调处理，是保障工程顺利实施的关键。

(5)廉政建设管理办法。从思想上树立和提升质量意识，是除保障工程质量以外，对全体参建人员的一个提升。廉政建设办公室具有项目党风廉政建设、纪检监察、环境治理等各项重要职能，开展联合办公、联合办案、联席会议、教育培训等重要工作，最终实现整个建设工程质量创优的目标。

4)高标准严要求，提倡全面自查改善的精神

倡导自查改善和自我加压的精神，就是要把质量意识落实到每个参建单位和人员的身上，高标准严要求，进行自我加压。如果每个参建者都重视质量，严格按质量标准行事，工程质量就有了保证。

4.3.3 先导质量意识教育，夯实工程建设活动

将质量意识教育深入人心，是洛栾高速公路建设工程指挥部及各级施工管理机构领导抓好工程质量控制的基本思路之一，它反映了质量行为受主体质量意识支配的客观规律。因此，在工程招标采购、合同洽商、施工部署动员、设计交底及施工技术交底、工程例会等各种商务和施工准备工作的场合，首先都要进行工程质量意识和质量责任的教育，强调工程创

优的意义和自查改善、自我加压的精神。

河南嵩阳高速公路有限公司在洛栾高速公路项目建设期间在表彰先进、树立楷模、确保工程质量的同时，以加快工程建设进度为目的，大量开展了如“优胜杯”“优质工程杯”“亮点工程”“大干一百天”等工程建设活动，并颁发了如“突出贡献奖”“岗位标兵”“沥青路面质量奖”等奖励，极大地鼓励和调动了全体参建人员的创优积极性和主动性，使得整个工程项目在建设期间屡创新高。其中以“亮点工程”尤为突出，河南嵩阳高速公路有限公司深入开展高速公路建设项目创建优质工程活动，全面加强工程建设标准化、规范化、精细化管理，提高工程创优和建设项目管理水平。同时，为强化安全管理，不断改善安全生产环境和条件，实现工程建设安全“零事故”，结合“创建优质工程”“施工标准化”和“平安工地建设”三项活动，河南嵩阳高速公路有限公司项目建设中开展创建“亮点工程”活动。

1)创建“亮点工程”，树立全体参建人员的质量意识

(1)亮点工程内容。

河南嵩阳高速公路有限公司结合洛栾高速公路项目施工进展情况，充分发挥各标段的施工优势，经研究，确定吕沟口大桥、栗子坪特大桥、吉山沟分离式立交、刁崖2号隧道、SLTJ.3标T梁预制、SLTJ.4标箱梁预制和姬家湾隧道等21处为首批“亮点”工程。计划内容包括：拌和站、预制场、路基、涵洞、纸房大桥、吕沟口大桥，形成路基、涵洞、大桥等的均衡施工，并使各点达到规范化、标准化，创建文明工地、平安达标工地的标准等。

(2)亮点工程奖励措施。

河南嵩阳高速公路有限公司下各部门高度重视，积极响应，统筹安排，合理组织，结合各标段各部门特点制定切实可行的实施方案，充分发挥自身优势，打造精品“亮点”工程，大力提升洛栾高速公路项目整体形象。按照文件要求，监理单位及时对“亮点工程”进行检查验收，对达标的“亮点工程”按有关规定进行奖励和表彰，奖励金额将从创优基金中列支。

2)“大干一百天”活动，强化质量考核

河南嵩阳高速公路有限公司在项目建设期间以河南省交通运输厅、河南交通投资集团有限公司和河南高速公路发展有限责任公司的“质量、安全两保”活动精神为原则，大力开展“建设项目大干一百天”的工程活动，以规范和完善洛栾高速公路项目的阶段性建设任务。河南嵩阳高速公路有限公司广大干部职工积极响应，迅速行动，有效推动了项目建设管理各项工作，并涌现出一大批工作责任心强、务实高效的活动标兵。通过开展此类工程活动，使得考核工作更加系统化、规范化、科学化，更具可操作性，充分体现了考核工作集考核、监督、督办、激励于一体的作用。“建设项目大干一百天”工程活动在组织机构方面由组长、副组长和成员组成考核监督组。

(1)考核对象。主要是五个工作小组：征地拆迁组、项目攻关组、招投标工作组、设计工作组、后勤保障组。考核监督组负责对五个小组的日常工作进行考核、督办。

（2）考核内容。含各工作组节点目标完成情况以及“大干一百天”任务目标的整体完成情况。

（3）考核方式。含周考核、月考核、整体目标考核以及随机考核。

①周考核，即每周进行工作进度及完成情况上报。各工作组每周将本周工作完成情况以书面形式报考核监督组，考核监督组将每周节点目标对比上报的材料汇总整理，并根据领导小组的意见下发周考核通报。

②月考核，即每月进行工作进度及完成情况上报。各工作组每月将工作完成情况以书面形式报考核监督组，考核监督组将当月节点目标对比上报的材料汇总整理，并根据领导小组的意见下发月考核通报。

③整体目标考核，即各小组在每年底进行工作进度及完成情况上报。各工作组将整体目标完成情况以书面形式报考核监督组，考核监督组将整体目标对比上报材料汇总整理，并根据领导小组的意见下发整体目标考核通报。

④随机考核，即根据工作需要，考核组可随时介入各小组工作环节，并通过电话、网络等方式了解和掌握各小组工作进展情况。

（4）监督、督办程序。

①依据各专业工作组制定的工作进度计划，核实各小组进度完成情况，对各小组工作进度进行跟踪监督。

②依据各小组节点任务目标，监督各小组目标完成情况，对各小组工作质量进行随时介入，了解工作开展情况。

③考核监督组制定各小组形象进度图，与目标进度相对比，清晰反映各专业工作组工作完成情况，并进行公示。

④发现工作滞后，影响整体工作进度或周考核未完成节点目标的工作小组，考核监督组报请领导小组同意，向其下发“督办通知书”，一式两份；被督办小组一日内须回执整改办法交考核监督组，再由考核监督组将整改情况上报领导小组。

⑤对于公司领导临时交办的重要工作，考核监督组要进行重点督办，并将工作进展情况上报。

⑥经督办，工作小组仍未有起色或连续两次未完成周工作节点计划的，给予通报批评。

（5）复议程序。对督办通知书或处罚通知书有异议，在接到“督办或处罚通知书”后的1个工作日内上报复议材料，由考核组报领导小组进行研究确定最终结果。

（6）奖惩办法。月度奖惩，根据当月节点考核结果，按照公司奖励办法执行。

小结：在洛栾高速公路的管理实践中，以质量管理目标为导向，充分做到全面、全员、全过程的提高项目参与人员的质量管理意识，明确节点目标，建立多种的监督管理机制以及奖惩机制，激发人员参与的积极性和质量管理的意识，从而确保项目质量目标的实现。

4.4 洛栾高速公路全面质量管理体系

建立一个严密的强有力的质量管理体系，是确保工程质量的关键，有利于工程监理工作的开展和全过程质量管理的监控。国际标准化组织（ISO）在ISO9000系列质量管理体系标准中提出的八项质量管理原则（即以顾客为关注焦点、领导作用、全员参与、过程方法、管理的系统方法、持续改进、基于事实的决策方法、与供方互利的关系），已经成为世界各国各行业广泛采用的质量管理准则。因此，洛栾高速公路项目建设工程质量管理体系的构建也应遵循以上原则，同时针对山区高速公路工程的特点，使该体系不仅具有科学性和系统性，同时兼具针对性和可操作性。河南嵩阳高速公路有限公司为洛栾高速公路项目建设构建的质量管理体系由组织结构、管理网络和保障机制三个部分组成，并围绕这三个部分高效展开质量管理。

4.4.1 质量管理体系组织结构

洛栾高速公路项目建设质量管理的组织架构以“三个层次”组建，并逐步建立起四个模块的管理思路。三个层次可概括为：建设单位与承包单位的关系，是依据工程建设发包和承包合同或协议，构成承发包的关系；建设单位与监理单位的关系，是委托与被委托的关系，通过监理服务协议或合同确认职责、权限和经济关系；监理单位与承包单位之间没有合同关系，也没有任何经济关系，仅是监理与被监理的关系。

三个层次是指：

监督层：由质量监督处对整个项目的建设过程进行监督管理。

控制层：由各工程处和监理单位对工程质量实体的形成过程实施监督和控制。

实施层：是与工程质量形成相关的具体实施者，包括勘察、设计、施工等单位，对各自产品质量实施自查。

三个层次各司其职，确保工程质量，如图4-1所示。

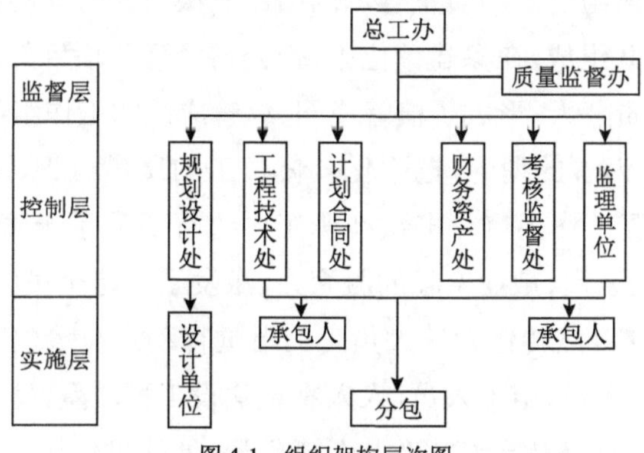

图4-1 组织架构层次图

四个模块是指：

质量意识模块：质量意识是一个企业从领导决策层到每一个员工对质量和质量工作的认识和理解的程度，这对质量行为起着极其重要的影响和制约作用。在质量意识模块当中，人是质量管理的第一要素，对质量管理的开展起到决定性的作用。河南嵩阳高速公路有限公司在质量意识方面，积极举办质量大会、经常性开展质量检查、多样化组织质量生产活动等，以提高项目建设期间全体参建人员的质量意识。

质量制度模块：为防止和减少质量事故的发生，最大限度地减少质量成本损失，河南嵩阳高速公路有限公司依据国家相关法律、法规、行业标准规定等，结合山区施工现场实际情况及公司多年管理经验，制定质量管理制度，以规范全体参建人员的质量管理行为。

质量措施模块：为确保洛栾高速公路工程达到要求的质量目标，河南嵩阳高速公路有限公司根据山区施工的特点，针对高速公路质量影响因素，从监管控制、关键施工节点、原材料准入、现场管理、人员管理等方面提出质量管理措施。

质量监管模块：质量监管是一种质量分析和评价活动，是为了确保工程满足质量要求，对施工过程进行连续监控和管理的手段，它依据各种质量法规和技术标准，范围包括从工程开始施工到竣工验收交付使用。河南嵩阳高速公路有限公司为洛栾高速公路项目制定了一系列相关条文条例及考核监督机制，以确保工程质量达标。

4.4.2　三级质量管理网络

施工企业的质量管理是企业一切工作的基础，它是保证施工企业向社会提供优质产品、优质服务的集中体现。在实行现代企业制度进程中，施工企业必须通过强化管理，制定各项管理措施，以全面落实质量管理责任制。建立三级质量管理网络的目的是保障工程建设质量达标，控制和避免工程质量事故，保证工程建设过程的完整性。河南嵩阳高速公路有限公司建立了从项目经理到项目总工，从项目质量监督部门到涉及质量管理的其他部门，从专职质量员到项目工长再到班组之间的质量管理网络。三级质量管理网络由河南嵩阳高速公路有限公司、项目部、施工队组成，在参建单位中，把公司经理和项目部经理分别作为质量创优工作第一责任人和具体责任人，形成了横管成网、纵管成线的工作组织体系。

参建队伍坚持以人为本的理念，把强化全体员工的质量意识、增强施工队伍的综合素质，作为质量管理的重要工作内容。多次在职工中进行质量重于泰山、质量就是生命的教育，增强了广大员工爱企爱岗、敬业奉献的凝聚力，激发了参建全员的创优责任感，把精益求精、争创一流的企业精神自然转化为广大员工的自觉行动。在参建队伍内部，无论是经理、项目经理，还是工程技术人员、施工人员，人人看重建设工程质量，落实岗位、明确责任，考核到位、奖罚分明。在参建队伍内形成了“人人抓质量、处处讲信用”的质量信念和良好的自查改善作风。参建队伍人员对待每一项工程、每一道工序都坚持层层把关，落实“自检、互检、交接检”，杜绝了上道工序中的缺陷留给下道工序。参建队伍的质量管理人员在施工现场全过程跟踪监管，从制定施工组织方案到落实施工组织细则，从指导、督促分部、分项工程施工到检查在建工程资料的建立、完善，从样板施工点的示范到各环节、各工序的验收，做到了环环紧扣、严格把关。由于目标明确、组织到位、监管得力，促进了工程整体质量的提高。

4.4.3　全面质量管理的运行保障机制

建设项目质量管理体系的构成格局，在很大程度上取决于建设管理组织和工作任务组织的格局。洛栾高速公路建设项目形成四个模块的工程质量管理体系，也是与建设管理组织和建设任务组织的格局相适应的。然而，为使各个层面的质量监控职责能够落实到位，发挥其应有的监控职能并收到满意的效果，运行机制是个核心问题。为此，工程指挥部在抓好质量意识教育激发全体建设者为工程创优，坚持质量第一的自查改善和自我加压精神的同时，还应从以下三方面来加强工程质量管理体系的运行机制。

1)工程质量责任机制

我国《公路工程质量管理办法》和《工程质量管理条例》，对工程建设各方主体的质量责任作出明确的规定，正确贯彻这些法规的规定，是建设单位、勘察设计单位、施工单位和监理单位的义务。由河南嵩阳高速公路有限公司编制的《洛栾高速公路工程创优实施办法》，结合山区工程的特点，对各方质量主体的质量管理责任以及贯彻实施的方法提出了明确的要求，用以指导工程招标采购、设计和施工管理等，奠定了工程质量管理体系运行的基础，提供了监控的依据，工程质量责任明确，对于规范工程建设各参与主体的质量行为，自觉遵守建设法规，贯彻执行工程质量管理条例，坚持质量工作程序，落实质量管理措施起到重要的作用。因此，洛栾高速公路建设项目质量管理体系的各级监控主体，都能做到事前有计划，行动有目标，扎实有序地将各方的质量责任落实到位，形成全方位健全的质量管理与监控机制。

2)工程技术保障机制

从根本来说，科学技术是第一生产力，是生产质量的第一要素，产品质量的形成主要取决于作业技术的能力。尤其是建设工程产品，它是单件性、一次性的生产，技术路线和方法选择的有效性和经济合理性对工程质量的影响都是举足轻重的。因此，在遇到工程难题时提倡技术创新解决，加强技术管理，是工程建设质量控制的重中之重。对于河南嵩阳高速公路有限公司而言，工程技术的创新应用是洛栾高速公路项目科技行动的主要目的与基本出发点，为此，公司基于科研与生产、开发与应用相结合的原则，针对洛栾高速公路建设的基本特点，既注重工程技术的创新研究，又强调先进技术的引进与消化，同时注意选择课题的实用性，不仅在工程施工中提倡了科学技术的创新应用精神，更是因此大大提高了整个洛栾高速公路项目的工程质量。

3)工程质量管理动力机制

面对艰巨而复杂的建设任务，任何一方参与建设的主体，在落实其质量责任和实施质量目标控制过程中，都必须有来自内部或外部的强大动力，才能有所作为和不断进取。因此，动力机制是质量监控体系生命力的体现。如前所述，洛栾高速公路建设工程，首先从质量意识教育抓起，以“十二五”规划的重点工程和河南省经济纽带的崇高标准为建设方针，组织动员广大建设者，以工程创优为动力，坚持质量第一，倡导高标准严要求的自查改善和自我加压的精神，极大地调动了蕴藏在广大建设者中的积极性，从意识观念上，为工程质量管理体系注入了强大的思想动力。此外，河南嵩阳高速公路有限公司还通过各种方式如奖惩机制和表彰机制等极大地提高了全体参建人员的劳动积极性，造成一种学有方向、干有动力的施工氛围，使工程质量保证和监控工作成为每一个建设者的自觉行为，为扎实有力地按质按量完成仅有短短 26 个月工期的洛栾高速公路项目供给了无尽的动力。

小结：质量管理体系的健全对于项目的质量管理目标的实现提供了保障，对于质量管理的组织结构和管理职责的划分为项目阶段质量目标的实现提供基础，质量管理网络和责任机制的建立对于质量管理起到了重要的促进监督作用。

4.5　洛栾高速公路项目质量管理制度

质量管理制度是工程项目在建设活动中全体参建人员都必须共同遵守的规定和准则的总称，是保证项目建设质量的体制基础。制度是工程质量管理的基础和根本，制度的推行、宣贯、培训是强化约束、规范管理的有力保障，是提升管理理念、推行管理办法、创造管理业绩的有效手段。建立质量管理制度的重要性已被越来越多的工程项目所证实，每一个成功的工程项目建设都离不开一套系统、科学、严密、规范的质量管理制度。

4.5.1　强化质量管理办法，推行质量管理制度

河南嵩阳高速公路有限公司根据国家相关法规，结合山区工程自身特点制定了《洛栾高速公路工程创优实施办法》《洛栾高速公路工程材料准入管理办法》《洛栾高速公路工程试验检测管理办法》等。这些管理办法表明了建设工程的质量方针和目标，明确了质量管理体系以及各机构的管理职能；确定了质量管理工作程序，规定了质量管理工作制度，界定了质量管理责任。这些制度成为整个工程建设质量管理的依据，在各类建设合同中予以明确，参

建各方都必须遵守该规定,并在项目实施过程中予以贯彻实施。其中,部分河南嵩阳高速公路有限公司为洛栾高速公路项目建设实行的质量管理制度如下:

1)实行《质量督察通知单》制度

河南嵩阳高速公路有限公司在施工过程中发现质量不达标时,会针对存在的问题以书面形式下发至监理代表处和施工单位,要求施工单位对通知书中指出的问题及时整改,整改合格后由驻地监理签署意见,再由监理代表处将整改结果反馈给公司。如果在同一标段连续发现三次同一类似问题,会要求驻地监理和专业监理向公司和监理代表处述职,满意后方可留用,否则建议清退。

2)强化质量管理措施

河南嵩阳高速公路有限公司先后制定和完善了《监理管理办法》《工程质量检查评比办法》《首件工程认可及样板工程评审挂牌制度》《原材料准入管理办法》等多项制度和文件,以严格加强质量控制管理,落实了质量管理的各项规定,严格实行了质量责任目标问责制和奖罚措施,并于每月定期开展质量评比检查考核,为全面加强质量控制管理提供了可靠的制度保证和依据。

3)强化施工企业信用评价管理办法

河南嵩阳高速公路有限公司根据河南省交通运输厅文件《河南省高速公路建设项目公司开展施工企业信用评价的有关规定》(豫交建管〔2011〕42号),进一步加强了各中标施工企业信用评价工作,规范信用评价管理,统一评价标准。信用评价遵循公平、公正、公开的原则,评价结果实行告知、签认、公示和公告制度,主要坚持以下几点:

(1)履约行为评价由河南嵩阳高速公路有限公司各部门按照《公路施工企业履约行为评分细则》规定内容进行检查、扣分;然后根据扣分情况,编制填写各处室月信用评价意见,并递交计划合同处;计划合同处将根据扣分情况,计算各标段施工企业得分(施工企业存在D级不良行为的,经查实确认,不再参与月评分),扣分情况及得分应记录备案。监理代表处评价小组根据每月监理、抽查情况及《公路施工企业履约行为评分细则》对所监理标段施工企业进行信用评价排名,并将结果报送公司计划合同处。

(2)河南嵩阳高速公路有限公司依据履约行为评价结果,在参考监理代表处评价结果的情况下,对各标段施工企业进行综合评定排名,并要求参与综合评定的人员签字确认,主要坚持以下几点:

①河南嵩阳高速公路有限公司在进行月信用评价排名时禁止对同类别标段施工企业进行并列排名。月评比排名从项目开工至项目交工验收为止,各类别标段施工企业在完成其合同工程量后,项目公司不再对其排名。

②河南嵩阳高速公路有限公司将月评排名结果以正式文件公布,并在公司办公地和项目经理部张贴,同时在河南嵩阳高速公路有限公司网站公布。并且将月考评结果正式文件

发至各施工单位及其法人单位，要求各施工单位及其法人单位以回执确认月评结果。

③河南嵩阳高速公路有限公司在进行履约行为评价时，把存在严重不良行为的施工企业按程序上报河南省交通运输厅并附资料，经查实确认后，河南省交通运输厅将依据具体情况和有关规定对其进行降级处理。

④河南嵩阳高速公路有限公司指定专人负责信用评价报送工作，评价依据和评价表格均存档备案。各监理代表处于每月 4 日前将各自所监标段施工企业上一月度的信用评价结果报项目公司计划合同处；公司各责任处室于每月 4 日前将各施工企业上一季度的信用评价结果送达项目公司计划合同处。

⑤河南嵩阳高速公路有限公司计划合同处在每月 10 日前将综合评定结果报上级单位，并在“河南省公路建设市场信用信息管理系统”中同步填报相关信息。

4)确立《项目设备进场验收登记制度》

河南嵩阳高速公路有限公司为确保施工机械设备的正常运转，防止和杜绝重特大机械伤亡事故的发生，同时保护好员工的人身安全，依据相关管理办法，结合洛栾高速公路项目施工特点，制定了《项目设备进场验收登记制度》。

机械设备管理是对进场机械设备进行综合验收、登记管理，包括机械设备的规划、计划、选型、购置验收、使用维护、更新改选直至报废的全过程。

(1)必须使用有生产许可证或者安全认可证的特种设备。对使用的特种设备，必须按照有关规定申请相应的验收检验和定期检验。

(2)新增或新安装的特种设备，在投入使用前，必须持市级及以上监督检验机构出具的验收检验报告和安全检验合格标志，到所在地区的地、市级以特种设备安全监察机构注册登记，将安全检验合格标志固定在特种设备显著位置上后，方可投入正式使用。

(3)必须制定并严格执行以岗位责任制为核心，包括技术档案管理、安全操作、常规检查、维修保养、定期报检和应急措施等在内的特种设备安全使用和运营的管理制度，必须保证特种设备技术档案的完整、准确。

(4)特种设备作业人员(指特种设备安装、维修保养、操作等作业的人员)必须经专业培训和考核，取得省级及以上质量技术监督行政部门颁发的特种设备作业人员资格证书后，方可从事相应的工作。

(5)必须对在用特种设备管理进行日常的维修保养。

(6)严格执行特种设备年检、月检等常规检查制度，经检查发现有异常情况时，必须及时处理，严禁带故障运行。检查应当做详细记录，并存档备查。

(7)标准或者技术规程有寿命期限要求的特种设备或者零部件，应当按照相应要求予以报废处理。特种设备进行报废处理后应当向该特种设备注册登记的特种设备安全监察机构报告。

(8)特种设备一旦发生事故,必须采取紧急救援措施,防止灾害扩大,并按照有关规定及时向当地特种设备安全监察机构及有关部门报告。

(9)购置的起重机械,必须附有制造公司关于该起重机械产品或者部件的出厂合格证、使用维护说明书、装箱清单等出厂随机文件。

4.5.2 推广示范,引入"首件工程认可制"和"样板工程评审制"

河南嵩阳高速公路有限公司采用了"首件工程认可制"和"样板工程评审制",并按照"工程创优"的要求加强项目管理,将洛栾高速公路项目打造成为"国家优质工程""河南山区高速公路典型示范工程",并制订了《洛阳至栾川高速公路项目首件工程认可制实施方案》。

1)方案实施总则

(1)加强对洛栾高速工程的质量管理,依靠科学的方法强化现场管理,以将洛栾高速公路项目打造成为河南省山区高速公路标杆工程为目标,加大监管力度。

(2)首件工程认可制的建立,立足于"预防为主、先导试点"的原则,落实洛栾高速公路工程创优实施办法,抓住首件工程的各项质量指标进行综合评价,及时预防和纠正施工中可能产生的质量问题。

(3)洛栾高速公路项目要求实行首件工程认可制和样板工程挂牌制,首件工程认可后执行样板工程挂牌制。未通过首件工程认可的,不允许大面积施工作业,后续施工达不到首件工程标准的,一律返工。

(4)根据洛栾高速公路项目的特点,对结构物所有外露工程、隧道等的关键技术、关键工艺以及采用新技术、新材料的分项工程,均实施首件工程认可制。

2)方案实施目的

(1)通过首件工程认可制工作的开展,指导施工、监理单位熟悉工程的特点,掌握新工艺、新材料以及其他关键性技术的要求,并在实施过程中发现、分析和解决出现的各类问题,不断提高技术水平和工艺水平,全面提高工程质量水平。

(2)通过首件工程认可制工作的开展,及时分析、总结施工及监理要点,明确质量标准、稳定工艺流程、统一外观要求等,以指导后续同类工程施工。

(3)通过首件工程认可制工作的开展,围绕质量一流及工程全面创优的总体目标,贯彻以工序保分项、以分项保分部、以分部保单位、以单位保项目的质量创优保障原则,抓好关键性分项工程的首件工程质量,制订完备的施工指导意见,将首件工程取得的经验推广、应用。

3)方案实施标准

(1)交通部《公路工程质量检验评定标准 第一册 土建工程》(JTG F80/1—2004)和

《公路工程技术标准》(JTG B01—2003)、《公路工程交(竣)工验收办法》有关规范、合同文件等。

(2)河南省交通运输厅、河南省交通基本建设质量检测监督站、河南高速公路发展有限责任公司颁发的有关工程质量管理文件。

(3)《国家优质工程审定与管理办法》《河南省交通建设项目优质工程奖评选办法》。

4)方案实施范围

(1)路面工程:路段长度不宜小于300m。

(2)小型构造物:涵洞、通道。

(3)桥梁:墩台柱(柱子前12根达到首件要求为一组,评出最优工程)、盖梁、梁板预制(T梁、箱梁、空心板每9片为一组,评出最优工程)。

(4)隧道:二次衬砌按连续施工九模,评出最好一模作为首件推广。

(5)防护:填方、挖方路段防护路段长度不小于60m。

(6)在外部环境条件发生重大改变、施工机械设备有重大调整或重要原材料发生变化等情况下,应对所涉及的项目重新实行首件认可制。

5)方案实施职责

(1)"首件工程认可制"评价责任体系坚持了"自下而上,分级负责"的原则。参建单位根据合同约定分别承担各自所负的责任。

(2)施工单位作为施工主体,是首件工程认可的直接责任单位,对完成的首件工程进行自我评价,编写评价报告,并确定该首件工程分项工程的标准工法(含实施过程中的照片)。

(3)监理代表处承担首件工程的评审责任,如提交首件分项工程和样板工程的监理实施细则、抽检资料,完成审核标准、工法及相关资料的工作,对首件工程的工艺技术是否可以推广进行评价,终评通过后下达指令开始批量生产。完成规定数量实体后,及时评选标段样板工程。

(4)河南嵩阳高速公路有限公司成立样板工程验收小组,负责对各单位首件工程申报工作进行监督并不定期进行抽查,对于标准低下、弄虚作假的首件工程,进行废除和处罚;负责对代表处评选的各标段最优工程进行综合评比,依据结果评出各代表处和全线样板工程。

6)方案实施程序

(1)首件申报。

施工单位完成后,按总体施工组织计划,对每个单项首件工程制定施工工艺和质量要求,编制分项工程标准工法。对于重大的、复杂的,采用新技术、新工艺的首件工程,须由项目公司工程技术处批准。

(2)首件实施。

要求除隧道以外有关外露混凝土的分项或分部工程均进行线外试验操作,试件成功后在现场制作首件，特别是桥梁墩台和防撞护栏；施工单位应严格按照批准的施工方案施工，操作过程中要详细记录操作程序和有关技术指标，及时修正完善作业指导书和施工工艺方案。监理人员必须对首件工程全过程旁站，做好相应记录并及时纠正偏差。对实施过程中发现的问题应及时会同有关方面，提出可行的调整处理方案，以保证其顺利实施。

（3）评价和认可。

首件工程完成后，由监理代表处组织进行检测、验收和评定。施工单位对已完成的首件工程的施工工艺和质量进行综合评价，并向监理工程师提交自评意见及总结报告，监理代表处再组织有关人员对其进行分析、研究，验证施工工艺的可靠性、合理性，提出改进意见，并形成评审会议纪要。

评价意见分为优良、合格和不合格三等，优良工程推广示范，可以大面积施工；合格工程予以接收，在整改提高后重新进行首件施工申报；不合格工程责令返工，重新进行首件施工。首件必须达到优良。

（4）确定最终方案。

首件工程经评审通过后，施工单位、监理单位应根据评审报告进一步完善施工和监理实施细则作为最终方案，在此基础上审批分项或分部开工报告。

（5）推广示范。

首件工程认可的项目，由监理代表处组织召开现场会，在标段推广示范。对于通过终评的首件工程，监理单位应督促施工单位将施工工艺、技术指标及质量控制措施等制作成标志牌，竖立在施工现场醒目位置，包括施工技术负责人、施工队长、自检责任人、监理责任人等信息。正式批量施工前，逐级进行详细的技术交底，确保全体人员对各道工序烂熟于心。

通过终评优良的首件工程和标准工法，对全线施工有指导意义的，由项目公司样板工程验收工作组组织召开现场会，就其施工工艺、技术指标及质量控制措施在全线进行推广应用，并将该标准工法录入《洛栾高速项目标准工法编制》中。交工后，河南嵩阳高速公路有限公司根据其科研价值，优中选精，装订成册进行出版。

（6）奖励和处罚。

①每个分项或分部工程完成第一个施工实体的，必须及时按照要求进行首件工程申报。对隐瞒不报者，施工单位处罚 5 万～ 10 万元，监理单位处罚 1 万～ 2 万元。

②项目公司样板工程验收小组对自评、复评的首件进行不定期抽查，发现首评、复评的资料与现场检测数据不符时，项目公司对自评的施工单位处罚 5 万～ 10 万元，对复评的监理单位处罚 1 万～ 2 万元。

③每个分项、分部工程一次性通过该分项、分部首件工程认可的，给予施工单位 10 万元奖励；一次未通过但于二次通过首件工程认可的，给予施工单位 5 万元奖励；连续三次未通过首件工程认可的，处罚施工单位 5 万元。

每标段验收的最优工程,通过综合评比在本代表处被评为样板工程进行推广的,奖励该标段 30 万元;在全线被评为样板工程进行推广的,奖励该单位 50 万元。

对于后续工程达不到首件认可工程标准的,推倒重来;在后续工程中全部达到首件工程标准的,每项工程给予相应标段 50 万元奖励。

引入"首件工程认可制"和"样板工程评审制"后,洛栾高速公路项目施工的整体成果有:洛嵩段共完成各项"首件工程认可"46 个,评选"标段样板工程"21 个、"代表处样板工程"9 个;嵩栾段共完成各项"首件工程认可"59 个,评选"标段样板工程"47 个、"代表处样板工程"12 个。这些获评使施工全线形成了一个良好的创优氛围。

小结:对于质量管理制度的创新是洛栾高速公路项目能够取得多项优秀质量成果的重要保障,以打造国家优质工程为目标,强化并完善管理制度,由此制约和约束各部门及有关单位的施工行为,从而达到提高质量管理意识的目的。

4.6　洛栾高速公路全面质量管理措施

河南嵩阳高速公路有限公司严格依据上级有关规定和合同文件要求,大力加强对施工、监理单位的监督管理,并建立健全质量保证体系,确保了质量保证体系的正常、有效运转。同时,严格加强对监理、施工单位人员的变更管理,确保了人员满足施工要求。

质量管理体系是组织内部建立的、为实现质量目标所必需的、系统的质量管理模式,是项目建设的一项战略决策。质量管理是指在质量方面指挥和控制组织的协调活动,质量管理措施一般包括制定质量方针、质量目标以及质量策划、质量控制、质量保证和质量改进。河南嵩阳高速公路有限公司要求各参建单位组织单位及人员的学习,贯彻质量管理有关规定,为在建设工程项目全过程、全范围实施质量管理奠定基础。河南嵩阳高速公路有限公司采取的工程建设质量管理措施如下。

4.6.1　加强对参建人员的管理

河南嵩阳高速公路有限公司严格规定洛栾高速公路项目建设全段各监理单位、土建施工单位必须按照要求进场。根据工作要求,分别对各标段相关进场人员进行面试,依据面试结果下发《关于对洛栾高速公路嵩栾段监理人员进行面试的情况通报》,仅面试合格人员准许进场,并要求各相关代表处对面试不合格人员进行更换,且更换后新进场的人员名单和有关个人信息必须上报项目公司质量监督处,项目公司负责对各监理单位的监理人员进行再次检查,凡发现有不合格人员在岗的,严格按照《洛阳至栾川高速公路嵩县至栾川段施工监理招标》文件合同专用条款中监理人的义务相关规定进行处罚，并将有关人员名单上报河南省交通基本建设质量检测监督站，建议对其资质作出严肃处理。

1）设计单位

承担洛栾高速公路项目设计任务的是河南省交通规划勘察设计院有限责任公司，项目总体质量满足了“安全至上”的设计要求，能够按照旅游线路标准进行设计，富有文化特点，将高速公路融入自然，达到与自然的和谐统一。同时，在设计方面能够借鉴先进经验，较好地与沿线地形、地物、景观及自然环境相协调。

2）施工单位

洛栾高速公路项目自开工建设以来，各参加单位精心组织，合理安排，大力发扬团结拼搏、连续奋战的务实精神，在日常施工中能够严格要求，严格执行各项规定标准，在确保工程质量和安全的前提下，全力抢抓施工进度，确保了按期完成合同规定的各项节点目标。

3）监理单位

洛栾高速公路项目监理单位为河南省宏力工程咨询有限公司和河南省高等级公路建设监理部有限公司，根据项目公司提出的规范化、科学化、程序化管理的要求，各监理单位建立健全了各项管理制度和岗位责任制度。在整个施工过程中，始终加强廉政建设，突出重点、强化质量控制管理，严格加强工程变更，认真抓好投资控制，确保全线的工程质量和安全。

河南嵩阳高速公路有限公司及各监理代表处多次组织了对监理人员的岗前培训和上岗考试，严把监理人员进场关、素质关，并组织学习了试验检测新规范、新规程，保证了新技术、新要求在施工中的正确应用。对监理人员的管理措施有：

（1）公司组织了相关专家和人员对进驻的所有监理人员进行面试和工作能力考评，满足要求的监理人员必须提交个人简历、资格证书、照片、签名等个人详细资料，建立监理人员档案，对达不到要求的人员，建设单位建议代表处予以更换。

（2）公司不定期组织监理进行专业知识及业务能力考试，对成绩偏差的监理人员，经对其工作能力和业务水平进行再次考评后，对通过考评的人员给予三个月试用期，否则建议监理代表处及时更换。

（3）公司要求监理代表处对所有进场监理人员必须进行业务培训，组织学习规范、图纸、项目公司下发的相关文件，及时了解项目特点和质量控制要点，熟悉项目管理程序，从而确保监理工作的顺利展开。

（4）定期邀请专业人员对工程质量进行检测把关。河南嵩阳高速公路有限公司分阶段定期邀请河南省和洛阳市质监站专业人员对全线工程质量、安全进行全面排查，并作出客观公正的评价，进一步改进了质量管理工作，确保了全部工程达标合格。

洛栾高速公路项目地处豫西山区，沿线地貌、地质条件复杂，施工难度大，按照项目建设总体要求，实现“创优”目标，项目公司及各监理、施工单位不断完善质量监督检查各项规章制度，强化质量监督功能，经常性开展质量检查，将质量管理责任层层分解到责任人，提高了各参建单位的质量管理意识，做到质量管理人人有责、层层负责，从而保证了工程质量。

4.6.2 严控材料准入，鼓励新材料的应用

在争取工程质量创优上，河南嵩阳高速公路有限公司选择从工程根本的源头抓起，根据制定的《原材料管理办法及准入制度》等有关要求，曾先后多次组织监理单位、施工单位对主要原材料、模板、橡胶支座、隧道防排水材料、路面沥青材料等进行实地考察，并对原材料选购、试验、登记台账等作出明确规定。同时，还定期、不定期地对砂、碎石、水泥、钢筋、防水板等进行抽检，定期检查施工单位、监理单位的原材料自检情况，加强原材料质量控制管理，严把原材料准入关。对原材料的控制措施有：

（1）加强原材料源头控制，工程开工前由施工单位推荐各种主要原材料生产厂家，代表处汇总后由建设单位、监理单位、施工单位共同对其生产规模、生产工艺和材料质量等情况进行实地考察，随机抽取样品对各项指标进行检测，结合供应厂商的业绩和生产能力，对符合要求的厂家实行准入，施工单位在准入范围内选择供应厂家。

（2）进场的高强度等级混凝土用碎石必须经过水洗，砂必须进行过筛，以降低原材料中的含泥量和石粉含量，保证级配和强度的需要，筛洗后单独堆放；加大对砂的抽检频率，重点检测其含泥量和细度模数，防止不合格砂进场，并不定期进行巡查取样检测。

（3）鼓励推行新设备、新材料的应用。河南嵩阳高速公路有限公司为进一步提高项目标准化施工水平，推动项目创优工作进程，保证项目整体创优目标的顺利实现，在全线施工过程中，大力推行标准化工地施工管理，鼓励推行新设备、新材料的应用，并制定一系列相关奖惩及监督制度：

①为鼓励各单位购置先进的新设备、新材料，进一步提高施工工艺水平，取得显著成果的，经报项目公司研究决定后给以 50% 的奖励：施工单位购置新设备到场、投入使用的，经项目公司认可后给予设备购置金额 25% 的奖励；新设备、新材料推行应用良好，在标准化管理、工程创优等方面取得显著效果的，经项目公司认可后再给予设备购置金额 25% 的奖励。

②对新设备和新材料推行应用不积极、施工过程控制不精细、标准化管理落后、创优工作开展不力的施工单位，项目公司应给予通报批评或经济处罚。

③监理单位须保证先进的新设备、新材料在全线项目施工中顺利推行和应用，以达到提升项目整体施工工艺水平的目的，确保项目整体创优目标的顺利实现。

4.6.3 设置“三级技术交底”

在深入开展洛栾高速公路项目“平安工地建设”和创建优质工程的活动中，河南嵩阳高速公路有限公司结合交通运输部工程建设领域专项治理工作检查组的反馈意见，提高了项目建设管理水平，确保了工程质量和施工安全。

1）三级技术交底的设置

三级技术交底分为项目技术交底、标段技术交底、班组技术交底三个阶段。技术交底必须在项目开工前、施工图纸会审后进行。技术交底前，项目建设单位负责组织图纸会审，项目建设单位董事长、总经理、主管副总经理、总工程师及主要工程技术人员要认真审核弄懂施工图设计图纸，了解初步设计图纸和工可报告的具体内容。施工单位、监理单位要仔细审核施工图设计图纸，检查地质勘察资料是否齐全、设计图纸之间有无矛盾、标注有无遗漏、数据是否正确等。项目建设单位负责将建设单位、施工单位、监理单位的图纸审核意见汇总后，以书面形式反馈设计单位。

2）三级技术交底的实施

（1）项目技术交底。项目技术交底由项目建设单位组织，总监理工程师主持，由设计单位承担项目的技术负责人对建设单位总工程师及工程管理人员、监理代表处成员、驻地监理工程师、施工单位项目经理、总工程师及主要技术人员进行全面技术交底。项目技术交底的主要内容有：设计的主导思想、工程地质及水文等自然条件、施工进度和总工期、采用的技术规范与质量标准、技术安全措施、建筑材料要求以及特殊结构桥梁、地质复杂隧道、易发生安全问题的关键部位、关键工序的施工技术要求、图纸会审中提出的有关问题及解决方案等。

（2）标段技术交底。标段技术交底由各标段施工单位组织，驻地监理工程师主持，由驻地监理工程师和施工单位总工程师负责对项目经理部技术人员、施工班班长、驻地办各专业监理工程师进行技术交底。标段技术交底的主要内容有：单位工程、特殊分部分项工程的施工方案、质量安全保证措施及应急预案；关键工程与交叉作业工程的协作配合，土建施工与设备安装工艺的衔接；施工单位初次采用的新结构、新技术、新工艺、新材料等。

（3）班组技术交底。班组技术交底由各施工班组织，由施工班班长对一线施工人员进行技术交底。班组技术交底的主要内容有：分部、分项工程的施工方法及注意事项、危险源辨识方法及应急预案；关键工程的具体部位、高程和尺寸，预埋件、预留孔洞的位置及规格；流水和交叉作业施工阶段划分；现浇混凝土支模方法、拆模时间；钢筋、管线的规格、品种、数量和施工要求；混凝土、砂浆、防水、防腐等材料的配合比，试件、试块的取样、养护方法，焊接程序和工艺等。

3）技术交底的检查及有关要求

（1）项目上级主管单位负责对所属项目开展项目技术交底情况进行检查；项目建设单位

负责对各标段技术交底落实情况进行检查;项目建设单位和建立单位共同对施工单位班组技术交底的落实情况进行监督检查。

(2)对容易发生质量、安全事故的工种和关键工程部位,技术交底时应着重强调潜在的危险源、事故预防措施和应急预案,确保施工安全。

(3)技术交底必须以书面形式,内容要具体、全面、翔实,要满足有关规范、规程、工艺标准、质量评定标准的要求,具有针对性和可操作性。

(4)各级技术交底完成后,交底人负责完成本级技术交底报告,由技术交底人、接收人签字并留存,同时报建设单位保存。

4)明确技术交底情况及措施

在河南省交通运输厅发布《关于在高速公路建设项目中实施三级技术交底的通知》(豫交建管〔2010〕55 号)后,河南嵩阳高速公路有限公司下发了相关通知,贯彻落实了其要求,明确了三级技术交底内容,并要求各监理代表处对施工单位的技术交底每半个月检查一次,做好记录。项目公司必须不定期检查各级技术交底的落实情况,并根据各单位重视程度和交底内容的翔实,再通报检查情况。关于项目建设三级技术交底的情况及措施有:

(1)项目公司技术交底。公司进行设计技术交底;公司组织专家对工程专项技术标准、方案,创优、安全等方面内容进行交底;由各业务处室组织对各监理代表处、各标段项目经理部对项目公司下发的管理文件进行交底。如项目建设理念交底,项目创优交底,工期、进度计划交底,安全监控和安全生产交底,环保措施和文明施工交底,监督考核和廉政建设交底。

(2)监理代表处交底。对所辖标段范围内创优、质量、安全、现场管理等方面的优秀工作进行总结交底;对各标段进行监理的合同管理、计量管理、监理管理办法等交底。

(3)各标段技术交底。由各标段组织工班组按照河南省交通运输厅豫交建管〔2010〕55 号文要求内容进行班组技术交底;将质量检验评定标准进行交底,使工班组人员明确如模板加工、安装,钢筋加工、安装等的合格标准要求。

4.6.4 严控施工技术预案

一个先进合理的施工技术预案的形成和决策,是建立在对施工条件和技术特点充分分析和论证的基础上,权衡了各种有利因素和不利因素的影响,提出相应的对策措施,因此正确地实施既定的施工技术预案,是保证理想状态和预期目标实现的重要环节。首先需要实施者以严格认真的态度去贯彻执行,其次需要从上到下,各质量管理层面进行及时有效的监督和控制。洛栾高速公路建设中对各工程施工技术预案实施过程控制措施主要有以下几个方面:

1)技术交底到位

施工技术交底是施工单位技术管理和质量的基本制度,其目的是使作业者理解施工方案的特点和要求，正确掌握技术要领。尤其对于一些新技术、新材料、新设备、新工艺在施工中首次应用或对其施工方法尚不熟悉的情况下，技术交底应更加详尽明了，这在洛栾高速公路建设工程中尤为突出，如沥青路面抗车辙材料与路面结构技术、岩质边坡稳定性评价及防护技术、豫西山区的高速公路隧道群修建关键技术、山区高速公路半填半挖路基施工关键技术、钢波纹管涵在山区高速公路的应用技术、高渗透乳化沥青在半刚性基层中的应用技术等。与常规的同类施工相比，洛栾高速公路项目难度大、要求高，要使预先制定的技术方案付诸实施，就必须进行明确的施工技术交底，才能为广大作业人员所理解和掌握，并依靠监理单位对施工技术交底工作进行监督。

2）自查改善机制到位

施工单位的自查改善机制是保证施工技术预案全面贯彻实施的内在动力，主要表现为管理者能严格按照技术预案的安排，创造和落实相关施工条件，正确部署施工，作业者能充分发挥自己的能力，高标准严要求地保持良好的作业状态，责任到位，目标到位，这取决于施工单位内部的管理制度所形成的动力机制、约束机制和激励机制。洛栾高速公路各工程施工中，许多重大的技术预案，之所以能够很好贯彻实施，并取得预期的效果，是因为在招标竞争中选择了管理规范、机制健全的承包人，这对工程的质量保证发挥了重大作用。

3）检查监督到位

从施工技术预案的编制、审批到贯彻落实，从根本上说，全过程的最终决策主体和责任主体是施工单位，建设单位和管理单位主要是配合解决一些施工单位无法独立解决的技术问题以及从施工技术预案的可靠性和安全性方面进行必要的审查和监控。同样，在施工技术预案的落实过程，除了发挥施工单位自查改善机制，做到自我约束，认真执行之外，还必须加强建设单位及其所委托的监理单位，对施工方案落实情况的及时、必要的检查与监督。因此，洛栾高速公路建设工程指挥部各工程处及其监理单位对施工质量的监控，首先是对施工单位技术预案落实状态的监控，其次是检查施工结果和质量状况，因为没有前者的落实到位，就很难保证后者的预期目标，这种方法符合“全过程动态控制”的原则。

4）处理问题到位

一般而言，施工技术预案是基于对现实施工条件认识和把握制订的行动方案，虽然对于一些可能出现的不利影响因素也有预测和预防措施，然而由于主观认识的局限性和环境变化的偶然性，往往在实际按预订方案实施的过程中，出现一些未曾预料的情况或明显有利而可行的质量改正机遇，包括降低质量成本的机遇，对于这些情况都必须进行处理，这是保证施工技术预案正确实施和持续质量改进的重要方面。河南嵩阳高速公路有限公司提出“七个管理办法”的质量管理方式，对及时处理施工技术预案实施中的问题起到很大的作用。

4.6.5 施工现场管理规范化

河南嵩阳高速公路有限公司严格将《施工工法》贯穿于施工的全过程，使整个项目全线的各单位都形成了“实施有规范、操作有依据、过程有控制”的运行管理体系。

1）加强现场管理

施工现场作为项目管理的重点内容，河南嵩阳高速公路有限公司对现场实施了全过程动态管理，通过日常巡查、对关键工序的控制、原材料抽检等多项措施，以及下发通知、督查等形式，及时对存在的问题进行整改和纠偏。同时，还通过组织开展桥梁结构物、预制构件、隧道等关键工序进行专项检查、严格实行奖惩措施等，有效促进了质量管理，确保了工程质量处于受控状态。

2）路面施工质量控制管理措施

河南嵩阳高速公路有限公司在路面底基层、基层施工时，采用了钢丝挂线和双机联铺等施工工艺，确保了路面底基层和基层的厚度、接缝、平整度等指标满足技术规范要求。在设备使用方面，采用了成套原装进口的沥青拌和设备，提高了沥青拌和的技术参数和控制精确度；采用了德国进口的最新式履带式摊铺机，使路面半幅一次性摊铺完成，并且不产生纵向接缝、布料均匀无离析、外观质量好、平整度规范；采用了喷水装置雾化好、压实效果好的瑞士进口双钢轮沥青碾压设备和国产胶轮压路机。在新材料使用方面，将原设计的基层顶面透层撒布材料——普通乳化沥青变更为高渗透乳化沥青，以使半刚性基层和沥青面层黏结紧密，并顺势开展了透层乳化沥青在高速公路半刚性基层的应用项目研究，使沥青路面多层组合体具有更好的层间黏结，其渗透效果好、结构承载力强，还具有耐久性和抗水害能力。施工期间，河南嵩阳高速公路有限公司邀请了长沙理工大学等科研单位人员进行业务技术指导，提供技术支持，最终达到了预期效果，确保了路面施工质量。

3）加强对隧道施工质量安全进行控制管理

河南嵩阳高速公路有限公司在洛栾高速公路项目引进部署了先进的视频监控系统，对施工全过程进行监控。在对隧道等隐蔽工程进行全过程监控时，重点针对隧道、大桥、结构物隐蔽工程和高填方等质量控制弱、安全隐患多等关键节点进行了监控，并对隧道围岩类型、开挖断面、初次支护的工字钢、锚杆等内力和受力情况进行了检测，以便及时对设计支护参数进行修改。河南嵩阳高速公路有限公司质检处要求每三天写出检测报告，每月进行一次总结，以加强监控量测。在一些相对重要的施工节点上，河南嵩阳高速公路有限公司做了各专项管控措施，比如：为确保隧道工程质量安全，在无损检测的基础上，公司先后委托河南省交通科学技术研究院等三家具有相应检测资质的单位对隧道进行质量检测、超前地质预报及监控测量工作，并针对在施工过程中出现的质量缺陷及时督促进行整改；根据地质预报结果及时调整支护参数，以确保工程实体质量安全；根据围岩情况适时采用导爆索进行光面爆破技术处理，使超欠挖情况得到有效控制；对二次衬砌全部采用整体式模板台车，严把衬砌模板台车使用制度，凡未经检测合格的一律不准使用；采用“五点定位”技术，准确对台车进行定位。全程监控作为工程创优控制的重要手段，公司还专门制定了一套发现、处理问题的制度措施，以确保取得实效。

4.6.6 加强工程实体质量

河南嵩阳高速公路有限公司在全线各标段正确引导了监理及施工技术人员严格执行规范化、标准化施工的各项要求，把质量创优意识贯穿到了施工的各个环节和管理的全过程；根据施工季节特点，加强了在热期、雨季、冬季等关键节点的施工和养生管理，对大体积混凝土施工进行合理布控降温，从而有效保证了混凝土施工的内在质量；在路基施工时，针对高填方路段采用强夯、台背回填碎石土或砂砾、路床处理掺加水泥或石灰进行处理，确保了路基施工质量。

4.6.7 加强归档资料管理

1)加强内业资料管理

河南嵩阳高速公路有限公司邀请了河南省交通基本建设质量检测监督站专家对监理单位、施工单位相关技术人员进行内业资料填报、整理、归档的专业培训；要求监理单位、施工单位对分项、分部单位工程进行划分；对内业各类表格的内容要求、填写说明进行培训，按河南省交通基本建设质量检测监督站规范进行统一；对内业资料进行定期、不定期的检查通报，确保了内业资料与工程实施同步。

2)结合项目建设特点，完成验收工作

质检部在严格加强质量管理的前提下，充分考虑山区高速公路项目施工的复杂性，科学组织，积极申报，全面进行质量验收工作，有效促进了施工进度，并使项目施工全线质量管理随时均处于受控状态。

小结：针对项目施工阶段的质量管理，在洛栾高速公路项目管理的实践中充分从影响施工质量的多个因素的角度考虑，如加强项目参与人员、施工材料、机械设备等多方面的管理，从而达到项目的质量管理目标。

4.7 本章小结

质量管理作为项目管理中最为主要的管理目标之一，在洛栾高速公路的质量管理中所采取的多种科学措施和方法，为项目质量目标的实现打下坚实基础。

（1）针对施工阶段的质量管理，洛栾高速公路资源的投入和使用过程中各个环节的质量管理以及产品的质量检验等工作都已基本形成“实施有规范、操作有规程、过程有控制、结果有考核”的标准化管理体系，对进一步规范和完善项目建设管理发挥了重要的作用。

（2）在洛栾高速公路项目管理中，为了将质量管理工作落到实处，在公司管理中建立了切实可行的质量保证体系，并制定了科学合理的质量方针和质量目标，为项目建设的顺利开展提供了保证。

（3）在洛栾高速公路项目管理中，针对影响工程项目实体质量的人员、机械、材料、方法、环境五大因素实施全面的控制，将管理工作充分做到全面质量控制、全过程质量控制、全员参与控制的三全管理以及全员、全过程、全方位、全天候的动态管理。

（4）针对项目质量管理的多个角度，河南嵩阳高速公路有限公司做出了具体科学的管理决策并建立了管理制度，但对于高速公路等类似大型项目而言，鉴于存在许多潜在人员的不安全行为以及物的不安全状态风险，为确保工程质量目标的实现，还应制定相应的应急管理措施，当项目在施工过程中发生意外时可以及时有效地处理问题，将问题带来的不良影响降到最低。

（5）项目中质量制度的制定为质量管理提供了有效的依据，但工程质量的确保还离不开工程监督机制的建立与健全，工程监督制度的建立是工程管理制度与措施得到落实的重要保证。在工程监督工作开展过程中，可以通过设立独立行使监督职权的专职工程监督管理部门，确保工程监督工作严格、透明，从而在施工过程中及时发现并解决问题。

第5章 公路工程项目进度管理

在山区高速公路项目管理中，进度管理作为项目管理的三大目标之一，是工程项目管理中的中心控制内容，是指在项目管理中对于项目施工周期的管理。在项目施工过程中进度安排是否合理、项目能否如期完成等，不仅对项目的质量、成本等方面有着重要影响，同时还是衡量公司项目管理水平的重要标志。

与普通高速公路相比，山区高速公路的建设，鉴于特殊的施工条件，对进度的管理有着更为严苛的要求，不稳定的环境条件和多变的人为因素对一定的目标工期提出了更为严峻的挑战。

5.1 公路工程项目进度管理概述

5.1.1 公路工程项目进度管理的概念

工程项目进度管理是指根据项目各阶段具体的工作内容、持续时间以及施工进度计划等方面，采用科学合理的方法确定目标进度，以此在项目的实施过程中对项目的各部分施工情况的实际进度进行监督检查，当发现实际实施进度与计划进度不一致时，需要对于出现的偏差进行分析，并采取相应的措施对项目的进度计划进行调整。

山区高速公路项目进度管理作为一项动态、循环的管理活动，通过进度管理活动确保工程既定目标的实现或是在保证工程质量并不增加工程成本的前提下缩短工程的既定工期。通过进度管理的各项措施确保项目的施工成本、进度和质量等目标的实现。

5.1.2 公路工程项目进度的影响因素

山区高速公路项目因其工程量大、投资多、建设周期长以及施工工艺的复杂程度高等多种特性，决定了将会存在诸多因素对工程项目的进度管理产生影响。对山区高速公路施工过程中产生不利影响的因素甚多，如人为因素、设备因素、技术因素、水文地质与气象因素等其他自然环境因素与社会环境因素。在工程建设中，常见的影响因素有：

1)人为因素

在项目建设过程中，参与单位众多、人员复杂，施工单位、设计单位、建设单位、监理单位等相关单位都会因为人为因素的原因而对项目的总进度产生影响，如建设单位因个人原因要求进行设计变更所带来的施工中断，施工单位因管理人员管理工作的缺失所带来的进度延后，设计单位因未能在项目预期的时间提供相应的施工设计图纸所导致的工作延误等人为因素都会对工程进度产生不利影响。

2)自然环境因素

山区高速公路有着天然复杂的地质、水文条件以及气象条件，在施工过程中存在众多人为不可控制的潜在危险因素，如滑坡、泥石流、地震等次生灾害的发生都会对已建工程主体造成破坏，并对后续工程施工形成工期延误等潜在风险，由此对工程的进度目标将产生严重影响。

3)技术因素

如施工单位采用错误或不恰当的施工方法、施工工艺以及施工技术导致施工进度的延误；设计单位在设计方案上的不合理导致的施工中断；勘察单位地质勘察结果不准确造成施工暂停等技术因素所导致的工程进度停滞。

4)社会环境因素

在项目的进度管理中存在许多有关社会环境的因素，如地区性的临时停水、停电，外单位邻近工程施工造成干扰，国家法律规定节假日交通、市容整顿的限制，以及经济制裁、战争、罢工、企业倒闭等社会环境因素。

5)施工组织管理因素

在项目的施工管理中，如承包单位编制的施工方案不合理，施工进度计划不科学；对于施工中的人员和资源的调配效率不高；对于施工中出现的各种问题的解决不及时；对于工程中可能出现的多种危险因素的预期和解决措施不周全等，都将对项目的进度计划产生不利影响。

5.1.3 公路工程项目进度管理的措施

山区高速公路进度控制的主要方法是前期的规划以及施工过程中的控制与协调，在山区高速公路的进度管理中采取的主要措施有组织措施、管理措施、技术措施、经济措施和合同措施。

1)组织措施

(1)建立体系。在管理中最为重要的一项工作就是在管理中对于管理体系的建立，在项目建设中明确各人员的具体职责，建立进度信息沟通的网络体系，从而落实各层施工进度管理人员、具体任务和工作责任。

(2)规范制度。鉴于山区高速项目管理的繁杂性，应首先建立进度计划审核制度以及进度协调会议制度，并对相关会议的人员、时间和地点进行明确规定，为后期管理提供依据；其次，建立工程进度报告制度，为项目进度管理提供实时的管理信息，以确保项目进度目标的实现。

(3)编制流程。为进一步确保进度管理目标的实现，应编制施工进度控制流程，如定义项目进度计划系统的组成、项目审批程序等，进一步明确系统组成和工作细则，为项目的规范化操作提供保障。

2)管理措施

(1)强化交流。山区高速公路的项目管理中包含众多参与单位，因此需要加强建设单位、施工单位、监理单位等相关单位之间的交流沟通，从而更好地就项目中出现的具体问题及时进行研究、解决。

(2)制定计划。对于工程进度计划的制定是进度管理的核心工作，可以就项目的可行性进行评审，并由此对各单位的工程建设提出具体的进度要求，在后期项目阶段性验收时根据实际与计划的比较对相关单位进行相应的奖励与惩罚。

(3)动态调整。需要对已经完成的部分工程及时进行验收，对阶段性的进度目标进行及时比对，对于项目中未能完成部分的责任进行追究和处罚，并对工程项目下一阶段的进度目标进行动态调整。

(4)信息技术。山区高速公路项目建设周期长，项目时间与空间跨度大，因此，为了进一步实现项目的进度目标，需要强化建设过程中对于信息技术在进度控制中的应用。对于项目施工信息的及时上传，有利于提高项目进度信息的处理效率，有利于提高进度信息的透明度与实时性，从而更有利于项目各方对于进度信息的了解与各方之间的交流、协作。

3)技术措施

(1)科学技术。项目建设过程中根据项目实际需求，通过采用对于实现进度目标有利的设计技术、施工管理技术、多级网络计划技术和其他就项目而言科学高效的计划技术，以达到如期完工或提前竣工的进度管理目标。

(2)先进工艺。针对项目实际,通过采用先进方法、材料、设备和工艺,实现对于施工工艺的突破创新,保证工程进度目标的高效完成。

(3)合理设计。通过设计科学的组织流水作业计划以及网络计划技术等,保证施工作业连续、均衡、有节奏,确保工程进度目标顺利完成。

4)经济措施

(1)奖惩分明。在确保工程质量的前提下,对于提前完成工程建设、缩短施工工期的单位给予一定的现金奖励,对于延误工期的单位进行惩罚,如罚款、要求进行赔偿等。

(2)资金管控。确保项目资金安排与进度计划的匹配性,落实工程项目进度目标的保证资金如期到位,加强完善工期索赔与反索赔管理,同时加强财务管理部门对于工程的成本核算。

5)合同措施

(1)风险管理。在合同管理中对于合同的制定充分考虑在施工进度中可能存在的各种潜在风险因素,并制定应对各种风险的措施和处理办法。

(2)合同管理。包括对于分包合同和总包合同的管理,并就实际工期与合同工期之间实际的时间差进行措施调整,以确保完成合同中的进度目标。对于工程质量、工程进度等方面,在合同中应作出明确规定,以确保工程总进度控制目标的实现。

(3)严控变更。对于项目参与各方所提出的设计变更以及工程变更,需要对实际情况进行仔细核实,合理的变更条款可补入合同文件中。

5.2 洛栾高速公路建设进度控制的影响因素

洛栾高速公路地处豫西山区,特殊地形条件决定了各个施工承建方之间存在着一定资源共享、施工干扰等方面问题,加之由于地形条件决定了施工难度高于一般的工程项目,建设管理单位所面临的管理方面的问题显得非常具体、烦琐,而且在处理的问题中又有很多重复性的批复。通过调查研究发现,建设项目执行过程中突显出以下几方面的问题。

(1)公共资源短缺。由于场地空间限制及工程内容集中在桥隧上,所以各承包方间的主要问题集中在渣场的使用,便道的修建、使用及维护,预制场及搅拌站的设置、临时征地等共性问题上。每个项目施工方的项目经理与建设方之间的问题协调也比较集中,项目建设方和监理方面对同一个问题往往需要协调解决数次。

(2)场地干扰。各承包方间有时会出现需要同时修便道、机械进场等问题,产生了场地干扰及施工组织的矛盾,对工期造成了较大影响,几方需要多次交涉,建设方、监理方也需要多次协调。

(3)进度干扰。进度干扰问题与场地干扰问题类似。建设方一方面要求保证工期,另一方面面对已经互相制约了的工期,缺乏对全部标段在进度与工期上的整体控制与规划。

(4)合同变更程序复杂,重复工作多。施工方反映由于管理过程重复,使得一些原本简单的程序过于复杂,质检表格、监控测量等施工方自身技术力量可以满足的仍然要经多次重复管理,一个流程下来过于烦琐,耽误了不少时间,降低了效率。

(5)建设方在单个项目管理中缺乏对整个项目的动态了解。比如:建设方无法获得在某一时点实际进度与实际发生的费用与计划进度与造价的对比情况,这种状况会影响建设方对整个项目的控制、协调和资源调配,进而模糊下一步工作重点。

5.2.1　洛栾高速公路建设进度控制的特点

(1)系统性。洛栾高速公路项目建设进度计划本身是一个系统,它由一系列子项目组成,各个子项目之间既相对独立,又紧密相关,从而使制定出的各项目计划也具有系统的目的性、相关性、层次性、适应性、整体性等基本特征,使项目群进度计划形成有机协调的整体。

(2)动态性。洛栾高速公路项目施工时间较长,决定了项目计划的动态性,因此项目计划要随着环境和条件的变化而不断调整和修改,以保证项目目标的实现。

(3)相关性。项目计划是一个协调的整体,制定各项目计划时应该考虑各项目间的相关性,使项目之间进度相互衔接,有效利用空间与资源。

(4)协调性。项目计划应以并行项目群为核心,重视并行项目之间项目计划的协调管理,以减少项目之间的相互冲突。

由于洛栾高速公路的工程技术特点较为突出,地形起伏大,因此高填深挖地段多;地质、水文、气候条件复杂,地质灾害多发;弯、坡、斜桥和高架桥梁众多,长大隧道明显增多;防护工程数量大,形式多,高边坡防护需要综合采用多项防护技术;公路长、大纵坡较多,平面半径偏小,整体线形指标较低;环保问题突出,山区地质条件复杂,地形地势起伏较大,且许多山区地带为自然环境保护区的情况是密不可分的。许多山区地段的高速公路为了满足相应的高速公路技术指标,不可避免地需要在许多地方设置桥梁和隧道,并且很多情况下桥隧相连形成山区高速公路项目群。

高速公路建设项目的项目群是指对将开展相对独立的一些项目组合成的,在一定资源约束的条件下通过各自项目的完成,建设完成超出集群个体项目总和的具有一定使用价值的工程,以满足公路交通运输建设需要。

为了增加工程项目实施阶段设计和施工搭接程度,缩短项目的建设周期,一个项目往往由许多参与单位承担不同的建设任务,而各参与单位的工作性质、工作任务和利益不同,因此就形成了不同类型的项目管理。按照建设工程项目不同参与方的工作性质和组织特征划分，项目管理有如下类型：建设方项目管理、设计方项目管理、施工方项目管理、供货方项目管理、建设项目总承包人项目管理。由于建设方是项目生产过程的总集成者（人力资源、物质资源和知识的集成），也是建设工程项目生产过程的总组织者，因此对于一个建设工程项目而言，虽然有代表不同利益方的项目管理，但建设方的项目管理是管理的核心。

从建设方管理角度来看，项目管理针对具体的公路建设项目需要进行安全管理、投资控制、进度控制、质量控制、合同管理、信息管理、组织和协调等，而且这些管理工作的顺利实施是通过具体公路工程的实际承建方（承包人）共同完成。对于大型高速公路建设项目而言，承建单位数量也与之增加，由它们集合成建设管理的项目群，建设方通过对此项目群的安全、投资、进度、质量、合同、信息、组织和协调等方面工作的整体规划、控制和协调等管理工作完成高速公路的建设任务。

5.2.2 动态进度管理模式的构建

自20世纪50年代初期以来，传统的项目计划工具如关键线路法和计划评审技术，不仅用来制定计划，还用在对项目的控制和跟踪上。在传统的项目控制和跟踪过程中，设定的项目目标是固定的，这就意味着只有在原计划彻底失败，需要重新制定时，原有的目标才会被迫改变。

传统的项目控制流程通过收集实际数据与预先设定的标准计划相比较，然后做出纠偏决策。事实上，这类调节的作用十分有限，因为这些预先设定的计划通常是最大工作能力的表达。除非是在项目开始时预留时间和资源缓冲余地，否则流程很难恢复正常。此外，这些控制标准本身也是不稳定的，因此，传统的项目控制和跟踪过程已不足以控制当前快速变化的、不确定的、复杂的项目，即使用在管理相对稳定的一些项目上也显得不足。当前有两种整合的方法用来跟踪项目业绩：综合成本进度工作方法和美国能源部1979年提出的赢得值系统。尽管这两种方法在应对项目的可变性方面存在缺陷，但由于考虑了特定阶段完成工程量付出的成本和时间的相互作用，把它们用在单独一个项目上是合适的。

通常很难将传统项目管理的进度控制技术用于项目群，因为这些技术过于详细和严格。项目群需要一个更加实用的方法，以识别其同项目在范围上的不同。另外，如果最初的控制和跟踪目标设置过高，企业就难以观察到单个项目之间的相互作用。因此，可以肯定地说，为了整个项目群的成功，在一些项目上做些妥协是必需的。在项目群环境下，将几种相对独立的项目管理方法整合起来有很多种项目管理方法，如计划评审技术、甘特图、赢得值管理、风险管理及其他一些技术。这些技术在使用时通常相对独立，没有形成一种综合的管理方法。这些方法有各自的优势和缺点，需要将它们结合起来用在多项目管理领域，充分利用其优势，克服其缺点，是当前要解决的问题。

洛栾高速公路由多个标段组成,各个标段之间施工活动受制于特殊的外部环境,标段间场地资源稀缺。主要表现有两种:一种是相邻标段共用同一条施工便道;另一种是相邻标段共用同一作业面,如两个标段共用同一段路基作为制梁场地。同时,受标段划分的影响,相邻标段桥隧之间存在技术上的联系。因此,作为典型的山区高速公路建设项目,洛栾高速公路项目是项目群管理的难点,目前国内外对此研究尚少。

由此可见,寻求一种快捷、高效的工程动态管理模式对工程施工管理的进度、质量、安全、资源和造价等方面的控制是非常重要的,而高质量的决策和管理是建立在对信息的全面掌握和深入加工之上的。随着计算机技术的发展和应用,利用计算机技术辅助完成工程对进度的动态管理。

建立一个高效、灵敏、畅通的信息反馈系统。信息反馈系统在项目群顺利进行中负责对异常信息的反馈、处理进行动态控制,使各个项目的进度处于受控状态。高速公路建设项目施工组织管理中存在潜在风险,由于地形条件复杂,可能随时会有突发事件的影响,所以为使建设单位能时时掌握工程的总体进度状况,建立一套动态的信息反馈系统可以帮助建设单位更有效地管理项目,对产生变化后影响较大的制定预案方案。

小结:从以上分析可以看出,洛栾高速公路在管理中充分从公共资源、场地干扰、进度、合同管理、组织协调及控制这几个方面对项目进度管理进行调控。通过建立快捷、高效的动态进度管理模式为项目的进度控制提供保障。

5.3 洛栾高速公路项目群进度计划的编制

1)高速公路项目群工作分解结构

高速公路项目群工作分解是先把复杂的项目逐步分解成一层一层的要素(工作),直到具体明确为止。高速公路项目群工作分解的工具是工作分解结构(WBS)原理,它是一个分级的树形结构,是高速公路项目群工作由粗到细的分解过程。WBS模型是将全部工程项目建设工作,按层次从施工任务总体一直分解到作业工序的工作分解结构模型,是进行资源的分配、编制进度计划、控制施工质量、结算项目成本的基础。

由建设单位牵头编制项目群目标计划,此计划根据里程碑计划以及项目投资与单位工程的轻重缓急编制。由建设单位批准"控制性计划",汇总形成的控制性计划作为项目施工组织总体设计、承包人间进行协调控制的依据,由项目总监与建设单位最终审定,此计划为整个工程的控制性目标计划。

2)工作责任分配的确定

为了明确各单位或个人的责任,便于项目管理部门在项目实施过程中的管理协调,需要对项目的每一项工作分配责任者和落实责任，将各项工作落实到个人，以作为项目部考核项目成员工作好坏的依据。

3)工序先后关系

工序的先后依赖关系有两种：一种是工序之间本身存在的、无法改变的逻辑关系；另一种是两道工序可先可后，由人为组织确定。

由承包人编制的详细施工总进度计划作为实施计划，承包人按照流程的要求建立作业，并且连接作业间的逻辑关系，编制完成各标段施工进度计划后，建设单位和监理单位要对进度计划进行审查，首先审查计划对合同文件的符合性，施工进度与工期是否满足相邻合同要求。按照这种方式依次建立各项目的目标计划，再连接项目之间的逻辑关系，这种逻辑关系主要是通过连接项目间的里程碑作业来实现。

高速公路项目群工作分解结构模型产生后，对项目群中单个项目的每个工序，按照完工的先后顺序和施工工艺对每项工作进行排序，找出每项工作的紧前、紧后工序工作，然后按网络图的绘图规则画出各单个项目的逻辑网络图。

4)确定工作持续时间和所需资源，形成网络计划模型

工作持续时间的估计是项目制定的一项重要的基础工作，它直接关系到各事项、各工作网络时间计算和完成整个项目的工期。工作持续时间的确定是与估算结合进行的，可以在参考同类工程的历史资料前提下，按下列公式计算：

工作持续时间 = 估算费用 / 单位时间完成费用

或　工作持续时间 = 工时数 / 单位时间完成工时数

或　工作持续时间 = 工程量 / 单位时间完成工程量

显然，估算工作持续时间的关键是正确估计工作量数，同时所需资源的确定同样要与估算同步进行。当工作活动的持续时间和所需资源明确之后，项目的逻辑网络图则转化为初步网络计划模型。

进度计划编制中采用的网络模型按其目标不同大致可分为单目标和多目标网络。单目标网络模型，所描述的参数以及算法上直接结果是单目标的，只针对某一标段的管理目标。对于多目标求解，只是间接地从算法上综合考虑各标段的计划管理目标。

5)关键链的选取

建设单位的项目管理单位对项目群计划进行平衡，该多层计划是一个责任明确的计划，它可以大大减少各参建单位的矛盾，减少因为职责不清而造成的互相推卸责任的现象，无论处于哪一个管理层次和计划层次，看见的计划都是完全一致的。通过不断的信息反馈，可以发现原来独立计划哪一方面存在问题，哪一标段的施工进度没有达到要求，以便进行进度的协调管理与控制。

关键任务的确定方法如下。

（1）平行法。

平行法是考虑某一时间段及该时间段内能展开的所有活动，这些活动按某一个或几个组合的优先准则进行排序，并按场地或资源可用量安排，分配不上场地或资源的活动推迟到下一个时间段开始，然后考虑下一个时段等，其算法计算步骤如下：

①进行网络的时间参数计算；

②按最早开始时间（Earliest Start time，ES）作场地或资源分配计划；

③从 t=0 开始分时段判断 $[t, t+1]$ 时段内，场地或资源需要 $R(t)$ 是否满足场地或资源限制的条件，即是否有场地或资源需要量 $R(t)$ 小于或等于资源供应量 R_{max}，如果 $R(t)<R_{max}$，则执行第四步，否则，转入第五步；

④对时段 $[t, t+1]$ 中可以同时进行的项目活动按选定的优先准则排序，并进行安排，对于超过资源可用量的余下工序推迟至 t+1 开始；

⑤如果 t+1< 总工期，则转回第三步，否则，执行下一步；

⑥输出场地或资源分配安排结束；

⑦结束。

使用平行法的关键是对同时进行的项目活动制定优先准则，可以采用前面的关键任务优先准则或等待时间最短准则来确定资源分配的优先顺序。建设方先要有一个基本的优先准则，然后依据优先准则来进行协调标段之间的冲突。

（2）平行-序列法。

平行-序列法是将使用关键场地或资源的活动和不使用关键资源的活动分别进行对待，将集成后的网络计划以逐步推进的方式进行到网络计划最后的整合活动，将其关键场地或资源进行优先排序，然后再对其他资源进行分配，当包含关键资源的活动全部进行完毕时，对余下的活动按资源使用量大小来排序，分配不上资源的活动推到下一个时间单元，直到网络计划结束，其算法步骤如下：

①进行各标段网络的时间参数计算；

②将所有标段的网络计划根据进场条件进行（Earliest Start time，ES）分配计划；

③优先关键链上关键活动及非关键链上关键场地或资源活动的资源分配，其他的活动依照资源使用量大小准则进行分配；

④利用考虑工作对项目总工期的影响等准则标准值对包含关键场地或资源活动及其先前的活动进行排序，计算各活动的准则标准值（如占用资源的时间短的优先，自由时差短的优先），如果满足资源约束条件，则进行下一步，否则，进行第三步；

⑤如果最晚结束包含关键场地或资源的活动的时间为 $t=t_E$，从 $t=t_E$ 开始逐日判断 $[t_E, t_E+1]$ 时段内，资源使用 t 是否满足资源限制，如果满足，则执行第六步，否则，转入第四步；

⑥如果在 $[t_E, t_E+1]$ 时段内满足关键场地或资源约束条件，则按照准则进行分配，对于不能满足的活动，推到下一个时间单元进行分配；

⑦如果 $t_E+1<$ 总工期，则转回第五步，否则，执行下一步；

⑧输出资源分配的最好结果；

⑨结束。

对山区高速公路桥隧毗邻群而言，要求项目群管理办公室根据项目群集成后的进度计划计算有关时间参数，然后根据有关优先原则来对关键场地或资源进行分配，并确定资源使用的优先顺序。

6）关键路径的确定

完成 WBS 分解、任务工期估计、识别任务链和关键链之后，就要加入接驳缓冲（Feeding Buffer，FB）和项目缓冲（Project Buffer，PB）。接驳缓冲可以避免因为非关键链上的任务不能按期完成而导致整个项目延期，项目缓冲用来保证项目按期完成。

根据关键链方法的提出者 Goldratt 所述理论，如果缓冲长度设置恰当，项目的工期平均可以比传统方法缩短 50%，并且能够保证项目按期完成。

缓冲长度计算方法大致有三种，即 SRSS、任务链长度 1/2 法、安全时间 1/2 法。

（1）SRSS 法。

SRSS 方法是根据概率统计数学方法得到的，首先由 Donald Reinertsen 提出，他认为一组串行过程被合并后，串行过程的不确定性会降低为总量的一部分。具体地说，对于串行活动，总的不确定性是各个不确定量平方和的平方根。SRSS 就是“平方和的平方根”的缩写（Square Root of Sum of Squares）。

同样，多个任务组成的任务链的总工期也是不确定的，有一个变化范围，等于每个任务工期变化范围平方和的平方根。如果将变化范围作为缓冲长度，以最好情况下的任务工期做出进度计划，项目在最坏情况下只是刚刚好耗尽所有缓冲，这样就可以大幅度缩短整个项目工期，又能保证项目在各种情况下都能按期完成。

SRSS 理论上最精细，它是问题的理论最优解。因此，相对其他方法，SRSS 通常得到短得多的缓冲长度。但实际上 SRSS 法的使用并不普遍，首先，SRSS 在理论上是最优化的，但它假设每个任务的工期变化都是独立的，这点有时候不太符合实际情况，比如同一个意外可能会导致多个或者所有任务的延期，例如停电会导致所有正在执行的任务延迟一段时间。所以 SRSS 计算出来的缓冲长度通常都偏短，项目结束日期不能得到充分的保护。

另外，还有一个原因是在借助计算机软件确定缓冲长度时输入麻烦，SRSS 必须使用两点分析法或者三点分析法（PERT 方法），如果使用两点分析法，需要确定每个任务平均情况下的工期，以及最坏情况下的工期，需要输入两个工期，比传统的计划输入工作量多了一倍。而三点分析法则要输入三个工期，输入数据的量极大，会给工作带来极大的压力。

因此，SRSS 多用于理论分析，使用 SRSS 可以很好地说明为什么使用缓冲可以缩短时间而不影响项目按期完成。

（2）任务链长度 1/2 法。

这种设置缓冲的方法实际上就是将缓冲长度取任务链工期的 1/2。不确定性高的项目，比例可以比 1/2 高一些，不确定性小的项目，比例可以小一些。这种方法的优点是简单，只需要估计一个总体的不确定性，就可以直接得到缓冲长度，不需要估计每个任务的不确定性，使用起来也比较方便。

另外一个优点是灵活，容易根据实际情况和经验修正。比如对于不确定性超过 50% 的项目，很多公司都不能接受 200% 的缓冲，这时可以把比例改为 100%，计算方法不需要改变。而 SRSS 方法要修正就不容易了。

任务链长度 1/2 法还有一个特点是容易计算，在没有软件帮助的情况下，也可以通过人工计算方法得到缓冲长度。因为 1/2 法简单而且灵活，所以这种方法在项目中使用很多。这种方法得到的缓冲长度通常比 SRSS 方法长得多，对项目结束时间的保护更充分，对项目组更有利。因为比例可以灵活变动，建设方和施工方可以通过协商，确定一个大家都接受的比例，顾全各方利益。

（3）安全时间 1/2 法。

安全时间 1/2 法，也需要用两点分析法，缓冲长度等于每个任务的安全时间总和的一半。这种方法和 SRSS 一样，在借助计算机软件时有输入麻烦的缺点，而且在多数情况下计算结果和任务链长度 1/2 法差不多。唯一的优点是容易计算，但由于现在个人计算机很普及，这个优点没有多大意义，所以现在很少采用这种方法。

总之，三种方法中，在一般情况下使用任务链长度 1/2 法最好。不论理论上多精细，和实际偏差都会很大，都要经过经验修正才能得到准确的结果。1/2 法简单、灵活、容易修正，和 SRSS 相比，在实际应用中更容易提高准确度。另外，简单也容易理解和学习，不容易出错。

对高速公路项目群而言，涉及的管理内容相对比较复杂，管理过程中的突出问题主要表现在资源共享冲突（公共资源短缺）及各项目间的进度干扰问题上。而关键链真正的价值正是考虑了资源约束及相关路径对整个项目的影响。缓冲的考虑本身并不是对关键路径进度计划的否定，只是一个扩展和完善，相反，传统的 CPM 方法却并未考虑资源约束条件下的进度安排。

关键链管理方法用关键链代替 PERT/CPM 中的关键路线（执行时间采用 80% 可能完成方法估计）。关键链与关键路线的主要区别在于关键链不仅考虑了工作的执行时间和工作间紧前关系约束，而且考虑了工作间的资源冲突，是制约整个项目周期的一个工作序列。关键链方法强调制约项目周期的是关键链而不是关键路径，并通过项目缓冲、输送缓冲和资源缓冲机制来消除项目中不确定因素对项目计划执行的影响，保证在确定环境下编制的项目计划在动态环境下的顺利执行。

因此，从约束集理论（TOC）观点看，原关键路径即施工时间最长的桥梁或隧道并非缩短项目周期的制约因素。为了消除两标段的资源冲突，只有将两标段的部分工作串行执行或调整施工方案，即输送缓冲区。以项目群施工工期最短为目标，在考虑紧前关系约束、工作执行时间和资源约束的情况下，决定项目群施工工期标段变为单独施工时间非最长的标段，根据关键链的定义，该标段或相邻标段列为关键链。

项目群一旦进入实施阶段，及时地进行进度更新是极为重要的，因为可能有很多因素导致实际情况与计划产生偏差进度。在各项目部门相距较远的情况下，进行远程数据采集是非常重要的。

一般采用横道图绘制工程进度报告，利用 P3e/C 的数据是从底部层层汇总，从作业到 WBS 到项目再到建设单位的项目管理体系，在得到单个项目的进度横道图后，可以汇总到上一层结构，由此得到各个层次的进度报告，最终汇总成项目群的横道图进度报告。

项目群的进度报告及管理方法如下：

（1）项目群不同项目的参与方包括建设单位、施工单位、监理单位，根据各自的角色在规定的权限下，在各个层次，有序地更新、修改和查看其他标段的进度数据，实现项目群多个项目在同一进度控制平台的统一管理。为了建立进度报告平台，要求施工单位之间相互配合，监理单位监督项目群进度报告提交情况。

（2）紧密联系各个项目计划实现的目标，以完成项目群所体现的总体战略目标。利用 P3 可以完成单个项目的进度控制，但是在项目间无法进行有效的联系。若采用传统项目管理方法对项目群进行管理，则割裂项目间存在的逻辑关系，建设单位在实现组织项目群的目标上会显得力不从心。

（3）对于建设单位，可以通过网络图进度前锋线和赢得值分析，清晰地把握项目群的每个层次，从作业到 WBS 到项目再到建设单位的项目体系 OPS 的进展，并进行项目群进度的预测和预警，从而精细地控制整个项目群的进度。

小结：在高速公路项目群进度计划的编制中结合多种计算方法，通过计算出项目中的关键工作和关键路径。在项目中针对节点工作以及阶段性工作的完成程度可以进行精准控制，从而解决项目群进度控制难的问题。

5.4 洛栾高速公路建设进度动态管理措施

洛栾高速公路建设项目进度管理是一个大系统。从目标上看，它是由项目群进度控制总目标、各标段分目标及阶段目标组成的目标系统；从进度控制所涉及的单位来看，它是由建设单位、各承包单位、监理单位、设计单位等有关各方组成的组织系统；从进度计划上看，它是由项目群总进度计划、各标段进度计划，以及与进度相对应的供图计划、场地使用计划、工料机计划等组成的计划系统。由于工程项目系统及外部环境复杂多变性，实施过程中会出现大量随机变化和干扰因素，如项目群现场条件的不确定性、项目群技术的复杂性、隧道工程工程地质多变性、资源供应的不准时、标段的相互关联性，项目群进度管理有其特有的规律，需要建设单位与监理人以有效的事前、事中、事后控制对工程进度进行动态管理，促进承包人按期完工，减少合同工期延误的风险。

1）进度进行动态管理的组织措施

（1）需要组建高效、全面的进度管理机构。建设单位的协调办应有专人负责各标段的进度管理与协调，统筹项目群工程建设进度，负责处理包括施工进度计划审批、控制等工程现场管理控制工作，包括对项目群的技术资料、场地、征地拆迁及各标段的进度沟通协调。建立进度协调工作制度，分析影响进度目标实现的干扰和风险因素，为科学决策和部署进度控制措施提供依据。

（2）明确组织之间沟通程序与方式。建设单位指挥部组织机构中应该有专门的工作部门负责进度控制工作，各施工标段有专门进行调度及进度管理的人员，并且要落实任务分工表和管理职能表，明确进度管理程序。建设单位从全局出发，将项目群里程碑任务项目群关键链分别下达给各标段。建设单位定期组织现场进度考察，召开进度协调会议，解决工程进度难题。

2）高速公路项目群进度动态控制的管理措施

具体而言，建设单位在审批进度计划时，应仔细分析各标承包人提交的进度计划中相关作业的工作条件及其关系，分析施工进度计划中所需的施工场地、道路是否能够保证问题、施工图变更供应计划是否与进度计划协调问题、承包人的工程设备供应计划是否与进度计划协调问题、该承包人的施工进度计划与其他承包人的施工进度计划是否存在作业干扰问题等，通过沟通、协商，使项目群标段进度计划在时间上、空间上衔接有序。对于合同规定应由建设单位提供的、对工程施工进度影响大且供应中干扰因素多的资源，建设单位加以重视并落实到工作计划中（如资金、图纸、场地、大型专用设备等）。当这些资源计划需要与提供服务的其他单位（如设计单位、地方土地管理部门）进行协商时，应在建设单位主持下或在建设单位授权委托下召开有关方面的协调会，在充分听取各方意见和沟通、协商的基础上，确定满足合同规定的、有关各方能够接受的、相互协调的进度计划和资源供应计划。根据现场进度计划，协调各方的进度接口，广泛采用信息技术，处理好工程变更、施工暂停、验收等影响施工进度重大合同问题。

3）高速公路项目群施工进度的动态分析与计划调整措施

为了从总体上分析施工进展情况，建设单位需要将现场检查得到的大量工程进度数据信息进行必要的整理、比较与汇总，以准确、直观、明了的方式表示出来，为进度控制与计划调整提供数据依据与决策支持。为进一步实际施工进度与计划进度对比的方法很多，如形象进度图、工程进度曲线、网络图、横道图等。

高速公路项目群施工进度是动态的，原计划的关键路线或关键链可能转化为非关键路线，而原来的某些非关键路线又有可能上升为关键路线。因此，必须随时进行实际进度与计划进度的对比、分析，及时发现新情况，适时调整进度计划。

计划调整应从工程建设全局出发，尽量减小对后续工程的施工。一个标段的进度延误尽量在标段计划时间内或其时差内赶工完成，尽量减少对后续项目尤其是其他标段项目的影响。当出现进度偏差时，建设单位要认真分析，并向项目组人员提出建议，尽快弥补进度的偏差，偏差的大小及其所处的位置对后续工作及总进度的影响程度是不同的。在对进度计划实施分析的基础上，确定调整方案。

5.5 本章小结

为确保嵩阳高速公路项目进度总体目标的实现，采取强有效的进度目标管理手段对项目管理起到重要作用。

（1）在山区高速公路项目群的进度控制中，由于其特殊的地理环境，往往因场地、资源等原因造成工期延误。传统的进度控制方法不能很好地规避项目进度管理方法中的缺陷，在洛栾高速公路的管理中采用高速公路项目群进度计划的方法实现对项目进度的管理，弥补了传统进度管理方法的不足，同时进一步提高了项目进度计划的有效性和稳定性。

（2）在洛栾高速公路的项目管理中充分从实际出发，针对多个可能影响项目进度的因素，制定相应措施并加强各方之间的交流与协作，建立有效的动态管理模式，在项目管理中针对出现的问题能够做到及时发现并处理。

（3）山区高速公路项目群进度方案设计作为一门综合性学科，项目中参与人员众多、涉及各个专业领域，项目参与人员的经验和技术水平的高低决定了项目方案设计的质量。对于项目而言，制定一项可行性方案需要投入大量的人力物力，且实施结果依然具有不确定性。目前，已有将人工智能技术与设计工具相结合自动生成建设方案的成功案例，因此若能在项目管理中进一步基于人工智能技术做出规划设计，将会大幅降低成本并且提高项目的可行性。

（4）在项目进度管理中，虽然缩短项目施工工期有利于节约成本，但项目施工中的施工安全教育以及质量安全教育也尤为重要，因为生产安全和施工质量目标的实现是加快施工进度的前提和基础，也是缩短工期的前提和保证。因此，在进度管理中还应加强相关的安全教育，制定与进度管理相配套的安全措施。

第6章 公路工程项目成本管理

成本管理作为山区高速公路项目管理中的一项重要内容，与参与项目管理工作的施工企业利益有着密切联系。山区高速公路的建设有着投资大、周期长、施工技术复杂等特点，因此在项目施工过程中加强对于项目成本的管控，实现项目计划成本目标已成为项目管理活动的重点之一。在项目施工过程中需要运用科学的成本管理方法和手段，对项目全过程成本控制进行精准的系统化管理。

6.1 公路工程项目成本管理概述

6.1.1 公路工程项目成本管理的内容

项目成本管理所含内容众多，自项目开始至项目结束，在成本管理中产生的各项指标对项目建设提供了重要的依据。管理人员在项目建设过程中对产生的各种成本信息，通过系统地开展预测、计划、控制和核算等一系列工作，使得项目能够按照预期目标顺利进行，其中主要的工作内容包括成本预测、成本计划、成本控制、成本核算、成本分析和成本考核等。

1)项目的成本预测

项目的成本预测是在项目建设过程中根据成本信息以及工程项目的具体情况，通过科学的预测方法对项目后期的成本水平以及可能的发展趋势做出科学预测。同时可以让项目管理人员选择出成本与经济效益最佳的成本方案，并能够在项目形成过程中，加强项目成本管理的针对性,从而提高成本控制的预见性。

2)项目的成本计划

在项目管理中项目的成本计划是项目管理者进行成本管理的重要工具,通过对项目计划期内的生产费用、生产水平、成本降低率以及有关成本,所采取的主要措施等方面用货币的形式进行书面规划方案的编制。成本计划是作为项目成本控制和成本核算的基础,也是设立项目目标成本的重要依据。

3)项目的成本控制

项目的成本控制是项目实际成本形成中最为重要的环节之一,项目中存在的可变因素众多,因此只有加强对项目施工环节中各种因素的管理,才能对项目中产生的各种费用做到精准控制。在发现实际成本与计划成本之间存在差异时,及时对问题进行分析研究并采取有效措施进行调整,将项目的实际成本控制在计划成本范围内,从而实现企业的利润目标。

4)项目的成本核算

项目的成本核算是指在项目各项费用产生后所进行的事后核算,以此为依据对项目成本计划和成本目标的完成情况进行评价。项目成本核算所提供的各种成本信息是成本预测、成本计划、成本控制和成本考核等各个环节的依据。因此,加强项目成本核算工作的管理,对降低项目成本、提高企业的经济效益有着重要作用。

5)项目的成本分析

项目的成本分析是指在项目成本形成过程中,对所得成本数据进行的对比分析和总结工作,即通过对成本核算数据与计划成本、预算成本以及类似工程项目实际成本进行比较,从而掌握在项目实际当中各项实际工作对于成本的影响,通过成本分析制定有效的成本控制措施。

6)项目的成本考核

项目的成本考核是指在项目完成后,项目成本形成过程中各分部工程的责任承担者,通过将项目实际成本与项目的计划成本、目标成本进行对比和考核,按照项目的评定标准对成本计划完成的情况进行评定,以此为依据给予相应的奖励与惩处。

从成本管理的内容中可以看出,成本管理的每项内容都是必不可少的重要环节,成本预测是成本计划的基础,成本计划是成本控制的重要指标,成本核算是对成本控制效果的校验,成本考核是实现成本目标的保证和实现决策目标的重要手段。因此,在项目成本管理的活动中,需要加强对于各个环节细节的把控,才能确保最终成本目标的完成。

6.1.2 公路工程项目成本管理的基本原则

工程项目的成本管理作为项目管理中的重要内容,对于管理中所采取的各种措施和行动,都必须遵循以下各项基本原则:

1)规避风险,分散控制原则

在项目管理中存在来自多个方面可能产生的风险,如技术风险、政治经济风险、市场风险、政策风险等多种类型的风险,都会对项目的成本产生重大影响,为此在项目实施前期以及项目实施过程中需要对风险进行分散、规避和转移,从而为达到成本目标提供保障。

2)全面管理,系统控制原则

对于项目中成本管理需要做到全员、全过程和全面的“三全”管理。项目成本的总体是由项目中各个环节以及各个部分组成,涉及参与项目的所有部门和人员。自项目开始至项目结束是项目成本管理的全过程,项目中每个人员对于项目成本工作的参与是成本工作顺利开展的前提,因此系统化的全面管理是确保降低项目成本,完成成本目标的必然举措。

3)目标划分,精准施控原则

工程项目建设周期跨度大,为达到项目成本管理的计划目标,必须将成本管理目标进行逐层分解,做到目标分配到人、到岗,明确各人员以及各工作岗位上的成本管理目标和责任,针对具体部分的计划成本目标制定具体措施,实现精准施控,为后期成本管理考核提供依据,同时通过项目中各个成本指标的完成,最终确保项目成本目标的实现。

4)成本控制,集成管理原则

成本管理作为项目管理工作中的重要任务之一,同时与进度、技术之间相互联系,对于成本的控制离不开成本、进度、技术三者之间的综合平衡,做到有效的集成管理才能在保证项目成本控制目标完成的同时,保证项目其他项目目标的顺利完成。

5)动态管理,及时调整原则

在工程项目中成本的构成随着项目进展而不断变化,因此,对于成本的管理必须是动态管理的过程。在项目管理的过程中,通过收集项目中的实际成本数值与项目目标成本数值的对比,检查有无偏差。若计划与实际之间存在偏差,则需进行数据分析,找出具体原因,采取相应措施,不断调整项目实际成本支出与计划目标值之间的偏差。通过动态控制对项目成本管理中存在的问题,做到及时发现及时解决。

6.2 公路工程项目成本控制概述

工程项目成本控制是成本管理中的重要环节,有效的成本控制将会对项目的最终成本起到决定作用。在项目建设中,施工企业为了在人员、材料、机械等方面降低成本,而通过成本预测、成本计划和成本分析等管理活动,不断探寻适合项目的、能够降低工程施工成本的控制手段。

6.2.1 公路工程项目成本控制的方法

高速公路工程项目成本控制过程中，通过采用一定的方法对工程建设过程中产生的费用进行调节和控制，对于项目建设中出现的实际成本与计划成本之间的偏差及时进行纠正，从而将各项成本控制在目标范围之内。项目成本控制的方法有很多，应针对不同的项目实际情况选择相适应的控制方法。控制方法主要有以下几种：

1)净值法

净值法是指在项目的管理中，对项目实际支出成本和进度进行控制的一种分析方法。通过对项目实际成本数值与计划成本的比较以及项目实际进度与计划进度的比较，计算出项目成本及进度的偏差，从而对项目实施过程进行控制。

在偏差的计算中所采用的方法有：横道图法、表格法、曲线法。

2)价值工程方法

价值工程又称价值分析，是一门新兴的管理技术，对于降低成本、提高经济效益有显著效果。价值工程法是对项目进行事前成本控制的一种重要方法，通过对项目的功能分析，在确保完成项目功能目标并保证质量的前提下，降低工程成本，以获得最大的经济效益。

3)定额法

定额法又称直接计算法，是根据国家发布的关于行业的有关经济定额确定计划指标的一种方法。定额法是以事先制定的产品定额成本为标准，在施工过程中施工单位以施工预算定额为标准控制工程的实际成本支出，当实际施工过程中所产生的费用超过定额耗费的差异额时，及时采取措施降低成本支出。

6.2.2 公路工程项目成本控制途径

高速公路工程项目的建设是建立在规定的标准以及要求下，对于项目的质量、进度、成本目标的控制都有着严格要求，项目施工管理活动中失误的出现必然会对项目的成本管理产生不利影响，因此必须从成本管控的角度出发，处理施工过程中出现的各种问题。在项目的成本控制中主要有以下几个途径：

1)加强资源管理，降低资源损耗

首先，在项目施工过程中加强对于项目中施工材料的管理，通过提高材料的利用率，降低材料损耗，以达到降低成本的目的；其次，提高项目中所涉及机械设备的使用效率以及日常管理，通过合理的施工安排最大限度地发挥机械设备的最大效能，并通过有效的日常维护降低设备损耗，保持生产水平。

2)运用先进技术,合理选择方案

在项目中技术措施是降低成本的关键。首先,必须根据项目实际的现场环境、计划成本、机械设备等实际情况,确定科学合理的施工方案及施工工艺,合理安排施工现场及施工机械的分配使用,从而保证施工的连续性;其次,通过对于新技术、新材料的及时采用,在提高工程质量的同时达到降低成本的效果。

3)加强人员管理,提高生产效率

在项目建设过程中人员作为项目开展的主体,劳动者的生产效率是项目进度控制的关键因素,也是项目成本控制的重要环节。因此,需要在项目管理中加强对于人员的技术培训和科学文化水平的教育,提高自我教育、自我发展的意识,调动人员的生产积极性提高生产效率,从而达到缩短进度、降低成本的目的。

6.3　洛栾高速公路成本控制的特点

相对于平原地区,山区具有独特的地形地貌、自然环境特征,因而在施工组织、工料机消耗等方面,属于典型山区高速公路的洛栾项目工程的建设与平原地区存在一定的差异,尤其是需要在满足道路基本功能的情况下,最大限度地保护自然环境和生态平衡。由于山区地形、环境的限制,以及施工方法与平原地区的差异,使得洛栾高速公路工程的施工难度有所增大,施工组织和施工工艺有所不同,从而成本控制也体现出一定的差异,主要表现在以下几方面:

1)施工难度大

洛栾高速公路工程受山区地形、地貌的影响大,无论选址还是施工组织,考虑的因素均远远多于平原地区,前期的准备工作、施工图设计和施工中应对措施的准备等均要针对山区特点详细安排,施工过程中,恶劣的山区条件也客观造成了施工难度远大于平原地区,同时由于地形条件限制,导致在施工过程中施工作业面小,从而致使施工功效降低。

工程沿线山高坡陡,分布着风化岩体、软化的地层,存有塌方、滑坡、泥石流沟等不良地质病害,这些都使得无论运输材料、预制构件、加工半成品、成品的便道,还是通往弃土场、料库、加工房、预制场的便道选址和建设均受到较大的限制。为了解决材料、设备进场问题,往往需要结合便道新修便桥,但由于地面横坡陡峭,加之河流极不规则,河床纵坡陡、落差大,建设中有大土石方量的高填深挖,而受地形条件限制,弃土场的选址往往非常困难。洛栾高速公路项目公路、桥梁、隧道交错,部分路段以高架桥及隧道为主,这就要求修建桥梁所需的预制场、拌和场,但受沿线地形的限制,大型预制场集中预制一般在施工现场及附近很难寻找,很多预制场都只能利用山区中狭小的平地空间,给施工带来了很大的困难。

2)建设费用高

洛栾高速沿线特殊的自然地理条件客观决定了高难度的施工将导致高额的经费需求。山区高速工程设施的选址困难,周围地形条件复杂不仅增加了工程数量,而且增加了工程施工难度和设备材料的运输距离,有时甚至避免不了高填深挖和对山区容易出现的崩塌、滑坡、泥石流等地质灾害的预防,因而工程施工的工料机消耗增加,导致山区工程的造价较平原区偏高。

3)成本构成杂

从工程计价上看,平原区的材料、机械使用往往比较固定,而洛栾高速公路考虑自然地理因素,如植被保护、水土保持等,需要因地制宜地选择合适的材料和施工机械,特别是在地形恶劣的地区,大型机械的使用更少,种类多样的小型机械或者工具使用更为频繁,加上在山区特殊施工环境下需要的工程设备架设等,山区工程计价时需要考虑的成本构成更为复杂。同时,在洛栾高速公路工程计价中,摊销费也是一个重要的成本构成因素。

4)特殊项目多

由于山区条件的特殊和施工组织的差异,洛栾高速公路工程经常出现在平原地区不会出现的施工项目。如专门修建一条长距离的便道到一个施工现场、出现大量的吊车或天线运输、人工搬运的临时工程项目施工内容,或者因临时工程而产生的挡防工程项目等。洛栾高速公路往往需要修建桥梁,其中很多桥梁架设在陡坡上,人员、材料及机械进场十分困难,为了能顺利地开展工作,施工中通常修建很长的便道到每一个工点,甚至到每一个桥墩,这样不仅导致便道长度大幅增加、开挖土石方数量增大,而且为避免地质灾害和水土流失而增设的挡防工程也随之产生。当便道难以修建时,施工材料、设备往往需要吊车或天线运输,甚至有的施工设备需要拆卸后由人员、吊车搬运至桥墩位置后重新组装才能工作。这些特殊类型的工程项目在洛栾高速公路建设工程中经常会出现。

5)临时工程方案要求高

临时工程的规划和建设一般以其服务的标段内的主体工程为主要参考因素,一般情况下,临时工程一旦建成,将完全承担该标段内的主体工程所需要的材料运输、设备进场等施工要求。山区高速公路受地形限制,通往某标段内的便道、便桥等临时工程与设施往往具有唯一性,一旦无法正常使用,就没有可替代其服务的其他便道、便桥,或者只有通过相邻标段的临时路桥暂时性地满足材料运输、设备进场需求,这无疑将导致工期延误和造价提高,因此,山区高速公路临时工程的施工方案必须经过严谨的设计和合理的规划。

另外,山区比平原区的地质条件更为复杂,水土流失情况更为严重,山区自然生态一旦破坏更是难以恢复,因此,山区高速临时工程的建设要在最大限度保护自然资源和生态平衡的前提下,完成方案的设计和施工的组织,这给山区临时工程的要求提升了一个台阶。

6.4 洛栾高速公路成本控制的环境与现状

山区高速公路项目的成本控制相较于一般项目而言，面临着更加复杂的控制环境与多变的社会、自然环境因素，在基于对高速公路项目成本控制特点的了解，对于我国高速公路项目的建设也有着更为严苛的管理现状。

1)成本控制的法制环境

由于我国关于高速公路建设项目成本控制与管理没有健全的政府监管体系和完善的有关法律法规体系，导致高速公路建设项目的成本控制与管理难以做到有章可循和有法可依。此外，现行的法律法规体系还有很多漏洞，使得业务公司存在打擦边球的现象，甚至还有一些高速公路建设项目违反相关规范性文件和有关法律进行建设。

我国关于高速公路成本管理与控制的法律法规的不完善，使得业务公司的成本控制与管理活动缺乏指导，使项目公司成本控制与管理的思路不够清晰，在具体的成本控制与管理活动中没有比较规范统一的操作，影响了最终成本控制与管理的力度。

2)成本控制涉及的单位和部门

按照自身的性质及扮演的角色，洛栾高速公路建设项目成本控制涉及的单位和部门可以分为三大类：

(1)政府相关部门，这些部门是政策的制定者、项目的决策者和管理者，主要参与前期准备阶段的建设项目的规划、决策审批、资金拨备，项目实施阶段宣传动员、征地拆迁协调、业务指导、外部监督和竣工交工阶段的验收审批等工作，属于宏观管理部门，但直接决定着高速公路建设项目的投资额。

(2)为了完成投资而成立的项目建设管理单位，即政府投资设立法人制的国有性质项目公司，这些公司是项目成本控制的主体，是本单位内部各职能部门和上述其他相关单位参与成本控制的组织者和协调者；其所属的各个部门是成本控制的执行机构。

(3)高速公路成本控制涉及的其他相关单位，包括设计单位、监理单位、施工单位、审计单位和材料设备供应商。其中，设计单位主要参与前期准备阶段的设计工作，在实施阶段主要参与设计变更导致的成本变化控制；监理单位主要通过费用监理和合同管理参与实施阶段的成本控制活动；审计单位主要通过对实施阶段有关的经济活动和财务收支的真实性、合法性进行审计来参与成本控制活动；施工单位和材料设备供应商由于其盈利目的与项目公司成本控制的目的相悖，实质上是成本控制的对象，在控制中主要是一种被动的参与。

3)实施的成本控制活动

洛栾高速公路是一项投资巨大的工程，各级政府、交通运输主管部门非常重视高速公路的成本控制工作，把前期准备阶段的管理作为重心，通过召开高速公路前期工作目标责任签订会和调度会等形式，为地方高速公路建设项目的前期准备明确重点，指明方向，部署工作，要求杜绝浪费、节约资金，如期圆满完成任务。

目前，我国众多高速公路建设项目实行了项目法人制，由项目法人负责项目的筹资、建设、管理，当然也包括对成本的控制。通过项目法人制的实施，高速公路建设项目法人作为建设项目的拥有者、投资者、组织建设者和经营者，处于建设项目管理的中心地位。项目法人受《中华人民共和国招标投标法》和责任制的约束，通过自主地选择有资质、有实力、讲信誉的项目承包单位、监理单位和设计单位，实行主动灵活的成本控制措施，以期实现建设目标。

在前期准备阶段，项目公司通过工地会议等形式对开工前的准备工作进行安排部署。高速公路建设开发有限公司及总监办公室通过召开第一次工地会议的形式，加强项目公司、监理单位、施工单位三方面的见面沟通；提出准备阶段的问题，积极安排近段工作，为下达开工令做最后冲刺，完成各种开工前的筹备工作。在实施阶段，高速公路建设项目通过实施项目法人责任制，设置内部成本控制职能部门和岗位，与其他相关单位协同合作，实施具体的成本控制活动，运用各有侧重各有特色的控制管理手段，确保阶段性投资计划的完成，节约成本和资源，为项目的后续建设和圆满竣工打下良好的基础。竣工决算阶段，项目公司的主要工作是监督工程决算的财务情况、确认工程的总投资、核实建设项目超概算的金额并分析原因，以及为建设项目的后评估提供依据。

6.5 洛栾高速公路项目成本控制的总体思路

在洛栾高速公路成本控制的总体思路设计中，通过基于对成本控制特点的把控以及对于洛栾高速公路项目成本控制环境与现状特点的结合，从成本控制的组织结构、基本框架、关键控制点等多个方面对项目的总体思路进行确定。

1)成本控制的组织结构

项目公司在内部设置成本控制的决策层、执行层和监督层，厘清各层权力的界限，明确责任范围，形成相互联系、相互制约的权力运行和制衡机制。三个层面的基本关系是，决策层进行成本控制的全面部署和重大成本事项决策并传达给执行层执行，通过既定制度和临时决策权制约执行层；但决策层和执行层实行具体业务、技术分离，决策层不随意干涉执行的过程和细节。执行层负责贯彻决策层所有成本事项决策结果，圆满完成成本控制计划、任务，及时反馈执行状况，提供有益的决策建议；但在出现重大问题或不利事项时执行层有权中止执行，向上申请更改决策方案。监督层相对独立于决策层和执行层，自主监督两大层面的成本管控行为，对二者的成本责任和控制绩效进行考核，提出处理意见。另外，通过协调机构使三种权能在建设单位内部管理运作机制的小系统中实现协调，并处理好与社会外界大系统的关系，达到建设单位管理体制下成本的内外部全面控制。

2）项目成本控制的基本框架

（1）设计成本控制的组织结构，统筹、实施和监督成本控制活动。借鉴委托代理理论和权力制衡的思想，设置层次分明、相互牵制的决策层、执行层、监督层和协调机构，负责项目全过程成本控制和全生命周期成本控制的决策、实施、监督和协调，为成本控制提供组织措施。

（2）实行高速公路建设项目的全过程成本控制。分别定位项目前期准备阶段、实施阶段和竣工阶段的关键控制点，抓住重点和主要矛盾，就这些关键控制点，提出开展全过程成本控制的具体措施。

（3）实行高速公路全生命周期成本控制。将项目前期准备、建设实施、竣工交接和运营维护等阶段视为连续的整体，将高速公路的全生命周期成本作为关键控制点，提出开展高速公路全生命周期成本控制的基本思路。

（4）实行高速公路建设项目成本和进度协调。在全过程和全生命周期成本控制活动中，分析项目成本与进度的具体情况，提出纠正偏差的措施，为成本与进度的协调提供具体的方法。

3）定位项目成本的关键控制点

（1）投资估算。

项目建议书阶段和可行性研究阶段的投资估算，是项目投资决策的重要依据，也是研究、分析、计算项目投资经济效果的重要条件。当项目建议书被批准以后，其投资估算额将影响可行性研究阶段的投资估算额，也构成了项目投资成本形成的最初步骤；当可行性研究报告被批准之后，其投资估算额就作为建设项目投资的最高限额，不得随意突破。由于投资估算是在设计工作之前进行的，各有关专业设计尚未完全介入，工程数量和其他各类数据还不具体，许多条件只能是粗线条的，因此投资估算的难度大，内容准确度不够高，但对成本控制的影响深远，成为决策阶段成本控制的关键控制点。

（2）设计方案。

设计方案的选择就是通过对工程设计方案的经济分析，从若干个设计方案中选出最佳方案的过程。设计方案的选择是设计阶段的关键控制环节之一，因为设计是工程项目付诸实施的龙头，是控制基本建设投资规模、提高经济效益的关键。设计阶段对投资的影响度达到 70% ～ 90%。设计阶段工作水平的高低，设计方案的优劣，不仅影响到施工阶段投资的多少，而且影响到项目建成投产以后经济效益的高低。另外，设计方案内容不全、深度不够是导致项目中后期设计变更而可能增加成本的重要原因。

（3）招标控制价。

在工程采用招标发包的过程中，由招标人根据国家或省级、行业及建设主管部门发布的有关计价规定，按设计施工图纸计算的工程造价，其作用是招标人确定对招标工程发包的最高限价，实际上也就决定了项目施工承包成本的最高限额。实施招标控制价可加强对建筑工程招标投标过程的监督和管理，规范计价行为，有利于维护建筑市场的正常秩序，合理确定和有效控制项目建设成本，是招标阶段又一关键控制点。

（4）工程合同。

合同是发包单位和承包单位为了完成其所商定的工程建设目标以及与工程建设目标相关的具体内容，明确双方权利和义务关系而签订的协议。项目公司代表行业主管部门负责公路基本建设项目合同管理的职责，合同管理与公路建设项目的质量优劣、成本消耗、经济效益和使用效果广泛联系，是成本关键控制点之一。

（5）工程变更。

在工程项目的实施过程中，由于项目公司要求的改变、勘察设计工作粗糙、施工环境的变化以及一些不可预见事故的发生，在施工过程中会出现招标文件中没有的工程项目或工程数量的变化，致使工程变更不可避免。工程变更常发生于工程项目实施过程中，容易引起停工、返工现象，一旦处理不好，常会引起纠纷，损害投资者或承包人的利益，不利于项目的成本控制。由于工程变更所引起的工程量的变化、承包方的索赔等，都有可能使最终成本超出预计成本，导致成本失控。因此，有效控制和管理工程变更十分重要，成为实施阶段关键成本控制点。

（6）计量支付。

工程的计量和支付是建设单位按照技术规范所规定的方法，对承包人符合要求的已完工程的实际数量进行测量、计算、核查和确认，然后根据所确认的工程量，利用计量支付报表按照合同单价计算出金额，再由建设单位支付给承包人工程款项的过程。计量是支付的基础，支付是计量的目的。工程计量和支付是实施阶段成本的又一关键控制点，原因在于计量与支付是施工合同的重要内容，是合同中各类经济、财务关系的全面反映，揭示了施工活动的经济本质，是施工活动中资金运动与物质运动合二为一的外在表现。建设单位通过计量、支付核算和确认实施阶段公路项目发生的成本费用，体现投资完成进度和投资的实现程度。

（7）建设资金。

交通基本建设资金是指纳入中央和地方固定资产投资计划，用于交通基本建设项目的财政性资金及其他资金。建设项目资金作为一个实施阶段成本的关键控制点的原因在于：成本的节约和浪费最终都将通过资金来体现，建设资金数量有限且来之不易，大部分资金要按不同的需要投向材料设备、工程价款、征地拆迁、监理审计等成本费用项目，充足的资金是项目顺利实施的保障。项目公司必须采取有效的措施加强对资金的控制，杜绝资金的浪费，减少短缺资金的成本，节约建设总投资。

（8）竣工决算。

竣工决算是以实物数量和货币指标为计量单位，综合反映竣工项目从筹建开始到项目竣工交付使用为止的全部建设费用、建设成果和财务情况的总结性文件，是竣工验收报告的重要组成部分，也是竣工阶段的关键控制点。竣工决算不仅能够正确地反映工程项目的进度和工期、成本和费用、规模和效益等情况，而且能够反映出项目的各项经济技术指标。对工程中主要指标的计划数、概算数以及实际数进行比较分析，有利于熟悉建设项目计划和概算的执行情况，评定成本控制的工作成绩，为未来建设项目的投资控制提供借鉴作用。

4）强化项目公司全过程成本控制

（1）加强投资估算。

为了提高投资估算的准确度，编制人员要做好估算指标的积累，建立完善的信息库，需要经常关注新颁布的各项法规和制度，认真收集各种政策性文件，及时运用到投资估算的编制当中去。要明确投资估算依据，全面收集基础资料，准确采集基础数据，合理确定材料单价，为公路项目造价的真实性、合理性、科学性奠定基础。编制人员应根据设计文件图纸资料，运用合适的投资估算方法，科学摘取工程数量，正确套用工程定额，做到不重复、不漏项。投资估算编制完成后，应加强对同类工程的横向比较，对指标出现异常的项目重新逐项分析、核对工程量，查明原因、纠正错误，使投资估算编制科学、合理、正确。

（2）优化设计方案。

运用限额设计和价值工程是优化设计、控制公路项目成本的可行之道。在高速公路的设计过程中采用限额设计，该方法的原理是将上阶段设计审定的投资额和工程量先行分解到各专业，然后再分解到各单位工程和分部工程。各专业在保证使用功能的前提下，按分配的投资限额进行设计，严格控制技术设计和施工图设计的不合理变更，以保证最后汇总的总投资限额不被突破。高速公路建设中运用的价值工程，是通过分析高速公路这一公共产品的成本和实体功能之间的关系，实现符合设计功能条件下成本最低的一种理论方法。实用价值工程选择更优的高速公路设计方案，就是要在高速公路的建设成本、实体功能和可行性三者之间寻找到一个交点，这个交点即为多方平衡下的最优选择。

（3）实施全方位工程合同管理。

从合同管理的横向角度展开，项目公司承担在特定日期向各个合同乙方（勘察单位、设计单位、施工单位、监理单位、材料供应单位等）支付一定合同价款的义务，同时利用对各合同乙方履约行为的监督权和违约惩罚权，以约束和控制各个合同的费用。从合同管理的纵向角度展开，项目公司在各合同确定前通过招标等方式尽量降低合同价款，减少未来的成本支出；在订立合同时进行合同策划，使其尽可能有利于己方；在合同履行的过程中加强对合同各方的履约监督和检查，严格按规定条件和程序进行工程计量控制、工程变更控制、资金支付控制，确保合同价款不超支。

（4）合理编制招标控制价。

第一，明确工程量清单模式下招标控制价的编制依据，严格按照国家或省级、行业建设主管部门颁发的计价定额和计价办法、公路项目设计文件及相关资料、招标文件中的工程量清单及有关要求等来编制。第二，遵循工程量清单模式下招标控制价的编制流程，进行规范编制。第三，细化编制说明，明确体现编制所采用的计价定额、取费标准、主要材料的价格来源、计算措施费用所依据的施工方案等。第四，首先，严格按工程量清单组价，并在编制过程中加以完善，核实工程量清单和设计的符合性，尽量确保工程量清单的全面、完整和准确；其次，在发现缺陷时，应及时澄清疑问，明确模糊之处，做出补充说明；最后还要做好充分调研，慎重定价，应当组织人员对主要材料、特种材料、施工方案进行充分调研，掌握第一手信息，才能做到心中有数。不能在编制过程存在诸多不确定性的前提下大概估价、草率定价，避免编制出来的招标控制价与工程实际预期造价相差甚远，严重脱离施工图设计和概算投资。

（5）内部审查竣工决算。

项目公司正确编制财务竣工决算，首先应成立负责编制竣工财务决算的专门机构，配备完整和固定的专业人员，明确部门职责和个人责任，及时收集、整理与决算相关的各种资料，定期召开工作例会和部门协调会议。决算编制完成后项目公司要组织人力进行自我审查。审查人员应根据交通运输部《公路基本建设工程概算、预算编制办法》《公路建设项目工程决算编制办法》《公路工程国内招标文件范本》《公路工程竣交工验收办法》等法规以及设计文件、招标文件、承包合同协议书工程变更索赔等资料开展决算审查。竣工决算审查的重点包括基建程序执行情况，竣工决算报告编制的完整性，建筑安装工程费，设备、工器具及家具购置费，工程建设其他费用的合法性和合理性等。

6.6 洛栾高速公路全过程成本控制管理实践

全过程成本控制管理作为成本控制思路的具体实践活动，通过对项目建设过程中各环节的建设管理，从而实现对于项目成本目标的控制，洛栾高速公路项目的成本控制管理实践主要从立项阶段、设计阶段、招标阶段、施工阶段等多个环节进行项目成本的控制管理。

1）立项阶段

（1）资金筹集及使用的控制与管理。

资金的筹集及使用是立项阶段实施成本控制与管理的重要基础，在进行资金筹集及使用的控制与管理时，可以采取如下措施：一是做好项目建设资金的筹措工作，拓宽融资渠道，创新融资手段。二是强化对建设项目资金的监管，使之合理、安全、有效地使用。三是随时掌握国家宏观经济政策走向，及时做出财务决策。做好财务决策也是做好资金筹集及其使用的控制与管理的科学方法和重要环节。

（2）土地征用和环境保障过程中的成本控制与管理。

加强对土地征用和拆迁补偿金的管理，是立项阶段的成本控制与管理的一个重要内容。在实施过程中具体的措施有以下几点：一是严格依据协议及合同，采用专户资金对征地和拆迁进行管理。二是土地征用和拆迁补偿金结转要及时。三是土地征用和拆迁补偿的过程中要严防虚报、高报等弄虚作假的行为发生。

（3）投资决策阶段成本控制与管理。

投资决策阶段是立项阶段的重要阶段，而投资决策阶段发生的成本控制与管理主要受到以下因素影响：项目建设的地理位置，项目建设的标准及规模，项目建设的设计、规划及方案，项目建设所需要的机械设备。因此，要通过以下方法来对投资决策阶段的成本进行有效的控制与管理：第一，进行良好的项目评估。良好的项目评估是选择最优建设方案的基础，是有效利用有限的物质资源和人力资源等，实现高速公路项目经济效益最大化的基石。因此，要做好高速公路项目的可行性研究和评估，为选择最优的高速公路建设方案做准备。第二，选择最优的建设方案。从经济上和技术上对多种备选方案进行比较，以确定和选择最优建设方案。最优方案要符合以下几个条件，项目建设要有合理的规模，项目建设要有合理的地点及地区：项目建设要有与我国及当地的经济发展现状相适应的水平，项目建设要选择经济而实用的设备。通过择优选择，实现成本的有效控制与管理。第三，实行合理的投资预算。通过对项目预算进行科学合理的规划，编制符合项目实际的各项估算指标，严格实施和贯彻项目责任制，从投资预算上实现成本的有效控制与管理。

2）设计阶段

（1）推行设计招投标制度。

优秀的设计单位有利于提高高速公路项目方案的设计质量，降低因设计方案变更所带来的损失，从而能够有效控制高速公路的建设成本。所以，项目的建设过程中要积极实行设计招投标制度并严格把关，即通过多家设计单位进行竞投，再邀请有关专家对设计方案进行综合评比，从中选出最为优秀的设计单位，并开拓创新本段高速公路项目的设计方法。经过综合评比选出的设计方案，要有先进的技术、合理的价格及新颖的构思。

（2）加强设计经济论证。

要利用科学合理的方法和理论来加强经济论证，以选择最优的设计方案。进行经济论证不但需要着重对技术手段进行论证，更关键的是要在技术与经济的相互作用方面进行充分的论证和设计。

（3）提高设计概算精度。

经过批准的概算是编制项目投资规划的基础，限制着高速公路建设项目的投资额，控制着施工图的预算，并成为评价该设计方案能否实现经济合理目标的依据，为以后对该高速公路建设项目投资是否达到预期效果进行考核打好基础。初步设计阶段是进行高速公路建设成本控制与管理的重点阶段，在此阶段中，设计概算是关键的控制点。所以，应对设计过程进行全面的跟踪和调查，及时地掌握各项基础材料，如所在地的建设条件等，以全面了解项目所涉及的各项材料设备、技术及人力资本的价格，为整个概算的有效性、完整性和准确性打好基础，以降低建设成本。项目进行初步设计和施工图设计时，业务公司要对项目进行仔细的勘察，尤其是项目区的地质，并对设计工作进行实地监督，避免因地勘深度测量误差等因素导致设计的大幅变更，使高速公路建设费用超出预算成本。

（4）实行设计索赔及监理制度。

设计索赔和监理制度是项目建设过程中必要的制度约束，建立科学详尽的索赔及监理制度有利于提高高速公路设计的重视程度，使得项目能够从质量上和经济上得到更好的保障。设计索赔及监理的规章制度的建立和完善，以及不断加大的索赔力度为高速公路项目设计的科学性和合理性提供了强有力的约束。目前在我国广为实施和推广的高速公路投资造价咨询师，就是随着高速公路的发展而产生的相应的解决措施。

（5）加强设计变更等方面的管理。

项目建设时，协作性要求该高速公路建设项目的建设单位、设计单位、施工单位及监理单位通过共同研究来决定建设方案的变更。也即高速公路项目建设各相关单位要协力解决提出变更的时间、原因、方式等，以实现最科学、合理和经济的项目变更。动态性要求建设单位和设计单位对高速公路施工现场的动态变化进行深入了解。这是由于变更设计多发生在施工环节，其原因往往是高速公路施工现场情况与施工图设计不符。由此可知，若发生设计变更，则变更的时间越早，造成的损失就会越小，否则就会酿成较大的损失。建设单位还可以通过对设计人员进行设计施工方面的培训，或者进行继续教育，加强设计人员与施工方面的实际结合，从而避免设计变更的发生。如果设计变更不可避免，则应尽量将设计变更控制在设计阶段，即先对高速公路的建设成本进行计算，然后再对其进行变更。在此过程中需要注意的是，设计变更所需手续要经过严格的审批，才能实现项目建设成本的有效控制。

3）招标阶段

（1）制定招标活动费用的开支标准。

为了节省成本，在招标阶段，要制定出投标人员参与投标活动的开支标准，要涵盖与招标活动相关的出行、食宿、招待等在内的所有相关的具体活动。制定招标活动费用开支标准的原则，既要保证招标活动的顺利展开，也要秉持节约的原则，让每一项开支都尽可能发挥最大化作用，取得应有的效果。具体的费用标准，可以参照近年来公司参与其他相似招标活动的情况和经验，根据业务公司差旅费用的报销标准，制定出参与招标过程中人员的乘坐飞机车船、出差伙食补助、住宿以及公务招待等各项的费用开支标准，也可以采取实行部分费用出差人员包干的方法做到厉行节俭。

(2)加强招标过程中公证和金融等费用的控制与管理。

在高速公路建设项目的招标过程中,业务公司经常要求出示所办理的各类银行的保函,以便于公证部门对授权者、委托者、投标者及其资料等内容进行公证。因此,加强招标过程中的公证和金融等费用的控制与管理,是实施成本控制与管理的一个重要内容。在招标过程中,业务公司可以根据当地公证部门和开户银行的客观条件,在公证费用方面,与公证部门积极协商,通过展开长期合作等方法来签订协议,以降低公证费用的标准,从而节省开支;在金融费用方面,也可以与合作银行进行洽谈,力争签署银企双方的合作协议,在国家和银行所规定允许的范围内尽可能地降低与银行产生的金融手续费用。

(3)适当控制招标办公费用。

为控制与管理招标办公费用,要注意办公耗材的节约和再利用,具体来说,对于投标资料的撰写和编制要尽可能地在业务公司原有的计算机上完成,并且尽可能地减少在招标资料未定稿之前的随意打印和复印,尤其是在投标资料进行打印和复印时,业务公司要规定员工尽可能减少外出打印、复印招标资料。因为不仅会增加招标工作费用的开支,更可能由于不小心的疏忽造成业务公司投标机密信息的外泄,给业务公司带来不必要的损失。除此之外,还要尽可能地利用好网络和移动通信等高科技的信息平台和手段。这些现代高科技手段不仅可以提供电话联络、网络查询等即时信息平台,还可以通过这些手段来处理招标阶段的事项,节约可有可无的出差费用,提高工作的效率并降低建设项目成本。

4)施工阶段

(1)加强施工组织的设计和管理。

高速公路项目建设的施工组织设计是高速公路项目建设施工阶段的一项重要内容,施工组织的设计包括招标流程、承包合同的签订、施工前的准备以及对施工的指导等一系列管理内容。合理高效的施工组织,可以充分发挥出业务公司各生产要素之间的作用。而加强对施工组织的管理,则要求项目公司充分采用现代化的管理方法和手段,对施工阶段进行资源的优化与配置,严格控制与管理施工阶段的质量与进度,通过减少工程返修从而有效降低费用。

(2)加强项目资金的动态管理。

高速公路项目建设施工阶段的时间一般跨度较长,在实际的工程建设当中,常常会出现实际工程消耗的建筑材料以及施工人工成本与项目投标时的概算存在较大的差异。因此,在施工阶段的成本控制与管理的过程当中,要加强对项目资金的动态管理,要求业务公司的成本管理人员紧跟市场的变化,及时收集和积累关于高速公路建设项目工程成本有关价格调整的信息和资料,并对影响高速公路项目建设工程成本的利率、原料价格、汇率等动态因素进行准确的预测。在实行高速公路建设项目工程成本的动态预测的基础上,还要采取对应的提前预防管理手段，使造价动态管理贯穿高速公路建设项目的全过程。

(3)加强工程变更与索赔监管。

在高速公路的施工阶段，常常会由于主观或者客观的原因，造成材料代用、设计变更、工艺更换、工程更改等实际问题，从而引起高速公路建设项目工程成本预算与实际的增减。因此，在施工阶段，要建立健全工程变更的审批与监管制度，对变更价款实施合理有效的控制。除此之外，施工阶段工程的进度变更也会使得工程成本的提高，因此要对其进行严格的控制，努力提高工程变更的管理效率，从而减少项目建设成本。在施工阶段，还会由于各种原因而遇到索赔。在高速公路项目建设中，比较常见的索赔类型根据引起的条件不同，主要有：施工图纸的变更设计、不利的自然环境引起的索赔，项目建设工期的延长导致的索赔等。要做好与索赔有关的现场的详细的计算，保存好充足的证据以便于跟踪管理。

(4)加强施工活动的工程建设监理。

加强施工活动的工程建设监理，对高速公路建设项目施工阶段的成本控制与管理具有极大的促进作用。在具体实施中，可以通过采用“经济承包责任制”规定出施工阶段各管理人员、施工人员和监理人员具体的责、权、利，极大地调动他们在施工阶段成本控制与管理活动的积极性与创造性。具体来说，可以采取三种措施，有效促进施工活动的工程建设监理：一是实行量化考评，规定业务公司的项目人员在施工开始之前上缴一定数额的风险抵押金进行风险抵押。工程结束后，没有出现成本亏损，业务公司将全额退还上缴的风险抵押金；若出现亏损，业务公司则可以按成本亏损的比例进行扣除。二是实行民主集中监理，总结施工建设中的经济情况，并对工程建设中存在的不足提出下一步的改进解决措施。三是实行全员参与制度，可以将施工队中农民工的管理也纳入成本控制与管理的体系，引入奖励机制和多劳多得的分配原则，从而有效激励全员的工作热情，提高工程建设监理的作用，促进成本控制与管理目标的实现。

5)其他方面的成本控制与管理

(1)加强成本控制与管理理念的企业文化建设。

为了加强对成本控制与管理的认识与重视，公司通过加强成本控制与管理理念的企业文化建设，纠正业务公司内部人员对成本控制与管理在认识上的误区。要实现这一目标，公司应加大宣传力度，将高速公路建设项目成本控制的价值观念作为公司企业文化的一部分去灌输、宣传，从而形成“节约成本，人人有责”的共识，让大家意识到每个公司内部人员都要自觉地依据业务公司的整体战略目标来规范和调整自己的行为，时刻重视成本的控制与管理，使业务公司的管理层和员工在工作中有意识地去执行。在这样的积极氛围下，业务公司内部人员可以从感性认识上升到理性认识，并且在实践中进一步提炼和总结成本控制与管理的理论与经验，形成良好的循环。

（2）重视工程项目质量成本的控制与管理。

从调查可以发现，长期以来，我国高速公路建设相关的施工企业和业务公司都还未充分认识到成本和质量之间的辩证统一关系，有的业务公司过分强调建设项目的质量，导致了对工程成本的忽视；有的业务公司则是单面追求项目建设的经济效益，从而忽视了项目质量。前一种情况虽然可以保证工程建设质量的提高，却增加了项目的质量成本，降低企业收益；后一种做法虽然可以促进企业建设项目利润的提高，但是由于质量无法得到保证，可能会间接增加因没能达到工程质量标准而额外付出的质量成本，不仅会增加工程成本的总体支出，还会给业务公司信誉带来不好的影响。因此，公司重视工程项目质量成本的控制与管理，从上述两种做法中找到平衡点，促进质量与效益的双赢。

（3）施工现场的安全成本控制与管理。

为了做好施工现场的安全控制与管理，公司首先要规范和引导内部人员，在施工现场遵守各种电器设备和机械设备的安全操作规范，着重完善和建立高速公路项目建设的安全建设制度；还要一切从安全源头抓起，将安全责任落实到每一个人，业务公司还要加强监督检查，责任具体的机构和人员经常到施工重地、电源管理、消防设备以及施工现场的食堂进行检查和指导。其次，公司在制度建设之外，对安全生产相关的设备设施的添置进行一定的资金支持，尤其是与安全生气相关的设备实施一定要进行购买，保证施工现场的安全生产顺利展开。除此之外，公司对施工现场的安全成本控制与管理还要有一定的预见性和前瞻性，及时地发现影响安全成本的苗头，力争用最小的付出灵活而有效地处置存在的事故苗头和发生的责任故障，为工程项目的安全成本控制减少开支。

6.7　本章小结

工程项目的成本管理是项目建设中的重要部分，洛栾高速公路基于其复杂的山区环境条件，使得项目成本管理的措施和方法也存在一定特殊性。

（1）设计阶段是项目成本形成过程中的重要环节，洛栾高速公路在设计阶段认真贯彻动态设计理念，进一步优化设计方案。河南嵩阳高速公路有限公司先后对隧道、路基与边坡等多项设计方案进行了重新优化，最终不仅缩短了项目的施工进度，还最大限度地节约了项目的施工成本，有效地控制了项目的工程造价。

（2）在成本管理的活动中，概算控制是确保项目成本计划完成的重要途径。在洛栾高速公路概算控制中，公司在已有项目经验的基础上采用前期预算编制的方法对概算控制进行的创新尝试，有效地保证了工程造价计算的准确性和控制的有效性。

（3）洛栾高速公路建设周期由原有的 36 个月缩短至实际的 26 个月，对项目各阶段的资金保障提出了严苛要求。公司通过与上级有关部门和相关金融机构的努力协调联系，确保建设资金与建设进度相一致。加快办理计量支付、简化工作程序，严格加强计量支付管理，认真搞好计量审核，确保不漏计、不错计、不重复计量，有效缓解了施工单位的资金紧张压力，为项目在2012年12月的顺利通车提供了有效的资金保障。由此可知，在进度管理过程中对于配套资金管理的重要性。

（4）项目的成本管理工作贯穿项目始终，成本的形成关系到建设过程中的各个环节。因此，在项目建设过程中通过加强培养全员的成本观念，从而在项目的设计、方案的制定以及措施的采取上可以更加高效地完成项目的成本目标。在项目参与人员中采取措施，积极通过各种形式提高全员的成本意识。

（5）在洛栾高速公路的建设过程中，成本管理涉及诸多数据，对于数据的管理需要拥有系统完备的信息管理系统，做到对成本数据的及时更新与共享，才能获得更为完备的项目数据系统，并为今后项目成本管理提供重要的实际数据。因此，对于成本管理数据系统的建立与完善是今后成本管理的重点工作。

第7章 公路工程项目安全管理

安全管理作为项目管理活动的重要组成部分，是指在项目实施过程中加强对于人员、环境等多方面的安全管理。通过贯彻落实“安全第一、预防为主”等安全生产原则，针对山区高速公路的施工过程中人员众多、机械设备操作复杂、施工环境参差不齐等特点，强化人员安全意识、优化建设环境、健全安全管理制度，以实现建设生产安全的动态管控。

7.1 公路工程项目安全管理概述

7.1.1 公路工程项目安全管理内涵

工程项目的安全管理，是指在项目实施过程中，组织安全生产的全部管理活动。通过对项目实施安全状态的控制，使不安全的行为和状态减少或消除，降低工程建设过程中人员伤亡事故发生的概率，为项目进度、质量和费用等目标的实现提供充分保障。施工单位作为工程建设过程中的主要承担者，同时也是安全管理工作的核心，在施工过程中所组织的全部安全生产活动是通过对影响安全生产的因素加以实施控制，以达到减少乃至杜绝安全事故的发生目的。

安全生产是施工项目管理中重要的控制目标之一，是衡量施工企业项目管理水平的重要标志之一，因此必须把安全管理作为施工活动管理中的重要工作。

7.1.2 公路工程项目安全管理原则

在项目管理中，安全管理作为一项贯穿项目始终的管理活动，涉及项目中的各个方面，因此在项目的具体安全管理过程中，应当坚持以下原则：

1)"安全第一，预防为主"的原则

"安全第一，预防为主"作为我国安全生产的基本方针，是多年来安全生产经验教训的总结，也是世界各国安全生产所遵循的基本原则。其中，安全第一是从保护生产力的角度出发，表明生产范围内安全与生产的关系，肯定安全在生产活动中的重要性。

预防为主，是指在项目开始前需要对项目生产中的潜在不安全因素做出正确的判断，端正消除不安全因素的态度，选准消除不安全因素的时机。同时在做生产安排时，就针对施工生产中可能出现的潜在不安全因素，采取最佳的预防措施加以消除。在安全生产活动中，必须做到及时检查、及时发现不安全因素并及时采取措施消除不安全因素，是完成安全管理工作的最为基础的条件。

2)安全与生产管理并举的原则

安全管理寓于生产管理之中，并对生产发挥促进与保证作用。安全管理是生产管理中的重要组成部分，安全与生产在项目的实施过程中有着不可拆分的紧密联系，需要共同管理以保证项目建设的顺利进行。

在坚持安全与生产并举的原则中，需要对一切与生产有关的部门、人员，明确详细的安全管理的责任范围，落实相关安全管理的责任制度的执行。由此，在项目的管理中体现出安全与生产管理之间的重要联系。

3)安全管理的目的性原则

安全管理作为一项管理活动，是针对生产中存在的各种因素的状态管理，是为了对生产中各种不安全状态的因素加以控制从而避免或消除事故的发生，以达到保护劳动者安全与健康的目的。

没有明确目的的安全管理是一种盲目的行为，甚至会对人员的安全与健康产生威胁的错误行为。项目管理中的各参建单位，都应事先就各自管理的范围和工作内容中可能存在的各种安全隐患制定相匹配的安全生产计划，明确安全生产的目的性并采取相对应的安全技术与管理措施。

4)坚持"四全"动态管理的原则

项目管理中涉及的时间长、范围广，使得生产安全管理工作成为工作之重。从项目的设计、施工到最终的竣工交付使用的全部生产过程，其中涉及全部的生产时间以及诸多变化的生产因素。因此，在项目管理的生产活动中必须坚持全员、全过程、全方位、全天候的动态安全管理。

安全管理工作作为一项复杂的管理活动，涉及项目生产中的各个人员，是一项以保护人员安全为目的的管理活动，因此缺乏全员的广泛参与可能会导致安全管理工作的缺失，甚至导致安全生产事故的发生，因此全员性参与对于管理而言十分重要。

5)坚持在管理中发展与提高的原则

安全生产管理作为一项动态的管理活动，针对项目管理活动中存在的诸多影响因素，需要将安全的管理内容、方法以及问题的解决方案在管理的活动中进行优化提高，为日后其他的项目建设提供更加完善的安全管理经验。

项目的安全生产管理不仅是对于项目人员安全的保障，创新优化的管理方法以及不断发展与提高的管理思维与管理模式等方面的创新、提高，更是对于项目管理活动的肯定。

7.1.3 公路工程项目安全管理措施

在山区高速公路的安全管理中为了确保安全生产所采取的众多措施，目的是在项目管理中应对已出现以及存在的诸多潜在风险进行规避或消除，以降低安全事故所导致的人员伤亡以及工程上的损失。

高速公路的安全管理措施，主要表现在以下几个方面：

1)强化安全宣传与安全教育

安全宣传与安全教育是加强人们安全思想警惕的重要途径，是项目管理中开展安全生产的重要前提。项目管理中参与人员众多，项目实施中环环相扣，通过安全宣传与安全教育提高人们的安全生产意识，以达到减少安全事故的目的。

(1)加强安全宣传。在项目的施工过程中相关企业需要在项目准备前期以及项目施工过程中加强对于安全知识的宣传，如在项目的施工现场悬挂安全施工标语、在项目现场张贴安全个人防护的相关知识等。

(2)加强安全教育。应做到全员、全面、全过程的三全管理，强调安全教育的针对性管理，在安全管教育中针对项目中不同的工作种类开展专门性的安全教育技术培训。在项目中开展经常性的安全生产教育活动，如开展安全生产日、安全生产月、安全技术交底会、事故现场会等活动，加强人员的安全生产意识。

2)安全管理的组织化与制度化

在高速公路的建设过程中，安全管理贯穿项目建设的全过程，施工企业在项目施工过程中承担着安全管理的重要任务，基于项目中参与人员与项目环节之多，必须将安全管理活动体系化与制度化，才能更为精准地将安全管理工作落到实处。

(1)制定安全生产责任制。

安全生产责任制是根据我国的安全生产方针和安全生产法规所建立的各级领导、职能部门、工程技术人员、岗位操作人员在劳动生产过程中对安全生产层层负责的制度。

在项目的准备前期以及实施期间，严格落实安全生产责任制中的各项要求。如对于项目中各项安全生产操作的档案进行翔实记录，为后期项目的竣工检查以及安全责任制度的考核提供依据；建立完备的责任到岗、责任到人的安全生产安排，无论是项目的管理人员还是项目建设的一线工人，都需做到安全管理的全覆盖等相关措施。

（2）安全管理的组织化。

在项目管理中对于安全管理工作的开展需要进行专门的组织化管理，需要项目各参与单位设立安全管理的专属机构，是安全生产责任制度准确落实的保障，同时也是实现安全生产的组织保障。

3）安全生产的检查

在项目建设过程中制定规范的检查制度，是发现和消除工程中危险因素的重要举措，是消除安全隐患、降低事故发生率的重要途径。安全检查的形式主要包括定期检查、经常性安全检查、专项（业）安全检查、季节性以及节假日安全检查。

（1）安全检查的内容。

高速公路的施工安全检查主要内容包括查安全隐患、查设备设施、查伤亡事故处理、查安全制度、查安全防护等方面的内容。

①查安全隐患是指在进行安全检查时，通过对施工中存在的各种安全隐患进行排查，检查安全措施的落实情况。

②查设备设施是指在项目施工现场对设备设施的使用以及维护等方面的安全检查，检查设备是否符合施工使用标准和安全规范要求。

③查伤亡事故处理是指在项目施工中对伤亡事故的检查，对已经出现的伤亡事故进行调查坚持“四不放过”的原则，并对伤亡事故进行严肃处理，就已制定的安全措施效果进行检查。

④查安全防护是指在项目现场对项目中所使用的劳动防护用品的数量、质量以及使用情况是否符合安全生产的标准要求的检查。

⑤查安全制度是指对项目上安全生产制度的执行情况的检查，以及对项目中安全制度所存在问题的检查。

（2）安全检查的方法。

在高速公路项目建设过程中，施工现场安全检查的方法主要有安全检查表法、常规检查法、仪器检查法三种。

①安全检查表法。安全检查表法作为一种最基础、最简便的评价方法，是通过列出各层次的不安全因素，确定检查项目，并且将需要检查的项目按照系统的组成顺序编制成表，即安全检查表。在项目中通过安全检查表法的应用，监督各项安全制度的落实，及时发现隐患并进行改进。

②常规检查法。常规检查法是一种在项目施工过程中最为常见的检查方法，是安全管理者通过简单的工具以及自己的经验对项目实体进行的安全检测，对项目现场的一些安全隐患能够做到及时发现及时改进，充分降低安全事故发生的概率。

③仪器检查法。仪器检查法是现代工程建设过程中的一种重要方法。在高速公路的建设过程中，项目实体的完成对于常规检查而言具有不可逆的特性，只能通过专业仪器对项目内部进行定量化的检验与测量。针对不同检查对象采用不同专业的检查仪器，为后续项目的改进提供数据，同时为项目质量安全提供保障。

7.2　洛栾高速公路项目安全意识的强化

洛栾高速公路是河南省高速公路规划网络的中心和重要组成部分，且工期受到严重压缩，使其安全性相较普通项目更加艰巨，所以在施工过程中的安全管理十分重要。在项目建设中做到安全无患，是河南嵩阳高速公路有限公司安全管理控制的一个重要目标。

河南嵩阳高速公路有限公司以河南省“十二五”规划的重点内容为根据，全面开展综合交通体系的建设，通过多频次地开展“安全生产月”“安全生产万里行”“平安工地”等安全生产活动加强了全体参建人员的安全意识；通过从业人员、设备设施、作业环境、组织管理四个方面建立了全方位的安全管理体系，通过实施全过程的动态管理对项目施工的每一个环节实时监管，最终使整个项目建设过程得以安全稳定地进行。

7.2.1　组织排查关键期，强化“零”事故的安全意识

安全一直以来就是我国生产生活的重点工作，国家对此相当重视，做好安全生产工作，保证人民群众的生命和财产安全，是实现我国国民经济可持续发展的前提和保障，是提高人民群众的生活质量，促进社会稳定的基础。在施工安全生产管理的实践中，最根本的是提高安全意识，让每个工程施工人员从执行制度开始接受施工安全的培训教育，逐步形成行为规范，逐步从感性上升到理性，再由理性上升到通过意识的能动性来指导施工安全工作，做到可以在工程施工中及时预见隐患、消除隐患。这样，在工程施工中的安全问题和安全隐患就可以得到解决和避免，施工安全也就可以得到有效的控制。

公路交通是我国最重要的基础设施之一，在国民经济发展中发挥着举足轻重的作用，而山区公路施工是一项复杂的系统工程，影响施工安全的风险因素涉及施工组织、安全措施、水文地质、自然环境等各个方面，这些危险因素具有高度不确定性，而且相互间关系复杂。对整个洛栾高速公路项目进行施工安全管理时，首先就要从安全意识着手。树立生产“零”

事故的安全意识，意味着站在整个洛栾高速公路项目全局乃至整个河南省经济发展的高度，把握工程建设最核心的安全管理要素，并合理地应用于工程实践，通过全方位高标准的安全管理体系和一丝不苟、坚决执行的精神，保证工程全线的施工安全，争做安全生产“零”事故。

河南嵩阳高速公路有限公司通过在项目参建全体成员中普及和推广安全生产意识，多频次、高质量地开展安全教育活动；在制度的严格执行和创新上推行“一岗双责”等完善安全生产责任制；在一些关键时期对工程施工安全更加重视，如在“七上八下”的关键期的防汛工作，在“三夏”期间的建设工作，在春节、五一、十一黄金周对安全的管理更加严格等多种手段达成这一目标。

在这些关键时期，河南嵩阳高速公路有限公司做了如下工作：

河南嵩阳高速公路有限公司就周密安排部署、强化重点行业监管、认真组织督导检查、严格落实值班制度等方面做出严格的相关规定，确保关键时期交通运输安全生产工作，道路、水路运输安全、畅通、有序，保障了旅客安全便捷出行。

1）高度重视，切实加强对安全生产工作的组织领导

针对河南省进入旺季旅游、人员出行量增加、各种活动频繁、安全生产任务更加繁重等特点的关键时期，相关部门加强对安全生产工作的组织和领导。主要负责人切实担负起安全生产工作的领导责任，亲自研究部署本单位关键时期的安全生产工作；分管负责同志具体负责，组织力量深入安全生产重点部位开展监督检查，针对薄弱环节，制定严密的安全防范措施，杜绝了各类安全事故的发生。

2）突出重点，强化重点部位安全生产工作

结合实际，开展安全生产大检查，强化重点部位安全生产工作。

（1）加强对道路交通安全管理。

在关键时期，由于道路交通客流量较大，河南嵩阳高速公路有限公司加强了对危险和事故多发路段的巡逻和路检路查，完善各类应急预案，确保交通运输安全。但在原则上，除正常的保洁、护栏维修等日常养护工作外，不再开展其他养护施工。

（2）加强在建项目施工安全管理。

落实安全生产责任，认真开展安全隐患排查整治，重视开展安全风险评估，推进安全管理标准化建设，改善安全生产条件，提升监管能力和应急救援水平。加大对隧道、高墩大跨桥梁、高空作业、深挖高填作业、起重作业等危险性较大工程施工安全防范力度，防止了安全事故的发生。

（3）加强道路应急保通管理。

河南嵩阳高速公路有限公司规定各收费站根据交通流量变化，在车流高峰期及时疏导、分流车辆，并且在必要情况下开启应急收费通道，确保车辆快速通行。对出现故障的车辆和路段，相关人员均在第一时间内赶赴现场处置，避免了车辆拥堵，确保了道路迅速恢复正常通行。

3)加强排查,全面开展隐患排查工作

在每一个关键时期,河南嵩阳高速公路有限公司都会召集所有单位开展一次全面安全隐患排查工作,发现并消除安全隐患,落实各项安全防范措施,强化安全常识的宣传教育,增强员工的安全意识,杜绝了安全生产意外事故的发生。

4)加强信访工作,狠抓矛盾纠纷排查化解工作

公司相关单位在关键时期高度重视信访和稳定工作,并认真处理群众来信、来访,密切关注本单位的不稳定因素及可能发生的群体性事件,真正做到了苗头发现得早、化解得了、控制得住、处置得好,使矛盾消除在萌芽状态。

5)加强值班值守,确保信息畅通

在高度重视关键时期值班值守工作的同时,严格执行安全生产24小时值班制度、节日期间领导带班制度,确保了通信联络畅通。各值班人员都坚守岗位,尽职尽责。

7.2.2 达标推广,营造"平安工地"的建设环境

安全文化建设是山区公路施工的重要组成部分,体现着精神层面的安全管理,是安全管理的重点发展方向。安全文化以"人"为本,以文化为载体,通过文化的渗透规范人的行为并提高人的安全价值观。山区公路施工的安全文化可以分为两个层次,第一个层次是基础安全文化,即每个人在一般生活及工作环境中应具备的安全文化,如一般用电安全、交通安全等;第二个层次是专业安全文化,即从事专业性活动的人应具备的如特种设备、技术手段和特殊作业等安全文化。安全文化建设在山区公路施工中具有重要的导向功能、凝聚功能、激励功能、约束功能和协调功能,可通过宣传、教育、奖惩等手段,激发和推动人的道德、观念、情感在安全工作中产生正能量,从两个层面同时提高职工的安全意识与安全素养,以提高山区公路施工的安全水平。

安全文化的建设能使职工形成统一的安全意识、安全信念和安全行为准则;能彰显人文尊重与关心,体现职工的主人翁作用,提高劳动积极性和创造性;能推动安全投入和改善安全设施,形成精神上的群体规范和行为准则,增强职工的自我安全约束能力和安全自控意识;能形成共同的安全价值观和一致的安全认识,夯实管理者与被管理者间的沟通交流基础,减少矛盾和摩擦。

河南嵩阳高速公路有限公司对"平安工地""安全生产月"等安全生产活动的开展,就是对整个洛栾高速公路项目施工安全文化的一种营造和建设。河南嵩阳高速公路有限公司结合洛栾高速公路项目实际,成立了"平安工地"活动领导小组,并为"平安工地"建设活动制定了为期两年的实施方案,做到了认真贯彻落实河南省交通运输厅《关于开展公路水运工程平安工地建设活动的通知》的文件精神,建立健全安全生产管理长效机制,排查整改安全隐

患，扎实推进安全监管工作，确保各项安全工作落到实处。

“平安工地”的建设活动主要根据《建设工程安全生产管理条例》《公路工程施工安全技术规程》等有关法规和规范，重点围绕安全制度建设和安全责任制落实情况，危险性较大工程专项方案制定、审查和执行情况，劳动用工登记和岗前安全培训教育情况，危险源辨识、防控、与排查治理情况，施工场地总体布设、施工驻地建设、施工作业安全防护达标情况，安全专项费用落实和使用情况六个方面进行。

1)以科学发展观为指导思想，贯彻安全第一、预防为主、综合治理的方针

深入推进安全隐患排查治理，落实施工企业的安全生产主体责任和监管部门的安全监管责任，全面排查治理安全隐患和薄弱环节，监控重大危险源，认真解决突出问题，建立重大危险源监控和重大隐患排查机制及分级管理制度，初步构建各级重大危险源、重大隐患管理信息系统，有效防范和遏制安全事故的发生，真正把安全生产法规和各项制度措施落到实处，确保人民群众的生命财产安全和施工的顺利进行。

河南嵩阳高速公路有限公司要求各项目经理部把“平安工地”建设活动和“创建优质工程”活动有机结合，全面落实安全生产责任制，加强从业人员管理，对安全生产工作进行标准化和规范化，牢固树立了“安全第一、质量第一”的理念，促进了洛栾高速公路建设项目安全质量管理水平全面提升。

2)以“安全生产零事故”为工作目标

通过开展“平安工地”建设活动，切实将安全生产法律法规、技术标准落实到施工一线，全面夯实安全工作基础，做到施工现场安全防护标准化、场容场貌规范化、安全管理程序化，建设各方安全生产责任落实，安全培训教育坚持有效，施工安全风险得到有效控制，推动洛栾高速公路建设保持“安全生产零事故”。

河南嵩阳高速公路有限公司向所有参建人员灌输了建设“平安工地”是夯实安全监管工作基础、加强安全生产基层建设的重要载体，是消除事故隐患、构筑事故防控体系直接有效的抓手，是贯彻落实以人为本、安全发展理念的落脚点的理念。各单位、建设部以及施工企业在充分认识到开展这项活动的重要性和必要性的同时，加强了对活动的组织领导，明确了活动目标成果，保证了安全生产专项费用的足额到位，并且认真履行了主体责任，发挥了自身优势，积极主动地开展创建活动，成功推动建设活动扎实有序进行，最终确保“平安工地”建设活动取得实效。

3)围绕“三个结合”确保建设活动与安全生产各项工作的同步实施，实现整体推进

各单位结合“平安工地”建设活动与贯彻安全生产法律法规，健全了各项规章制度，把参建单位安全行为纳入制度化、标准化管理轨道；把“平安工地”建设活动与落实国务院“安全生产年”提出的“三个突出”和“三个加强”紧密结合，强化安全生产管理，遏制重特大事故发生；把“平安工地”建设活动与日常安全监管工作结合，加大了隐患排查力度，不断改善安全生产环境和条件，实现了安全管理工作水平整体提升。

4)加强宣传动员和信息沟通,促进建设活动顺利开展

河南嵩阳高速公路有限公司各单位通过召开推进会、举办培训、发放宣传材料等方式加强宣传动员和信息沟通,大力推动了“平安工地”建设各阶段活动在建设项目和各施工标段的有效开展,充分发挥了新闻媒体作用,并发动广大职工积极参与和监督,形成了有利的舆论氛围。

5)争创平安示范年

按照“谁主管谁负责”和各单位联动的原则,扎实开展“平安工地”的第一年“示范年”活动,从而提高全线建设工程质量和安全管理水平,开创山区高速公路建设安全生产的新局面。第一年“示范年”的具体活动内容主要有:

(1)强化工程质量和安全监督,确保各类安全生产制度、管理办法的落实。严格按照高速公路建设有关规范标准,全面检查项目全线施工现场安全防护以及周边环境情况,及时排查、治理和消除各类安全隐患。认真执行劳动用工登记和岗前安全培训教育的有关规定,消除安全事故中人的不安全行为因素。对于重大危险源,施工单位要有专有的防范措施,并报监理代表处及项目公司审批。批准后各单位要备案并加强监督管理,确保各项措施得到落实。最终促进工程质量进一步提高,确保安全生产总体形势保持稳定。

(2)深入开展工地文明施工活动。严格工地文明施工标准,营造良好的文明施工环境和秩序。按照河南嵩阳高速公路有限公司制定的文明施工管理办法,加强驻地建设、施工场地总体布设的标准化。

(3)开展关爱员工活动。进一步改善员工的生活设施和施工环境,建设标准工地简易房等。在符合条件的工地全面建设员工服务站。对员工宿舍、食堂、厕所、淋浴房、工间休息亭等临时生活设施进行细化,确保项目员工享有安全、卫生、文明的生产生活条件。

(4)进一步加大“清欠”工作力度,保证农民工工资按时到位。开展为农民工送温暖活动,组织农民工专场电影,确保施工工地和谐稳定。

(5)积极配合公安部门大力打击工程领域内的强买强卖、强行参运、阻工闹事等不法行为,确保施工环境安全和谐。

6)实施达标推广年

在“平安工地”建设示范经验的基础上,根据有关法律法规和技术标准,河南嵩阳高速公路有限公司按照河南省“平安工地”的达标标准,对洛栾高速项目所有参建单位进行达标活动的检查考核,各监理代表处、各项目经理部对本标段开展“平安工地”达标验收。验收不合格的,立即停工整改,公司将根据达标标准对各项目组织监督抽查。在“平安工地”建设活动期间,各参建单位参加建设活动情况纳入履约、安全考核体系,并与月度、季度、年度的考核成绩形成有效联动机制。活动结束后,各单位及时做好“平安工地”的建设活动总结,巩固活动成果。公司对各单位推荐的达标工程和达标工地进行表彰,并向河南省交通运输厅推荐。

7.2.3 宣传教育，落实安全生产活动

河南嵩阳高速公路有限公司在项目建设期间将每年6月8日确定为洛栾高速公路项目全线“安全日”，“6月为安全生产宣传月”，以加强安全宣传教育活动，并且制定实施方案，开展系列活动，有效防范和遏制了重特大事故的发生，促进洛栾高速公路项目安全生产形势的持续稳定。

河南嵩阳高速公路有限公司有关安全生产月的具体实施方案为：

1)以“安全发展”为指导思想，为提安全生产提供支持

围绕继续深化“安全生产年”活动和打击非法违法生产经营建设行为专项行动，以宣传贯彻《国务院关于进一步加强企业安全生产工作的通知》(国发〔2010〕23号)(以下简称《通知》)为核心，以提高全员安全素质为着力点，唱响“安全发展”主旋律，深入开展安全生产宣传教育行动，加大安全文化、安全法律、安全科技和安全知识宣传普及，严格落实安全生产主体责任，有效防范和坚决遏制重特大事故的发生，促进全省交通运输安全生产形势的持续稳定，为安全生产工作提供有力的思想保证、精神动力和舆论支持。

2)以“安全责任，重在落实”为主题，开展系列安全生产活动

(1)开展安全河南创建宣传工作。

各级交通运输主管部门开展的各类活动突出了安全河南的创建主线，紧紧围绕安全河南创建来进行。强化企业安全生产主体责任，围绕推进“三个提高”(全面提高全民安全素质、全面提高从业人员安全技能、全面提高安全生产监管监察人员执法水平)来广泛利用各种媒体载体，大力宣传安全河南创建的背景意义和目标任务，把安全河南创建工作不断推进。

(2)积极参与“安全生产万里行”活动。

2011年6月，全国“安全生产万里行”在河南省宣传报道各地落实国务院《通知》精神情况，以煤矿、非煤矿山、道路交通、铁路交通、建筑施工、危险化学品、民用爆炸物品、冶金、有色及消防等行业(领域)为重点，开展活动。各省辖市交通运输主管部门和省交通运输厅直属各单位视“安全生产万里行”为展现交通运输安全生产工作成就的一项重要工作，积极沟通配合，周密安排部署，并宣传报道交通运输安全生产工作情况。

(3)开展安全生产事故警示教育周活动。

以适当的方式开展安全生产事故警示教育，对典型事故和身边事故案例进行剖析，分析原因、总结教训、探索规律、举一反三，增强防范意识，立足解决当前安全生产工作中存在的突出问题。通过采取安全宣誓、签名、宣讲报告、演讲、文艺演出、影视播放、展览展示、事故隐患大排查等方式，有针对性地开展警示教育，增强了安全意识。

(4)开展安全生产宣传咨询日活动。

结合河南省第二个“全民安全教育日”活动，采取了寓教于乐、易于参与的形式，在车站、码头、渡口、收费站点、服务区、施工现场、车、船等处张贴宣传标语，利用广播、录像等形

式，广泛宣传了交通运输安全知识，并解答群众的提问，展示交通运输行业的形象，发挥了宣传咨询日对“安全生产月”活动的带动作用。

（5）开展安全生产调研交流活动。

各级交通运输主管部门加强与地方政府、相关部门和企业的沟通协调，建立健全沟通协调机制，注重深入基层和安全生产一线，开展广泛深入的调查研究，了解实情，查找重大隐患，强化主动服务，帮助基层解决存在的突出问题。各交通运输企业也要主动走访相关管理部门，汇报安全生产工作情况，及时掌握有关政策，主动接受监管，认真落实企业主体责任。

（6）开展安全生产应急演练活动。

各级交通运输部门结合行业特点及防汛工作要求，组织开展了应急预案培训、演练、评估等一系列活动，对在活动过程中暴露出的问题和薄弱环节进行分析和总结，进一步完善应急救援体系，提升突发事件处置能力。

（7）开展安全大检查活动。

在“安全生产月”活动期间，为查找事故隐患，消除不安全因素，各级交通运输主管部门组织了一次安全大检查活动，重点检查了道路客运隐患整治专项行动中发现的安全隐患和打击非法违法生产经营建设行为的专项行动、“安全生产月”活动、职工安全教育与培训、宣传报道情况等。

（8）开展交通运输安全知识竞赛活动。

参与河南省政府安委会组织开展的《河南省安全生产条例》及《安全河南创建纲要（2010—2020）》知识竞赛活动。结合交通运输系统安全生产工作特点，组织开展安全知识竞赛、有奖问答、演讲比赛、安全知识讲座等活动，弘扬安全文化，宣传安全生产法律法规知识，为深入推进交通运输“安全生产年”各项工作奠定了基础。

小结：安全思想教育活动以及安全宣传工作的开展，不仅积极响应了国家有关安全生产的多项指示，为项目安全活动的开展提供了重要的保障。而且多项安全知识宣传活动的开展，从多个角度和方式为安全生产知识在施工队伍内的深入提供了新途径。

7.3　洛栾高速公路项目安全管理制度

7.3.1　安全目标策划高标准、严要求

洛栾高速公路是连接古都洛阳和旅游名城栾川之间的“高速经济通道”，是河南省首条真正意义上的山区高速公路，是河南省“十二五”规划的重点工程建设项目。因此，洛栾高

速公路项目建设的安全管理地位举足轻重，而确定安全管理目标在整个安全管理体系的构建中更是重中之重。

1）制定项目建设的高标准安全管理目标

（1）严防重大伤亡事故，特别是因施工违章造成的施工安全事故、重大火灾责任事故以及重大设备和财产损失责任事故。

（2）杜绝因工死亡，确保施工人员因工重伤率、轻伤率分别控制在0.5‰、2‰以下。

（3）照明、通风、止水、噪声符合标准规定，职业病得病率控制在零，劳动防护用品利用率保证在100%。

（4）特种设备获得国家运行许可证，获证率100%；特种作业人员持证上岗，持证率100%。

针对以上安全管理目标，河南嵩阳高速公路有限公司从工程的质量、规划和造价三个方面着手，制定专项工程安全管理制度及措施，逐级下发，严格执行，从而使得项目建设得以安全高效地进行。

2）明确项目建设的安全管理总体思路

（1）落实安全生产目标管理责任制，加强责任目标管理。

（2）建立各项管理制度和安全生产操作规程。

（3）做好安全技术交底和组织专家对复杂结构物方案进行安全评审。

（4）对关键重点部位、关键环节进行安全管控工作，对重点部位、关键环节要安全有序施工。

（5）建立危险源分布图、危险源台账、安全生产明白卡、三级危险源预警牌等，确定重点整治项目。

（6）根据交通运输部等相关部门要求，组织专家对全线桥梁、隧道进行总体风险评估，并编制危险等级评估报告，制定有针对性的防范措施。

（7）加强对各类起重、吊装设备、施工电梯、压力容器、大型特种作业车辆以及民爆物品的管理和操作使用。

（8）实行劳动用工登记和岗前安全培训教育，健全安全生产管理台账，并进行动态管理。

（9）建立健全安全生产专项考核工作机制，加大奖罚力度，有效保证安全生产工作的顺利开展。

河南嵩阳高速公路有限公司通过在洛栾高速公路项目中引入自查改善制度，明确安全管理的总体思路，目的在于通过制度实施加强对洛栾高速公路建设项目的安全管理。根据总体施工进度计划和投资任务实施目标责任管理，明确质量、进度、安全文明施工、廉政建设和清欠等责任目标，层层签订目标责任书，并结合考核监督及奖罚措施，确保了目标的实现。

7.3.2 安全管理办法制定以"自查改善"为核心

安全生产是一项复杂的系统工程,是生产力发展水平和社会公共管理水平的综合反映。我国安全生产方针为"安全第一、预防为主、综合治理"。安全第一是在生产过程中把安全放在首要位置,保护劳动者的安全和健康;预防为主要求把安全生产工作的关口前移,超前防范,建立立体化事故隐患预防体系,改善安全状况,预防安全事故;综合治理则指应对安全管理的长期性、艰巨性和复杂性特点,服从安全管理规律,抓住安全管理工作中的主要矛盾和关键环节,综合运用多种手段,发挥社会舆论的监督作用,有效解决安全生产领域的问题。该方针对于洛栾高速公路项目建设的安全管理办法制定原则同样适用。

1)安全管理办法制定总则

(1)河南嵩阳高速公路有限公司是根据《中华人民共和国安全生产法》《建设工程安全生产管理条例》《河南省安全生产条例》《河南省交通系统安全生产管理规定》等有关法律法规,结合洛栾高速公路项目的特点,制定了相关办法、条例,确保嵩阳高速公路建设项目安全生产,预防和减少事故发生,保障人民群众生命和财产安全。

(2)嵩阳高速公路安全生产的归口管理为项目公司安全生产领导组。

(3)安全生产工作遵循"安全第一、预防为主、综合治理"的方针,坚持"管生产必须管安全"的原则,实行企业负责、行业管理、国家监察、群众监督的管理体制。安全生产的第一责任人为承包人,是安全生产的执行者、落实者;第二责任人为相应监理单位,是安全生产的检查者、监督者。

(4)安全管理工作必须做到机构健全,制度完善,分工明确,责任落实,经费保障,人员到位,设施齐全。

(5)采取多种形式,加强安全生产的法律法规和安全生产知识的宣传,提高职工的安全生产意识。鼓励和支持各单位进行安全科学技术研究,推广安全生产管理先进技术,完善安全生产设施,提高安全生产管理水平。

(6)对发生安全生产事故的单位,依照有关法律法规的规定,追究相关责任人员的责任。

(7)对在改善安全生产条件、预防生产事故、参加抢险救护、报告重大安全隐患、举报安全生产违法行为等方面做出显著成绩或者安全生产目标考核优秀的单位和个人,给予表彰或者奖励。

(8)各单位应加强对安全生产工作的领导,依法履行安全生产监督管理职责,及时研究、解决安全生产监督管理中存在的重大问题。

2)明确领导组织及责任目标

河南嵩阳高速公路有限公司成立安全生产领导小组和相应的组织机构,全面负责项目建设的安全生产、文明施工管理工作,加强安全生产和文明施工管理。同时,公司及各监理、施工单位的一把手为安全生产第一责任人，并层层签订安全生产目标责任书。安全生产领导小组由董事长担任组长，书记、总经理担任副组长，由安全生产处和各监理代表处总监、各施工单位项目经理组成成员。

3）建章立制

河南嵩阳高速公路有限公司为加强安全生产和文明施工管理，先后制定和完善《安全生产考核监督管理办法》《安全事故应急预案》《安全教育培训制度》《安全工作考核制度》《安全事故责任追究制度》等30项管理措施、77项安全生产操作规程，严格加强对施工生产、特种设备和民爆物品的安全管理，确保重点区域的施工安全，为全面加强安全生产和文明施工管理提供了强有力的制度保证。

4）安全培训教育

结合项目建设实际，开展“学习安全生产法律法规及上级有关规定”“熟练掌握安全生产操作规程”，大力开展“平安工地”建设等活动，并邀请石家庄铁道学院的教授和洛阳市安全生产监督管理局的有关专家进行培训学习。同时，还邀请地方安监部门的有关专家对各施工单位的专职安全员、爆破员进行资格培训和上岗培训，严格实行安全技术交底和班前、班后讲评制度，进一步提高了全体参建人员的安全责任意识和安全防范意识。

5）危险源辨识与防控

河南嵩阳高速公路有限公司组织针对全线各标段不同施工环境，排查危险源等级，编制危险源分布图、事故隐患职业危害安全监控分布图、安全生产“一法三卡”工作流程图、安全生产分项工程预警牌及安全提示卡等危险源辨识防控活动。在执行全面排查时，所做的危险源防控工作主要有：

（1）在开工前，各标段对全线危险源进行认真排查和分类，并形成危险源排查与风险评估台账，制定危险源分布图和有针对性的防范措施。

（2）聘请专家对全线复杂结构物进行安全评审，形成专家意见，并对各复杂结构物的施工工艺进行改进。

（3）根据工程进度，各单位以月报的形式对危险源防控工作进行上报，并制定切实可行的防范措施。

（4）实行权利部分下放到监理单位等措施，充分调动监理代表处、高级驻地等一线监理人员的积极性，全面加强安全监督管理。

（5）各标段采取制作安全生产明白卡、三级危险源预警牌等措施，加强对现场人员的安全教育及警示，从而加强对现场危险源的控制。

6）专项活动及应急预案演练

结合项目实际，针对工程施工中可能存在的安全生产隐患，做好预防，开展安全生产培训、业务演练活动。如高空坠落、隧道塌方、路堑边坡滑坡应急处置；安全生产技术交底、钢筋规范化作业；安全生产技术交底、挖孔桩规范化作业；防火防汛、工程爆破、冬季施工防护等项目。在各分项、分部工程开工前，施工单位安全管理人员向一线施工人员进行安全技术措施和操作规范交底，并书面告知危险岗位的操作规程和违章操作的危害，以减少人为的不安全行为。

7）安全管控

河南嵩阳高速公路有限公司通过加强对隧道、桥梁和高边坡施工的现场管理工作，严格执行隧道施工“五不挖”（即不探不挖、不护不挖、不测不挖、不定不挖、不符不挖）、桥梁施工现场“四防”（即防水、防毒、防落、防爆）、加强“五查”（即查特种机械、查安全通道、查高空防坠、查用电设施、查持证上岗）和高边坡施工安全管理“四必须”（即必须分级开挖、必须边开挖边防护、必须扎牢支架、必须加强观测）的原则等，严格加强对特种设备和民爆物品的安全管理，以达到对关键重点部位环节的安全管控，确保重点施工区域的施工安全。

8）安全文明施工管理

河南嵩阳高速公路有限公司以合理规划、有序施工、规范管理、安全达标等要求，规定各标段的驻地建设、拌和站建设、施工便道修建、机械设备摆放以及施工现场管理，树立文明施工形象。并且从驻地建设、施工场站、便道便桥、路基路面、桥涵隧道等方面进行详细要求，推进平安工地及安全、文明施工标准化的建设。

9）加强对安全生产专项经费的使用和管理

项目公司制定《安全生产费用使用管理办法》，要求各施工单位必须建立健全安全生产费用管理制度，投入必要的安全生产费用，确保安全生产费用的落实，并建立和实行奖罚措施。

10）安全生产专项考核

制定完善的安全生产专项考核机制，加强安全工作专项考核，将月度、季度、年度考核和日常检查的综合评定情况，纳入对各单位的信用评价管理体系，依据合同规定，通过日常检查、季度考核、年度考核综合评定各合同单位达标情况，决定安全生产专项基金的使用，并依据对各单位的考核情况进行奖励，以充分调动各施工单位的积极性和主动性，从而保证安全生产各项工作的正常开展。

7.3.3　安全生产全过程高标准、全覆盖动态控制

在全面安全管理总体思路的指导下，河南嵩阳高速公路有限公司对洛栾高速公路项目建设采取全过程控制。

1）严抓质量控制，奠定安全管理基础

建设项目的质量目标控制一直是整个项目管理的核心所在，不仅关乎建设项目的成败，

亦关乎着参与工程项目建设所有人员的安危和工程的安全管理。高速公路建设是非常复杂的项目建设，任何一个环节出错都可能导致整个公路建设的脱节，使工期、质量等受到影响，质量受损就又会导致在项目建成投入使用之后，对人身及财产安全造成不良影响。

洛栾高速公路建设中，河南嵩阳高速公路有限公司设置完备的监管机构，落实质量目标责任制，并加强对一线工人的培训，同时加强对原材料的质量管理、规范施工流程，积极采用新工艺、加强施工环境的管理，以保证施工质量，从源头上落实施工安全，力求打造高质量的洛栾高速公路项目。

2）重视统筹规划，控制安全管理关键点

统筹规划是安全决策目标实现的保证，是安全管理工作能够协调、合理利用一切资源，使安全管理活动取得最佳效益的手段。科学有效的统筹规划工作可以使项目安全管理效率事半功倍，任何安全管理都是管理者为了达到一定的安全目标而对管理对象实施的一系列影响及控制活动。

洛栾高速公路项目通车时间紧、任务重，必须在26个月的工期内，2012年12月底按期完成全线通车目标。因此，在短短的26个月的工期内对整个工程进行统筹规划、协调，是一项非常困难的统筹工作。要想掌控整个项目工程的进度、各个路段节点的衔接，就必须保证每个环节的工期，每个环节的工期也是安全管理的关键点。河南嵩阳高速公路有限公司对整个项目建设期进行分解，通过计算并筹划人力、财力、物力资源，制定相应策略和方法对工程实施统筹规划和科学布局；并通过科学编制节点目标，将任务分解到年度、季度，再要求各监理、施工单位制定详细的施工进度计划和重要控制性工程施工计划，以实现有总有分的安全管理活动。

3）有效控制造价，保障安全管理无重大事故

在经济快速发展的今天，如何有效控制工程造价是工程管理的重要组成部分，也是影响整个项目施工安全的重要决策阶段。在保证工程质量的前提下，用预期的工程造价，保证施工安全并完成指定的目标，就需要考虑到整个工程造价会涉及的所有细节。

针对洛栾项目建设实际情况，面对投资额如此大的建设量需要项目管理者的高度重视，若无有效的管理与控制，很可能超过投资额。对于建设项目而言，造价也是一个安全管理目标，如何有效控制造价也是一个需要关注的问题。鉴于此，河南嵩阳高速公路有限公司从整个洛栾高速公路项目着眼，依据批复概算和项目实际，编制预算方案，进行预算分解，对工程建设各个阶段，项目管理各个环节，加强预算控制，同时对资金使用进行规范，严格资金使用管理。

（1）合理编制招标报价。招标清单按照标准工程量清单进行编制，对材料价格进行充分调查对比；并编制建设单位报价，确保投标人报价不超相应部分概算。

（2）概算管理。根据工程建设阶段性目标进行概算分解，将概算控制任务直接分解到业

务处室，并签订目标责任书；各业务处室执行概算，并将概算执行情况纳入考核监督范围。

（3）严格设计变更管理。设计变更必须本着有利于工程实施，提高工程质量、安全的原则；有利于运营管理的原则；有利于技术方案实施，降低工程造价的原则。实行“四联单”审批制度，严格按照审批权限、时限进行报批，做到工程设计变更方案及单价审批及时。

（4）工程决算。利用定额站工程决算软件进行工程决算，加强工程建设期间阶段性工程决算工作，实现一月一小结，一季度一决算，适时分析概算执行情况，对在概算执行过程出现的问题，提出修正方案和措施，动态控制工程造价。

小结：河南嵩阳高速公路有限公司通过对整个洛栾高速公路项目在施工过程中的安全特点、存在问题、应对措施等方面进行分析，将自我监督与制度监管相结合，把造价控制措施分散到工程的每个环节中去，在有效控制所有路段造价的同时对安全问题毫不怠慢，成功做到了不超出造价预算且无重大安全事故。

7.4　洛栾高速公路安全管理体系

7.4.1　安全管理体系框架和构建原则

山区高速公路的建设具有地形地质条件特殊、工程技术复杂、施工条件艰难、施工通道资源有限、人文环境和自然资源独特等基本特征。我国高速公路建设安全管理体系构建的内容一般应包括安全管理政策、危险源辨识及风险评价、安全预防体系与应急预案和突发安全事故应急管理方法四个方面。与平原高速公路的建设环境相比，山区高速公路建设由于地质条件特殊，工程施工流动性强、协作性高、周期长，易受外界干扰及自然因素影响，同时工程进度发展受事故多发等因素制约，这些都决定了山区高速公路建设在安全管理体系的构建难度上要大于平原高速公路建设。

洛栾高速公路项目的建设，面临超常规严重压缩的工程进度，以及险峻复杂的山区施工环境，要想通过技术上的科研创新应用保证工程的如期完成，必须对项目的安全管理方法进行科学有效的运用，从而构建出一整套灵活联动的山区施工安全管理体系，充分发挥各部门之间的协同管理，以达到统筹安排管理职能、优化各方资源配置、稳固推动工程进度的作用。

其中，施工安全管理体系构建应坚持以下基本原则：

（1）贯彻“安全第一，自查改善”的方针。

河南嵩阳高速公路有限公司应当时工程开展的实际情况，建立健全安全生产责任制和全面自查改善制度，确保工程施工全体从业人员的人身和财产安全。

(2)保障适用原则以及实时监控管理效果。

施工安全管理体系的建立,适用于洛栾高速公路项目工程施工全过程的安全管理和实时控制。

(3)体系建立必须严格遵循我国相关法律法规。

为洛栾高速公路项目制定的施工安全管理体系严格按照相关法律、行政法规及规程的要求来构建,并在此基础之上,制定并下放很多施工安全的相关条例及措施,进一步增加项目施工的安全性。

(4)结合项目实际,对安全生产管理制度体系加以充实。

在项目施工过程中,各项目经理部应河南嵩阳高速公路有限公司要求,严格根据对应施工段的实际施工情况上报安全管理内容,并对安全生产管理制度体系不断加以充实,以确保工程项目的施工安全。

(5)企业对施工项目的安全生产管理进行指导、帮助并建立和实施完整的施工安全管理体系。

洛栾高速公路项目建设安全管理体系的构建,摒弃了传统安全管理体系的侧重点,分别从从业人员管理、设备设施管理、作业环境管理以及组织管理四个全新的侧重面和工程实际问题的解决方法上提出山区高速公路施工安全管理的对策措施。

从洛栾高速公路项目实际情况的建设特点、特色出发,基于相关法律法规,根据现场记录,参考平原高速公路建设安全管理体系和其他领域安全管理体系构建方法和内容,结合山区高速公路建设特点,考虑其受到的诸多制约因素,明确山区高速公路建设安全管理重点,构建科学合理的安全管理体系。将洛栾高速公路建设安全管理体系内容划分为从业人员管理、设备设施管理、作业环境管理和组织管理四个模块,如图 7-1 所示。

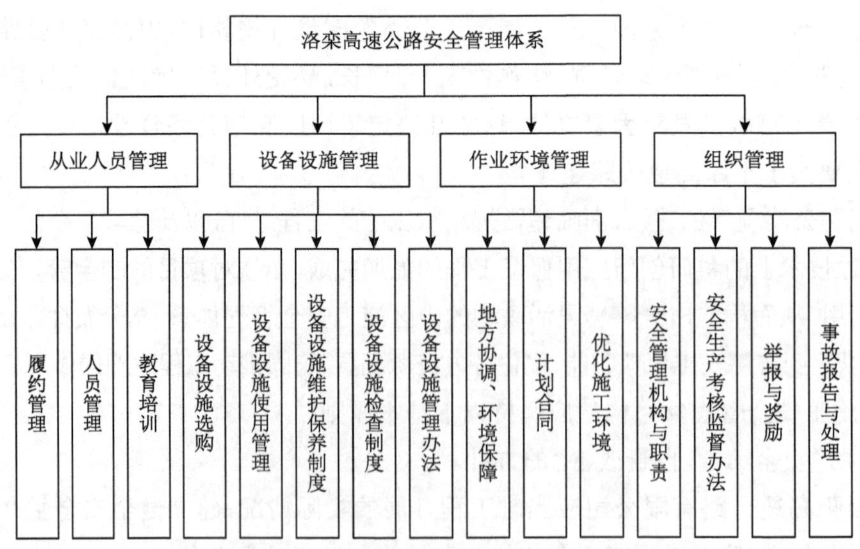

图 7-1 洛栾高速公路建设安全管理体系示意

7.4.2 加强从业人员的管理与教育

山区公路施工安全管理从业人员必须熟知公路建设安全管理知识，具备山区公路施工工作经验，了解山区公路施工技术手段，具备独立、协调开展安全管理的素质与能力，能发现安全隐患，会处理隐患，以更好地推动山区公路施工安全顺利开展。

为加强从业人员的资格管理，规范从业人员的执业行为，提高从业人员的综合素质，储备行业发展所必需的人才，制定从业人员管理模块。主要针对山区高速公路施工人员杂乱、素质不一、流动性强等现状，通过项目建设安全管理的机制与方法，对洛栾高速公路项目提出从业人员管理，包括以下方面的内容：对从业人员的履约管理、对从业人员的人事管理、对从业人员的教育培训。其具体相关政策措施如下：

1）对监理、施工单位人员的履约管理

河南嵩阳高速公路有限公司下发《关于加强对各标段关键人员和监理人员合同履约考核管理的通知》，并按照招标文件和河南省交通运输厅、河南省交通基本建设质量检测监督站的有关要求，加强对各监理单位和施工单位人员的从业人员管理，严格履行合同条款。采取的主要措施有：

（1）严把人员进场关。严格审查进场人员的从业资格，把项目人员信息上报质监站，内容包括：人员基本情况，照片、职称证、资格证和签名字样的扫描件等，确保从业人员资质均满足招标文件要求。

（2）施工过程中严格控制人员变更。主要从业人员进场后原则上不能更换，施工过程中确实需要更换的，除按照招标文件规定处理外，必须严格按照规定程序进行。人员更换要及时报河南省交通基本建设质量检测监督站备案，并录入高速公路主要从业人员信息数据库。

（3）加强监理人员考核。对监理单位的考核采用所辖施工单位平均分值的70%作为监理单位的进度成绩，其余30%采用人员履约的成绩。考核监督管理延伸到驻地办，重点加强对驻地办的工作监管，坚持每月一次的不定期检查，并将结果在每月履约考核中进行通报。

（4）严格责任追究。施工单位凡是不按照合同文件配置人员、不按照要求进行人员信息登记和在人员更换时，提供虚假个人信息进行登记、擅自离岗、工作不负责任、造成质量安全隐患或有不廉洁行为的，视情节轻重给予通报批评、驱逐出场、建议取消或降低建造师资格和上黑名单等处罚。

2）对监理人员的管理

（1）组织相关专家和人员对进驻的所有监理人员进行面试和工作能力考评，满足要求的监理人员必须提交个人简历、资格证书、照片、签名等个人详细资料，建立监理人员档案，对达不到要求的人员，建设单位建议代表处予以更换。

（2）不定期组织监理人员进行专业知识及业务能力的考试，成绩偏差的监理人员，经对其工作能力和业务水平进行再次考评后，对通过考评的人员给予三个月试用期，否则建议监理代表处及时更换。

（3）监理代表处对所有进场监理人员必须进行业务培训，组织学习规范、图纸、项目公司下发的相关文件，及时了解项目特点和质量控制要点，熟悉项目管理程序。

3）对其他主要人员的管理

（1）对所有人员进行面试和工作能力考评，满足要求的人员提交个人简历、资格证书、照片、签名等个人详细资料，建立人员档案，对达不到要求的人员提出更换建议。

（2）不定期组织进行相关考试，对成绩偏差的人员再次考评后予以三个月试用期，否则建议更换。

（3）对所有进场人员进行业务培训，组织学习相关文件，及时了解项目特点和质量控制要点，熟悉项目管理程序。

（4）安装人脸识别系统，对主要人员在岗情况进行严格考勤。

（5）各承包人必须持有效安全生产许可证，配备专职的安全生产副经理和 2 ～ 3 名专职的安全员，并且赋予安全部门足够的管理权限，所有安全管理人员必须持有效证件才能上岗。

（6）各承包人应强化劳务队伍管理，凡进入施工现场的劳务队伍，必须接受安全教育，经考核合格后方可使用。施工时，必须有专职安全员跟班现场监督，做好安全日志。

4）教育培训

（1）参建单位对从业人员进行安全生产教育和培训，保证从业人员具备必要的安全生产知识，熟悉有关系安全生产规章制度和安全操作规程，掌握本岗位的安全操作技能。

（2）参建单位采用新工艺、新技术、新材料或使用新设备，必须对从业人员进行专门的安全生产教育培训，掌握安全防护措施和安全技术特性。

（3）特种作业人员必须按照国家有关规定，经过专业的安全作业培训，取得特种作业操作资格证书，持证上岗。应建立特种作业人员档案。

（4）制定安全教育培训计划，坚持定期教育和日常教育相结合、专项教育和普及教育相结合、理论学习和实际操作相结合。安全宣传教育覆盖面不得低于 95%，确保培训教育效果。

（5）各参建单位的主要负责人、分管安全工作的负责人、专（兼）职安全管理人员应接受上级部门组织的安全培训，具备相应的安全管理知识。

（6）各参建单位应建立安全学习培训和宣传教育记录制度。其内容包括：时间、地点、参加人员、举办单位学习内容、人员签到册、考试试卷及考核成绩等。

7.4.3　严控设备设施的选购管理

根据设备设施安全管理工作的原则及管理方式，主要针对山区高速公路施工工序复杂、机械设备运输困难、特种作业设备多等特点，对洛栾高速公路项目提出设备设施管理，包括以下方面的内容：设备设施选购、设备设施使用管理、设备设施维护保养制度、设备设施检查制度、设备设施管理办法。设备设施安全管理工作必须坚持“安全第一，预防为主”的方针；必须坚持设备与生产全过程的系统管理方式；必须坚持不断更新改造；提高安全技术水平的原则；及时有效地消除设备运行过程中的不安全因素，确保相关财产和人身安全。其相关政策措施如下：

1）设备设施选购

（1）必须坚持“安全高于一切”的设备设施选购原则，做到在设备运行中，保证自身安全的同时，确保操作人员的安全。

（2）设备管理人员根据本企业生产特点和工艺要求广泛搜集信息，包括：国际、国内本行业的生产技术水平，设备安全可靠程度，价格、售后服务等，经过论证提出意见并报总经理批准实施。

2）设备设施使用前的管理工作

（1）制定安全操作规程。

（2）制定设备维护保养责任制。

（3）安装安全防护装置。

（4）组织员工培训，内容包括设备原理、操作方法、安全注意事项、维护保养知识等，经考验合格后，方可持证上岗。

3）设备设施使用中的管理工作

（1）严格执行《设备安全管理制度》，由公司主管领导和设备管理人员共同落实。

（2）设备操作工人须每天对自己所使用机器做好日常保养工作，生产过程中设备发生故障应及时排除。

（3）为便于操作工日常维护保养，由设备管理人员、工程技术人员共同确定设备“点检”位置和技术要求，由部门经理和设备管理人员负责检查实施。

（4）预检预修，是确保设备正常运转，避免发生事故的有效措施。设备管理人员根据设备状况和使用寿命，预先制定出安全检修周期和检修内容，落实专人负责实施，将设备质量保持在最好状态，确保设备本质上的安全性。

4）设备设施维护保养制度

（1）设备运行与维护坚持“实行专人负责，共同管理”的原则，精心养护，保证设备安全，若负责人调离，应立即配备新人。

（2）操作人员要做好以下工作：

①自觉爱护设备，严格遵守操作规程，不得违规操作。

②管线、阀门做到不渗不漏。

③设备班前、班中、班后按照要求经常性地加注润滑油，防止过度磨损。

④设备要定期更换、强制保养，保持技术状况良好。

⑤建立设备保养卡片，做好设备的运行、维护、保养记录。

⑥保持设备设施清洁，场所窗明几净，环境卫生良好。

5）设备设施检查制度

（1）生产部设备维修人员每两周对生产设备进行一次检查。

（2）每半年由使用部门会同维修人员，根据生产需要和设备实际运转状况，制定设备大修计划，设备大修前必须确定修理工时、停歇时间、材料消耗、清洗用油及维修费用。

（3）设备大修完工后，必须进行质量检查的验收。

（4）每年年底由公司主管领导、设备管理人员、部门经理、维修人员负责，按照事先规定的项目内容进行检查打分，评定出是否完好、能否继续使用，提出责任人的处理意见和改进措施等。

6）项目建设中部分设备设施管理办法

（1）安全生产管理机构和部门配备专用电话、传真机、计算机、照相机、摄像机、交通工具等必要的办公设备。

（2）通过引进先进的视频监控系统，有效加强隧道、大桥等结构物隐蔽工程和高填方施工路段质量控制弱、安全隐患多等薄弱环节的施工全过程的监控；通过采用地质雷达等先进探测设备进行超前地质预报和预测，采取有针对性的防护措施等，落实隧道、桥梁、高墩施工等控制措施，从而避免施工质量隐患，确保隧道施工质量安全。

（3）在各分项工程开工前，编制安全生产保障措施，特别是桥梁悬浇、垂直升降设备的安装使用、大梁安装、深挖路基工程、隧道工程、拆除爆破施工，均在有关单位批准后实施。

（4）施工现场坚持“安全验收合格才能使用”的原则，杜绝违章指挥、违章作业、违反劳动纪律的“三违”行为，确保机械设备的正常安全运转、标志标牌醒目、交叉路口处行人和车辆的安全通行。

7.4.4 优化作业环境的安全管理

针对山区施工易受天然地形地貌阻碍，以及拆迁征地等地方干扰等因素，为加强施工安全管理，强化作业环境安全的保障，营造良好的施工环境，提高生产效率，防止安全事故的发生等，对洛栾高速公路项目提出作业环境管理，包括地方协调、环境保障，计划合同，优化施

工环境。其具体政策措施如下:

1)地方协调、环境保障

通过加大与地方各级政府及有关部门的协调工作力度,并依据河南高速公路发展有限责任公司、河南交通集团与洛阳市人民政府签订的《项目投资框架协议书》《特许经营权协议》以及《建设优惠协议》和《地方支持协议》开展工作,全力保障了施工环境。又通过利用市政府重点项目办公会等,促进沿线各级地方政府及有关部门加大协调工作力度,加快进度。再通过市、县、乡三级例会制度、施工协调半小时工作制度、聘请地方协调顾问、配合市职能部门联合开展督查检查、加大对县乡各级政府及有关部门的奖励措施等,有效加快协调各项工作进度,提高工作效率。河南嵩阳高速公路有限公司在得到地方各级政府和有关部门的积极配合和大力支持下,解决了征地拆迁、改路改渠、三线迁改等有关遗留问题,为项目建设创造一个良好的环境。

2)计划合同

计划合同处的全体人员按照招投标法的各项规定,贯彻工程管理创优理念。在洛栾高速公路项目建设的土建工程、施工监理、指定线路架设等的招标工作中,编制公司计量支付管理办法、合同管理办法,完善建章立制工作。其中多项条款被河南省交通运输厅推荐至其他项目作为土建招标文件的条款,作为优秀经验进行推广。

(1)驻地建设、文明施工:将文明施工实施细则列入招标文件,使文明施工管理有对应的、详细的、可操作性的条款为依据。

(2)人员、设备进场:明确人员更换要求,并对人员更换、不合格人员清退等做出明确处罚措施。

(3)创优基金的建立:明确创优基金的提取和使用,使投标单位在投标时就深入了解招标人创建优质工程的决心和信心。

(4)履约情况检查、考核:明确考核和检查的内容,使投标人能够了解本项目合理的管理制度和严谨的管理作风。

(5)增加承包人之间、各期工程之间的交接和配合,新增施工单位对项目审计、稽查和检查等的配合:在招标文件中,就“土建工程和构件预制承包人间的配合”“土建工程和路面工程交接”等做出明文规定,就双方责任进行清晰划分,有效避免相互间的推诿和矛盾,有力保障项目的顺利实施。

(6)增加“首件认可制”“创样板工程制度”“材料准入制度”等,并将详细的办法列入招标文件。

(7)增加“农民工专项保护制度”,有力地保障农民工的权益,消除隐患。

(8)增加建设资金管理制度,并将资金监管协议和资金监管办法列入招标文件。

(9)增加承包人退出机制,前瞻性地消除因施工单位违约对项目实施产生的影响,避免承包人退出过程中产生的纠纷和矛盾。

这些条款的增加，有效降低合同实施过程中风险，规避公司的潜在责任，保护公司的权益，为招标工作的顺利完成奠定基础，更为项目的顺利建成奠定基础。

3）优化施工环境

（1）在项目建设过程中，洛阳市指挥部于每周一组织召开市委书记或市长出席的重点项目周例会，重点研究地方协调及环境保障方面的重点、难点问题，河南嵩阳高速公路有限公司利用联审联批等制度，与洛阳市指挥部及时汇报和沟通，有效解决施工环境问题。

（2）施工协调工作半小时工作制。在公司与地方政府、指挥部的紧密配合下，形成施工环境协调半小时工作制。施工过程中一旦发生阻工等地方协调问题，施工单位可同时向乡、县指挥部及公司进行报告，乡、县指挥部及相关部门凡不能在半小时内予以答复的，必须向县（区）四大班子进行报告。这一制度的实施为及时报告处理工程施工过程中遇到的各种问题提供了有效的解决途径。

（3）聘请协调顾问。做好施工单位与县（区）政府、指挥部及县直各部门的综合协调工作，有利于及时发现和处理可能影响施工的不利因素和各种隐患，创造优良施工环境。在洛阳市指挥部的提议下，河南嵩阳高速公路有限公司聘请项目沿线各县人大、政协等德高望重的领导干部作为公司的协调工作组顾问。协调顾问对项目施工环境的协调处理和保障发挥了重要的作用。

（4）加大奖励力度，推动工作开展。按照洛阳市委、市政府及河南省交通投资集团有限公司的指示精神，加快推进洛栾高速公路工程用地的提供工作，争取工程施工时间。洛阳市与河南嵩阳高速公路有限公司分别按 1∶1 的比例配套资金，根据沿线各县提供工程用地情况，由洛阳市指挥部对在规定时间内完成节点计划、任务目标的政府及相关单位进行奖励。

7.4.5 建立健全管理组织结构与流程

河南嵩阳高速公路有限公司为有效配置有限资源、避免由于职责不清造成的执行障碍等，建立组织结构、规定职务或职位、明确责权关系，并合理配备人员、制订各项规章制度等，以有效实现组织目标。对洛栾高速公路项目提出的组织管理包括以下方面的内容：安全管理机构与职责、安全生产考核监督办法、举报与奖励机制、事故报告与处理。相关安全管理机构与职责如图 7-2 所示。

其具体政策措施如下：

1）安全管理机构与职责

加强各单位的安全生产组织领导，建立健全安全工作机构或指定部门负责安全工作，配备专（兼）职安全管理人员。各单位在安全管理工作中履行下列职责：

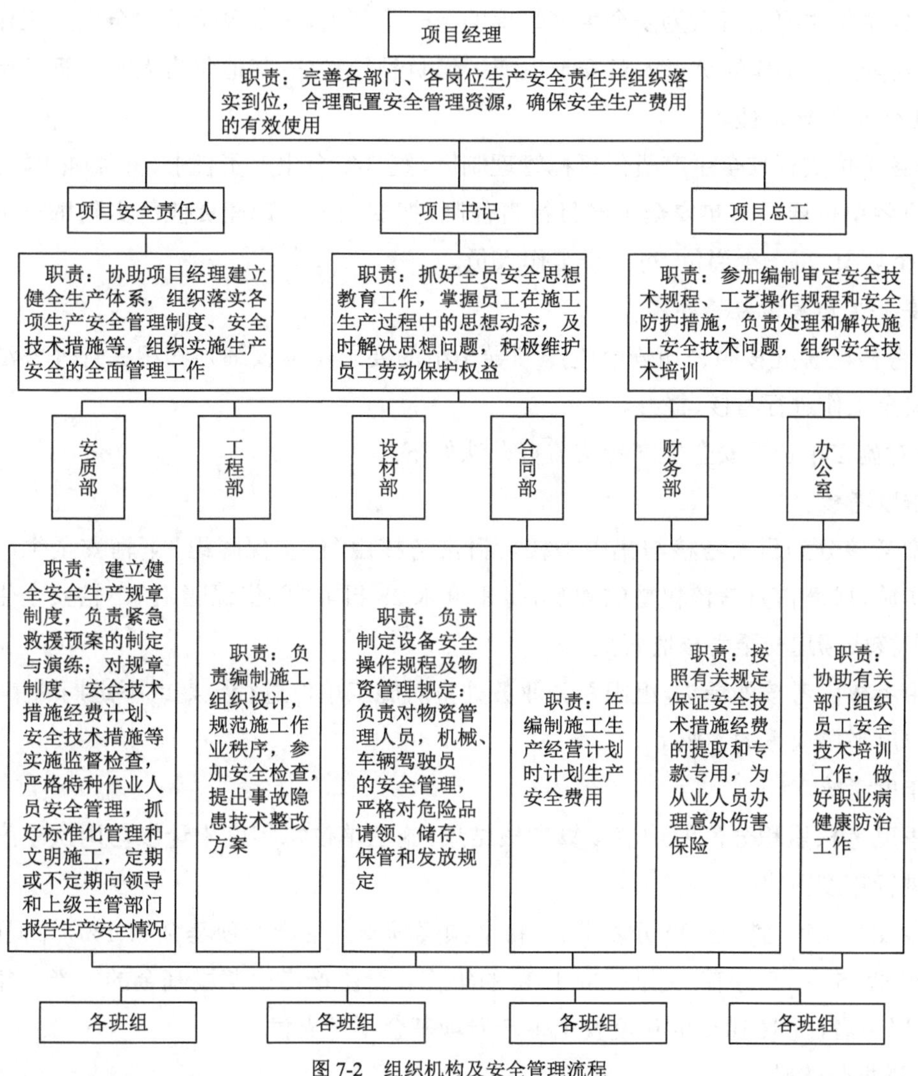

图7-2　组织机构及安全管理流程

（1）贯彻执行安全生产法律法规和方针政策，做好安全管理工作；制定安全生产各项规章制度，落实安全管理责任。

（2）定期召开安全工作会议，分析研究安全形势，防范各类事故发生，解决安全工作中的问题，并开展安全教育和培训，推广应用安全管理新技术，提高从业人员素质。

（3）组织安全检查活动，督促安全隐患整改。

（4）做好春节、五一、十一黄金周的各项安全工作，保障安全。

（5）制定各类突发事件应急预案。

（6）查处重特大安全事故，追究有关人员责任。

（7）组织安全生产知识竞赛活动，做好“安全生产月”等活动的各项工作，并定期报告安全生产情况，及时、如实报告生产事故。

（8）各单位主要负责人为安全生产管理的第一责任人，对本单位的安全生产工作全面负责；分管安全生产工作的负责人对安全生产工作负领导责任；其他负责人对分管范围内的安全生产工作负领导责任。

（9）各单位实行安全生产责任目标管理制度，签订安全生产责任书，并加强考核工作。

（10）各单位层层落实安全生产目标责任制，把安全生产管理责任落实到每一个基层单位、每一个环节、每一个岗位、每一个工作人员。

2）安全生产考核监督办法

（1）考核监督处按照公司安全生产领导小组的要求及考核细则和相关管理办法对施工单位的安全工作进行考核、督办。

（2）对施工单位的安全生产考核监督办法如下：

①季度考核。

季度考核分为日常考核与集中考核。日常考核由"创优保障组"下辖安全生产小组负责组织实施，成绩占月考核权重的40%，每季度末28日前"创优保障组"下辖安全生产小组将日常考核成绩递交至考核监督处。

集中考核由考核处牵头，组织相关业务处室对施工单位进行定期或不定期的集中考核，成绩占季度考核权重的60%。

②年度考核。

按季度考核累积分值的均值核算考核结果；施工单位每年度累计参与两次季度考核才有资格进行年度评比。

年度安全生产考核在90分以上者，将全额奖励安全生产专项基金（1.1%）计提的10%。年度考核在85～89分者，奖励提取10%的年度安全生产考核奖励基金的一半。年度考核在85分以下者，提取10%的年度安全生产专项基金不予支付。

（3）举报与奖励。

①建立安全生产重大事故隐患或违法行为举报奖励制度，各参建单位均公布举报电话、信箱、电子邮件地址，受理举报人的举报。举报事项经查证属实的，对举报人予以奖励。在受理举报时，将举报事项、时间、地点、可能存在的危害和举报人姓名、联系方式等内容记录清楚。

②群众举报的事项均及时核实和处理，并将核实和处理的情况形成书面材料。被举报单位不仅要整改举报事项，还要将整改情况上报查处部门。举报人要求答复的，在受理举报后10日内予以答复。

③对举报人的有关情况严格保密，杜绝向被举报单位和社会泄露举报人情况。对打击、报复举报人的单位或人员，由交通主管部门进行查处；构成犯罪的，移送司法机关依法追究刑事责任。

④举报范围包括：

a. 不具备法律、法规和国家标准或者行业标准规定的安全生产条件进行生产经营活动的；

b. 未取得相应资质资格或不具备安全生产条件从事危险化学品运输的；

c. 新建、改建、扩建交通工程项目的安全设施未依法与主体工程同时设计、同时施工、同时投入使用的；

d. 未对从业人员进行安全生产教育和培训安排上岗作业的，特种作业人员未持证上岗作业的；

e. 发生重特大事故后，事故单位或者有关人员破坏、伪造事故现场，瞒报、谎报、拖延不报的；

f. 其他安全生产重大事故隐患或违法行为。

（4）事故报告与处理。

①各参建单位在发生安全事故后，立即采取有效措施组织抢救，防止事故扩大，减少人员伤亡和财产损失。当单位无力抢救时，立即请求就近的救护、医疗单位及有关部门救援。严禁故意破坏事故现场、毁灭有关证据。

②各单位及时、如实报告安全事故情况，不得隐瞒不报、谎报或者拖延不报。事故报告的内容包括：事故发生的时间、地点、事故经过、伤亡人数、事故原因、事故发生后采取的措施等情况。事故具体情况调查清楚后，书面补记事故的详细情况。

③各单位按照"四不放过（事故原因不查清楚不放过、事故责任者得不到处理不放过、整改措施不落实不放过、教训不汲取不放过）"原则分析事故原因，查处事故责任人，总结经验教训，采取整改措施，杜绝类似事故的再次发生。重特大事故的责任追究按照有关规定执行。

④安全检查分为综合性日常检查和专项督查两类，检查方式为明察与暗访相结合，以暗访为主；行政领导检查与专家检查相结合，以专家检查和评价为主。检查的主要内容为查管理、查制度、查落实、查现场、查隐患、查整改、查事故处理。

小结：通过科学的管理方法构建具有山区高速公路项目特点的安全管理体系，从人员的管理教育、施工设施的选购管理以及施工作业环境的安全管理角度出发，严格控制生产环节中的各个环节，从细节出发完成安全管理的工作。

7.5 洛栾高速公路安全管理效果与评价

科学严谨的项目安全管理工作是一个项目能否成功的核心竞争手段。从整体上把握安全管理工作在项目建设各阶段的管理成效，对提升项目安全管理水平具有重要意义。对洛栾高速公路这样一个特殊的项目来说，如果没有明确、系统、科学的安全管理体系，以及成功的项目经验总结，就无法认定和推荐出优秀卓越的项目建设案例进行对照、学习，进而营造出“比、学、帮、赶、超”的良好氛围，切实共同提高项目安全管理水平。

河南嵩阳高速公路有限公司依照动态管理的原则对整个洛栾高速公路项目的可行性、充分性、有效性进行评价分析，通过风险识别、估计和评价等确定风险等级，合理使用多种管理方法和技术手段，对项目风险实行有效的控制，做到保障安全、保护环境、保证建设工期、控制投资、提高效益，最终实现建设项目安全的总目标。

7.5.1 独到的安全管理思路，预防风险

1)优质管理资源的成功利用

在项目管理初始，为贯彻安全第一原则，河南嵩阳高速公路有限公司基于项目建设安全及自身经济利益考虑，只与有良好资信的承包人、分包商、设备材料供应商等进行合作。这些承包人、分包商、设备材料供应商等具有雄厚的经济实力、优秀的管理人才、精良的技术装备、成熟的施工技术和管理经验以及良好的社会信誉，它们自身具备设计、施工、安装、装修、采购的能力。尤其对洛栾高速公路这样一个特殊的山区工程来说，这些优质企业娴熟的管理技能的综合运用和调控、协调作用的充分发挥，比一般企业高得多，它们的综合实力和承受风险的能力也必然强大得多，因此可以使洛栾高速公路项目的整体风险得到有效降低，在项目初始就能化解大多数风险。

2)正视安全事故，汲取经验教训

在项目建设期间遇到旅游旺季等关键时期，安全管理工作就需要更加重视。比如在项目周边的高速公路发生“4•20”重大交通事故之后，河南嵩阳高速公路有限公司积极汲取相关经验教训，进一步加强施工安全管理，并配合高速公路交警、路政，对全线施工点进行安全隐患排查。在对施工要求进行规范和管制的同时，河南嵩阳高速公路有限公司大力加强奖惩制度，从思想上极大地提高参建全员的积极性，这也是一种预防风险的措施。

3)建设风险的成功预防

面对众多不同的风险，洛栾高速公路项目需要将风险转移出去，相关部门按照安全管理体系总体思想，对不同的风险制定相应的控制措施。首先，在思想上将洛栾高速公路作为“国家优质工程项目”来建设，争创“平安工地”“科技进步奖”等工程创优目标。在实现这一战略目标的过程中存在很多风险，要在全员思想上树立风险意识，在组织上明确领导责任以带动安全思潮。其次，在安全管理上加强科学、全面的安全管理措施，防范由于人为因素及大多环境因素给工程带来的风险。洛栾高速公路建设是一项复杂的山区工程，它由众多相互联系、相互影响、相互依赖的项目单元构成，任何一个不当的管理措施都可能给工程造成巨大损失。

在工程施工中,全线无发生任何重大安全生产责任事故,所有重大危险源和安全专项整治项目处于受控状态,全线安全生产态势良好,并多次受到上级有关部门领导的充分肯定和表扬,如 2011 年 5 月,洛栾高速公路洛嵩段被交通运输部确定为部级"平安工地"示范工程项目。

7.5.2 实现施工风险的动态管控,控制风险

安全管理体系的本意是在一个始终存在安全隐患和风险的环境下,在隐患成为灾难之前用主动管理的方法对其进行判断并加以控制。施工安全管理体系作为专业化、规范化的管理模式介入洛栾高速公路项目的各个领域,利用洛栾高速公路安全管理体系自身独特的侧重点及项目公司先进的安全管理制度等各项机制,结合洛栾高速公路项目建设起点高、理念新、投资大、统筹规划、分期同时实施以实现进度目标等特点,作为河南省首条真正意义上的山区高速公路,有针对性地从从业人员、设备设施、作业环境和组织构架几个方面实施不同的控制措施,从最基本的工程单元着手对风险的防范。整个工程由于实行安全管理体系规范管理,加大了管理层的责任和重视程度,从而促使项目公司对新技术、新工艺研究及应用的开展,大大提高了工程质量和施工效率,节约了时间并且更好地控制总体造价。

项目建设期间的各种危险和干扰始终处于受控状态,如 2012 年 12 月 31 日下午在洛嵩路 K55+200 ~ K55+350 路段,嵩县境纸坊乡大坡村村民恶意阻断高速公路正常运营,对高速公路的正常建设造成不利影响?为避免房屋拆迁,设计单位及时按照专家意见组织实施隧道方案,并确定了改路方案,以维护地方稳定,并采取相关措施来保证该水泥路改路的通行安全。

7.5.3 安全管理体系运行高效

1)完善安全管理制度,高效运行的基石

洛栾高速公路项目建设采用自成一体的安全管理制度,全面实行自查改善机制,各领导机构和管理层之间是互通的,基于该项目的特点,在客观上要求对高速公路施工全过程进行系统、综合全面的安全管理和控制。这一管理体系的具体形式在相关类似工程项目中独树一帜,它的有效介入,促使所有从业人员从思想上形成安全为主的观念并通过相关制度使之落实到整个项目施工过程中,这样调动起全员热情的管理方式不仅更易完善管理制度和体制保障、健全组织机构,更能有效地运行管理机制,从而进行有效的指挥、约束、激励和监督,确保工程目标实现。

对于洛栾高速公路项目这样大型复杂的工程项目建设来讲,必然内在地和客观地要求

对项目运行采用系统化的处理方法,对于始终贯彻自查改善机制,有利于降低项目风险。在整个项目建设过程中,项目公司不断开展自查改善活动,对调动所有人员斗志有着非常显著的成效,提高从业人员的积极性,也能相对降低项目建设的风险。在协调工作中,项目公司及施工单位与地方政府的密切协作机制产生积极有效的实际作用,形成了政府重视、部门配合、群众支持的良性循环局面,创造了“洛阳环境”“豫西速度”,施工环境整体较好,为工程施工创造了有利的条件。

2)抓住风险的制约因素,提高安全管理效率

要想实现安全,需要安全设施设备的投入、安全工程技术的应用、安全法规制度的制定、安全文化的建设以及安全管理等。安全设施设备以及安全工程技术的应用固然对安全的实现至关重要,但它不是万能,还必须借助安全管理手段,才能实现安全的目标。安全管理是为了更好地实现安全的目标。然而安全管理所涉及的因素众多,且不同的安全管理因素对安全管理目标的实现具有不同的作用,某些因素会阻碍安全管理目标的达成,某些因素会促进安全管理目标的实现。因此,提高安全管理的效率无疑是安全管理的核心内容。

要想提高项目建设的安全管理效率,就要明确安全管理效率与其他诸因素之间的关系。河南嵩阳高速公路有限公司就如何提高安全管理效率一题,针对洛栾高速公路项目特殊的山区施工性质,将安全管理与山区施工的特点相结合,通过把握施工环境、经济利益和稳定生产等因素与安全管理效率的相互辩证关系,提出了以上独到的安全管理办法。

3)迅速反应是安全管理的成功体现

在项目建设期间,全标段基本无重大事故发生,但在建筑工地上难免会偶有突发情况。比如在2012年期间,河南嵩阳高速公路有限公司高度重视“3•19事故”,当即成立由组长、副组长和下设办公室所有成员组成的应急处理小组,立即对突发情况进行应急处理,并陆续开展应急事故的各项工作,成功遏制了风险事故的发展;又如在雨季汛期来临之际,一些标段的弃土场存在重大的安全隐患,在全标段积极开展的安全隐患专项排查整治活动中被及时发现,河南嵩阳高速公路有限公司立即通过项目安全管理体系的相关负责部门进行整改并加强安全管理,要求对各标段弃土弃渣场逐一进行安全隐患排查,提出了相关整治方案,成功预防了风险事故的发生。

项目建设实践表明,洛栾高速公路安全管理体系的实施是成功的。由于山区高速公路工程建设条件复杂、风险因素多等特点,安全管理部门运筹帷幄、精心策划,在项目建设全过程中对施工安全进行全方位的动态控制,取得了令人满意的结果,同时也为整个项目建设安全管理水平的提高,乃至我国山区高速公路建设安全管理方法积累了宝贵的经验。

7.6 本章小结

洛栾高速公路项目在施工工期上的超常规压缩，给安全管理工作提出了更为严苛的要求。安全管理作为各项工作开展的基础，是管理活动中的重中之重。因此，洛栾高速公路安全管理措施的制定，能够为其他项目提供重要的借鉴。

（1）安全工作是项目建设中一切工作开展的基础，安全生产管理工作完成情况的好坏直接决定了企业的成败，因此河南嵩阳高速公路有限公司在项目安全管理中通过建立完备的安全生产责任制度，以及企业高层管理人员对各部分管理工作的直接对接，有效地保证了施工过程中人员和项目实体的安全性。

（2）安全生产事故的发生与施工人员意识上的疏忽有着紧密联系，因此，在洛栾高速公路项目开始建设前，进一步强调人员安全意识教育、施工人员岗前安全培训。通过全线开展安全培训教育活动，将安全生产意识教育全面落实，为安全管理工作提供了重要的安全思想保障。

（3）洛栾高速公路建设过程中针对关键部位和关键环节的安全管理，切实做到重大安全隐患部位24h不间断视频监控，对各个分项分部工程做到“不报验、不开工，不安全、不生产”，严把死守，确保重点部位、关键环节安全有序施工，在安全管理工作中充分做到抓重点、分主次，为同类工程项目安全管理工作的开展提供重要的借鉴。

（4）对于项目的安全管理，在工作开展过程中还需要加强安全工作有关资料的整理收集，对安全管理工作的实践与经验进行信息化、系统化管理，从而为后期类似项目的安全管理提供经验、教训，并为提高项目的工作效率和信息共享创造优势。

（5）在洛栾高速公路安全管理中对安全生产有着严格的处罚制度，为此还需要完善安全生产中的激励机制，完善项目安全生产考核的奖励制度，最大限度地调动安全监督人员以及参与安全生产人员的积极性，始终把安全工作始终摆在最为重要的位置，为项目的安全工作提供保障，为社会的和谐稳定贡献力量。

第8章 公路工程项目技术管理与创新

项目中技术的管理与创新作为项目生产实践的重要工具，是关系到项目实际施工效率以及施工是否顺利开展的关键，对项目中技术难题解决的能力直接影响到项目的费用、进度和质量目标的实现。山区高速公路技术管理的特殊性尤为突出，特殊的地理环境以及生物环境的多样性都是项目设计与建设的技术难点，通过在现有山区高速公路技术应用的基础上，根据项目实际需求实现对现有技术的创新，解决工程技术难点，才能保证工程的顺利进行。

技术管理是指在项目中以技术为对象进行的管理活动，是在项目实施过程中服务于工程建设的需要。

8.1 公路工程项目技术管理与创新概述

8.1.1 技术管理

1)技术管理的原则

技术管理作为一项复杂的管理活动，针对项目中复杂的管理环境，需要在项目技术管理中制定依据和合理的价值准则，主要有以下几项原则：

(1)规范化原则。

规范化原则是指技术管理需要依据国家相关的法律法规以及行业行为规范的要求，开展有关项目技术管理的活动。只有当规范化原则在项目的建设中贯彻落实，才能确保工程建设过程中的安全和质量，同时也为项目建设提供更为科学的评判标准，为项目建设目标的完成提供精准控制，为山区高速公路建造领域完善相关规范奠定基础。

（2）安全性原则。

安全性原则是指在进行技术的选择、创新和应用时，需要将项目参与人员和项目主体结构的安全性放在首要位置。需要对应用于项目中的相关技术进行事前的安全性检测以及安全准备工作，如对技术人员的考核、类似项目技术应用的案例分析以及对于施工机械的安全检查等，通过各级安全技术交底，使得现场操作人员能够熟练掌握技术应用中的安全要点。

（3）经济性原则。

经济性原则是指在工程技术管理中为有效降低施工成本，施工企业要选择成本低、效率高、安全性好的施工方案以及施工技术。同时通过提高施工过程中材料的使用效率以及施工过程中的连续性，从而有效地完成项目施工经济性目标。

2）技术管理的措施

（1）强化制度管理。

提高技术管理水平的关键在于管理制度的建立和完善，在高速公路项目建设过程中涉及的技术要求水平高、种类多，因此强化技术管理的制度化有利于工程项目责任的划分和技术实施过程中操作的规范化。

（2）加强技术人员培训。

在项目的技术管理中对于技术人员的管理是技术管理措施中的重中之重，技术人员是项目中各项技术实施的执行者，因此需要加强对各项技术人员的专业培训，提高人员素质，为项目提供更大的竞争优势。

8.1.2　技术创新

山区高速公路建设中面临着地质条件不稳定、自然灾害频发、施工技术要求高等一系列技术难题。因此，要解决工程建设中的诸多技术难题，需要以现有技术为基础，针对具体问题展开专项课题研究，努力实现技术水平上的创新才能成功解决各项难题。

在技术创新的过程中遵循的原则主要有以下几点：

1）经济性原则

经济性原则是项目技术创新的重要出发点，通过技术上的创新实现施工材料利用效率的最大化，从施工材料成本上降低企业支出，同时实现施工机械上的最优化，提高施工效率缩短施工进度，从而实现企业成本的降低和企业利润的增长。

2）动态性原则

在当今社会发展过程中，技术的创新需要与社会发展相结合，需要及时与科技能力的进步相匹配。在项目建设中根据项目建设过程中的实际需求，实现资金、技术、人员的有机融合，从而实现技术上的创新。

3）社会协调性原则

在技术创新过程中要保持同世界技术发展相一致，需要能够及时学习和吸收来自世界技术发展前沿的有利部分，与国内项目实际情况相结合，通过自主创新实现技术突破，从而解决项目中的技术难题，保证项目的顺利进行。

8.2 洛栾高速公路桥梁建设的技术管理

我国山区面积广大，山地、沟壑和高原分布集中，山区约占全国国土面积的2/3。因此，针对山区高速公路桥梁的建设与管理，在我国高速公路项目建设中有着重要作用。

洛栾高速公路洛嵩段：全线有特大桥1座，大桥39座，中桥6座，分离式立交20座，隧道3座，通道39道，涵洞102道，天桥37座。其中，八道河大桥桥梁主跨径130m，玉皇庙隧道施工是在泥石流形成的山脉沉积层中进行。全线最高填方30多米，挖方深达60多米，50m以上高墩近百个，主要控制性工程有3处。嵩栾段：全线有特大桥1座，大桥77座，中桥8座，分离式立交13座，隧道24座，通道22道，涵洞74道，天桥5座。全线50m以上高墩300余根，桥梁最高墩高77.5m，最大单跨170m，隧道全长20余公里，且多处设计为桥隧相连，桥隧比为河南省当时在建高速公路项目中最大，高达57%。主要控制性工程有6处。

8.2.1 基桩组合成孔工艺

钻（挖）灌注桩基础在我国公路桥梁上广泛使用，逐渐形成了很多基桩成孔工艺。一般来说，如何选择基桩的成孔工艺，必须考虑桩位的地质情况，例如对于普通土层（或含砂层）地质，可采用正、反循环钻孔成孔工艺；对于含卵石层或普通硬度的基岩地质，可采用冲击钻机成孔工艺等。但是，对于某些复杂地质条件下的基桩成孔，项目应用中发现按照常规的工艺几乎无法完成的难题。

1）工程背景

以洛栾高速公路栗子坪特大桥基桩施工为例，栗子坪特大桥全长368.12m，为95m+170m+95m现浇连续刚构。该桥两个中墩为混凝土灌注桩基础，每墩24根基桩，桩径1.5m，桩长25.5～30m不等，桩间净距2.5m。两个墩位处地质为：1号墩地表5m左右范围内为砂卵石层，5～10m为强风化英安岩，10m以下为弱风化英安岩；2号墩地表6m左右范围内为砂卵石层，6～9m为强风化英安岩，9m以下为弱风化英安岩。栗子坪特大桥横跨伊河，河内常年有水。该桥两个中墩处于伊河两岸堤脚处，墩顶距地下水平面仅3m左右。受汛期等因素影响，施工工期编排极其紧张。

2）工程难点

工程前期，项目部组织了多台钻机进场，并开始冲孔。前两日，钻机正常进尺，累计深度5m，两日后，钻机的钻进速度逐渐变得极其缓慢，平均每天进尺0.5m左右，钻头磨损非常严重。根据现场记录，持续冲击时间不到4h钻头就需要加固一次，累计冲击时间不足2d钻头就需要彻底更换一次耐磨钢块（钻头底部加固的高强钢块），当钻机勉强累计进尺达到10m以后，几乎不再进尺，甚至个别钻头出现劈裂现象，施工进入困境。通过详细地观察和分析，研判钻渣、钻进速度以及钻头的磨损情况，发现钻机进入英安岩层后，进尺缓慢，既是因为岩层强度高造成的，又与冲击钻的特点有直接关系。冲击钻机成孔，钻头要根据磨损情况不断加焊耐磨钢块（确保钻孔直径，防止钻头磨损变小、损坏）。如果钻头磨损严重，则直接造成加焊频率增高，有效冲击时间缩短，清孔时间增加，否则，钻渣沉淀，钻头反复捶打沉淀钻渣而出现“空打”现象，钻头反复摩擦，加快磨损，也造成钻渣的颗粒粒径逐渐变小、变细，而钻机进尺实为停滞。

鉴于冲击钻机成孔不能奏效的情况，项目部又采用了人工挖孔的方案。但是，由于桥墩处于河道内，地下水位偏高，墩位处地表上层为砂卵石，透水严重。尽管采用了钢筋混凝土护壁以及孔内外降水的措施，仍然无法解决孔壁透水、涌砂等问题，人工挖孔无法进行。

3）解决措施

经充分研究论证，项目部决定摒弃单一的基桩成孔工艺，采用组合成孔技术，即：针对不同的地质地层使用相应的基桩成孔工艺，将这些不同的成孔方式有效地组合在一起，达到最终成孔的目的。地表上部透水卵石层采用冲击钻机成孔，然后使用钢护筒护壁，压浆法密封堵水，以确保孔壁稳定、不透水；下部岩石地层直接采用人工爆破挖孔。

该组合成孔施工工艺较为烦琐复杂，投入也很大，施工风险较高，但通过认真优化和完善施工过程，精心组织管理施工过程，在施工工期紧的前提下顺利完成了预定任务，得到了监理单位、设计单位以及建设单位等各方面的认可，取得了较好的工程成果。

8.2.2　山区复杂地形下的墩台建设与管理

山区高速公路沿线地形变化较为复杂，路线布设受地形制约，平面线形以曲线为主，路线在山岭间穿越，为满足纵坡的平稳过渡，须跨越山谷地段，桥梁构造物占路线长度比例较大，桥墩普遍较高，大型桥梁构造物较多；桥位处纵、横断面地形起伏大，在同一座桥梁中，相邻桥墩高度甚至同一桥墩的墩柱高度差别都有可能很大；桥梁建设受施工场地、运输条件等的制约，项目全线共有高墩299根，桥梁最高墩高77.5m。

1）墩台结构优化选型

项目墩台结构根据桥高不同，在进行稳定性验算的基础上，采用更加灵活、机动的形式。研究表明：墩身高≤30m，采用柱式桥墩，且墩身高在20～30m之间，30m以下跨径适当增加了柱径，40～50m跨径采用了方形立柱；墩身高在30～50m之间，采用等截面箱形桥墩；墩身高在50～70m之间，采用顺桥向50∶1的变截面箱形桥墩。桥头填土高低于6m，采用柱式桥台；其他采用肋板式桥台。实际工程依据线路走向特点，优化选取合理的墩台造型，如图8-1所示。

图8-1 墩台多种造型优化选取

2）无支架翻模法

项目在薄壁空心墩的建造过程中，大量应用无支架翻模技术，由于不用采用支架施工，避免了脚手架，从而节约了大量的人力及物力，同时在一定程度上又缩短了工期，提高了工程的安全系数。因此，无支架翻模施工技术在山区高速公路建设当中具有很好的推广价值，如图8-2所示。

图8-2 墩身无支架翻模施工

无支架翻模技术应用于薄壁空心墩施工的主要特点包括：

（1）墩身分段可以依次成型，不仅可以有效地控制住墩身的偏心和扭转，还可以将墩身施工误差纠正过来。施工过程可以选用多种测量定位方法，既可用 2 台激光铅直仪，也可用全站仪和经纬仪定测墩身中心和控制扭转。施工过程中模板得到及时清理、修整，然后借助刷油确保其混凝土表面能够保持平整光滑。

（2）施工人员可借助塔吊垂直作业，同时开展多个墩的施工作业。模板的提升、拆除及钢筋和混凝土的提升均采用塔吊进行，提高了机械的使用效率。这样不仅可以节约施工成本，缩短施工作业时间，还能提高施工的安全系数。

（3）无支架翻模法操作简单、连续，施工速度较快，并且投入费用较小；由于占用场地比较少，便不会破坏原来的地貌，对线路附近的生态环境能够提供更好的保护。

3）木翻模技术

木翻模结构合理，标准化程度高。单块模板面板（维萨板）与竖肋采用自攻螺丝和地板钉连接。竖肋由木工字梁组成，采用特制材料，遇水不变形，强度高于普通木材。竖肋与横肋（双槽钢背楞）采用连接爪连接，在竖肋上两侧对称设置两个吊钩。两块模板之间采用芯带连接，用芯带销固定，从而保证模板的整体性，使模板受力更加合理、可靠。每套模板设计为装卸式，拼装方便，在一定的范围内能拼装成各种大小的模板。实践证明，模板刚度较大，接长和接高均很方便，能够大大加快施工进度。

但木模技术使用当中也易出现浇筑的质量缺陷，主要包括外观缺陷、钢筋保护层厚度、中心偏差、几何尺寸偏差等。针对项目初期施工，通过统计调查得到如图 8-3 所示的墩身浇筑质量缺陷排列图，可以看出薄壁空心高墩在木模施工时的质量缺陷中，外观缺陷及钢筋保护层厚度所占比例达到了 65.38%，是影响工程质量的主要问题，是重要的控制、改进对象。

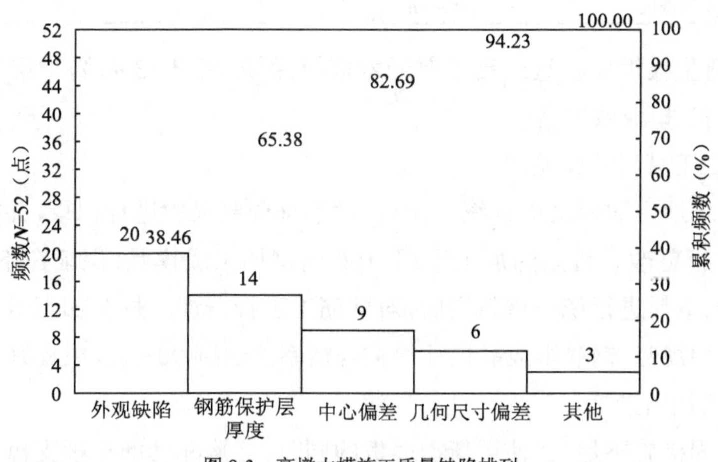

图 8-3 高墩木模施工质量缺陷排列

工程项目采取以下措施来保证木模的施工质量。

（1）优化脱模剂。

针对三种脱模剂（自配水性、自配油性、模板漆）进行对比试验，对模板产生的麻面、色泽不一致、模板使用后表面腐蚀情况进行统计分析，得到表 8-1 所示统计。

不同脱模剂效果对比　表 8-1

序号	脱模剂种类	总试验点数	麻面产生点数	色泽不一致点数	模板腐蚀点数
1	自配油性（柴油：机油 =3：7）	12	3	5	4
2	自配水性（海藻酸钠：滑石粉：洗衣粉：水 = 1：13.3：1：53.3）	12	2	0	0
3	模板漆	12	1	0	0

注：比例为质量比。

经对比试验，使用模板漆的效果最好，其次为自配水性脱模剂，自配油性脱模剂的效果最差，在考虑经济效益后，选定自配水性脱模剂作为木模板施工用脱模剂。针对木模板施工制定专门的脱模剂使用规定，模板脱模剂涂刷质量大幅提高。

（2）选用高标准木模板。

针对普通木模板质量不均、刚度小、施工使用次数少的缺点，小组在成本允许的情况下，与物资部门协调购买了萨维板木模。该模板面板为高标准面板，同时具有质量轻、模板系统完整、支架系统易安装、模板周转次数多等优点，能加快施工速度。模板进场后，小组成员对模板面板厚度、面板平整度、面板表层防护层进行测量，并与普通木模板进行对比，得到表 8-2 的结果。

不同木模板偏差检验对比　表 8-2

序号	检 测 项	普 通 模 板	新 型 模 板	差　量
1	模板厚度	15mm	20mm	5mm
2	模板平整度	平均偏差 1mm	0	1mm
3	防护层厚度	0.5mm	1mm	0.5mm

对比发现，新型模板质量远远高于普通木模板，厚度高出 33%，防护层厚度高出 100%，平整度几乎无偏差，模板效果良好。

（3）确保加工工具尺寸偏差。

对钢筋加工场地内的模具进行统一检查，对不符合要求的进行记录，并按照设计图纸对钢筋加工卡具进行整改。直筋的加工采用 [100 槽钢加工成模具，保证在下料、套丝时钢筋的平顺；对钢筋的下料进行统一重新交底，对钢筋工进行培训。规范加工卡具后，钢筋下料、加工相比原先更加规范，钢筋半成品尺寸检查合格率能达到 90%，效果良好。

（4）增加模板加固措施。

针对模板加固措施不足，在使用新型面板的同时，订购配套的模板支撑、固定系统，合理布局，规范支撑、固定系统安装和保养，严禁违规操作。在采用新型木模板后，模板采用配套的悬臂支架、模板木工字梁和横向钢结构加固措施，模板刚度提升较大。在混凝土浇筑后，模板尺寸未出现变形、漏浆、跑模的情况，实施效果良好，如图 8-4 所示。

图 8-4　高墩木模板施工

4）大体积混凝土降温管理

大体积混凝土由于其水泥水化热不容易很快散失，蓄热于内部，使内外温差较大，容易产生由温度引起的裂缝，因此对温度进行控制，是大体积混凝土施工最突出的问题。必须处理或解决由于水泥产生的水化热所引起的混凝土体积变化，以便最大限度地减少混凝土裂缝。

在承台浇筑过程中必须重视大体积混凝土浇筑过程中的降温措施。项目在浇筑过程中，采取如下措施：冷却管与承台钢筋同步布设，同时设置测温孔。根据设计要求，冷却管采用 ϕ32 黑铁管，设置在承台中间位置进行布置，两层（图 8-5）间距为 1 ～ 1.2m，每层竖向冷却管成 S 形回路。冷却管的接头必须牢固，冷却管安装后混凝土浇筑前进行压水试验，浇筑过程中防止管道堵塞、漏水及震坏。每层冷却管进水口安装一个阀门，调节进水流量大小。

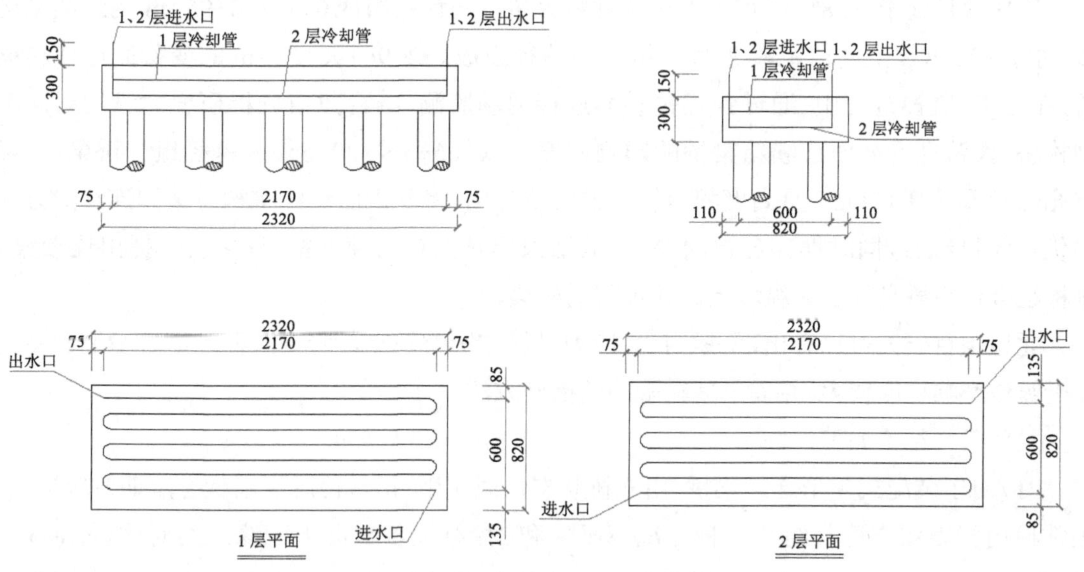

图 8-5　冷却水管布置示意（尺寸单位：cm）

混凝土浇筑到各层冷却管高程后开始通水，各层混凝土峰值过后应停止通水，通水流量应达到30L/min。为防止上层混凝土浇筑后下层混凝土温度回升，采取二次通水冷却，通水、停水时间根据测温结果确定。

8.2.3 山区主梁建设与管理

山区高速公路桥梁建设条件复杂、施工条件恶劣，施工难度大；同时桥梁建设通常是整个公路建设周期的控制节点，工期紧，任务重。本节结合洛栾高速公路项目的实施，提出可借鉴的技术方案，以达到提高施工质量及加快施工进度的目标。

1）大纵坡下高速公路桥梁结构力学性能研究

结合项目的实际情况，对处于大纵坡区段的T形连续梁桥进行力学性能分析。以50m T梁为例，分别研究奇数跨（3×50m）T梁和偶数跨（4×50m）T梁在不同纵坡下，正常使用极限状态的结构应力分析、承载能力极限状态的内力分析。

结合立交主线桥的工程背景，对立交典型连续箱梁桥结构进行有限元分析与动力特性的荷载试验测试，对其结果进行比较。对立交主线五跨一联的连续梁，在只改变纵坡的情况下，分别建立纵坡为5%、3.3%、2%、0四种模型，进行桥梁结构动力特性计算，对比分析后得出受纵坡影响规律。针对立交主线等截面现浇连续箱梁桥的实际情况，根据《公路桥梁抗震设计细则》（JTG B02-01—2008）选取加速度反应谱作为主线五跨一联的反应谱输入，并简要讨论反应谱输入方向的问题。比较纵坡变化对连续梁结构地震反应的影响，分别建立纵坡为5%、3.3%、2%、0四种模型，在单向地震激励下，得出不同的地震响应，进行对比分析。

依托项目处于-2.8%纵坡上的栗子坪特大桥——跨径组成（95+170+95）m的连续刚构桥、处于4%纵坡上的前范岭2号大桥——跨径组成（52+90+90+52）m的变截面连续箱梁桥，在施工、监控过程中，通过预埋传感器进行现场监测，结合数值分析研究大纵坡对连续刚构桥、大跨径变截面连续箱梁桥的影响程度。以（65+3×100+65）m跨径组合桥梁，中墩（53m高）和边墩（20m高）高度相差较大的实桥为例，将变截面连续刚构方案和连续梁方案的优点予以综合，同时摒弃各自的缺点，从结构形式上对两种方案予以优化，提出连续梁-刚构组合体系桥是处于大纵坡上比较理想的桥梁。

通过项目研究可以看出，主梁内力、应力受纵坡影响较小，而支座、伸缩缝等脆弱敏感构件受纵坡影响程度较大，并提出减轻影响的措施方法。

主要研究结论如下：

（1）对于装配式T形连续梁桥，由成桥状态恒载作用、正常使用极限状态短期效应组合、正常使用极限状态标准组合三种工况下平坡和3%纵坡各截面上下缘应力对比（图8-6～图8-8）分析可见，3%纵坡各截面上下缘应力均与平坡接近，差值不超过1.5%。说明纵坡变化，对结构的应力变化影响较小。由承载能力极限状态最不利组合作用下平坡和3%纵坡各截面最大、最小剪力和最大、最小弯矩对比分析可见，3%纵坡各截面剪力、弯矩均与平坡接近，剪力差值不超过4%，弯矩不超过1%。说明纵坡变化，对T梁的内力变化影响较小。

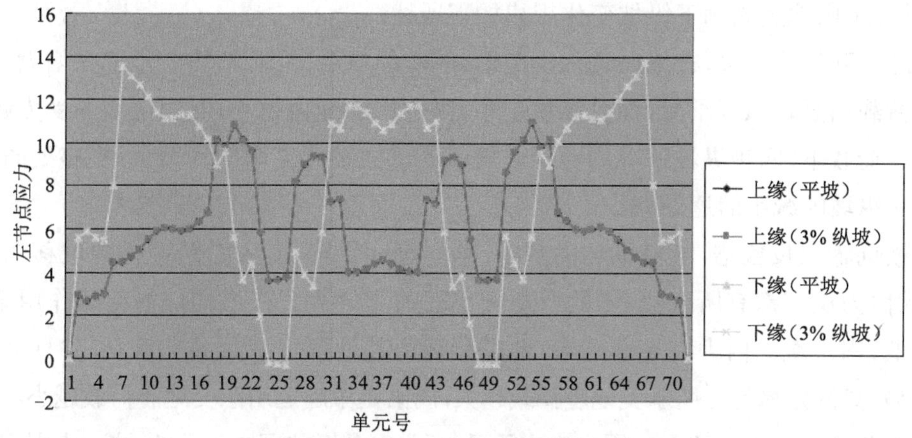

图8-6　3跨50m简支变连续T梁成桥状况应力对比

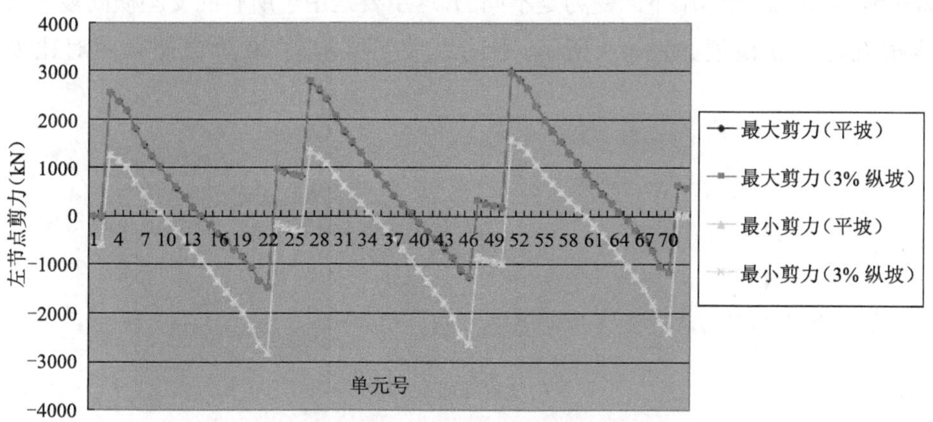

图8-7　3跨50m简支变连续T梁承载能力极限状态最大、最小剪力对比

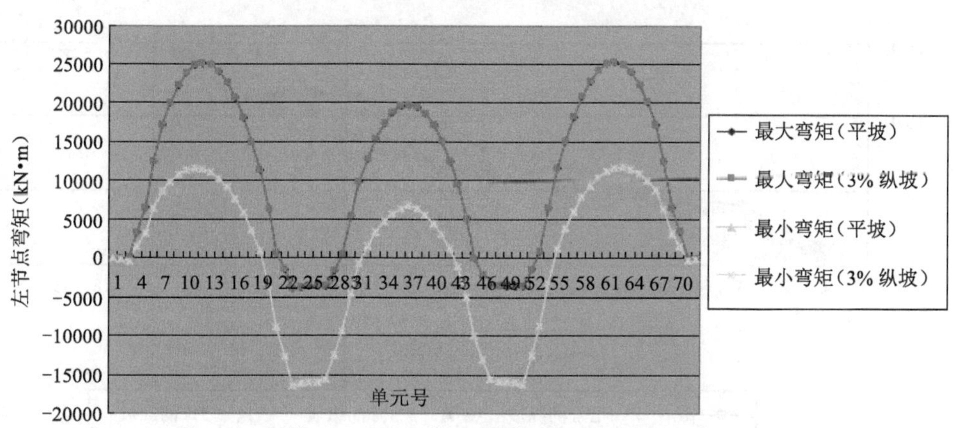

图8-8　3跨50m简支变连续T梁承载能力极限状态最大、最小弯矩对比

（2）对于等截面现浇连续箱梁桥，随着纵坡的减小，结构刚度在增大，其频率值也随着增大，但振型和频率变化不大；连续梁桥只设置一个固定墩，并且只能绕横轴发生转动，结构的纵向和横向振型都有固定墩在参与变形，而竖向振型时固定墩没有发生变形。等截面现浇连续箱梁桥，单向地震激励下纵坡变化规律如下所述：

①五跨一联的连续梁，在纵向输入反应谱，随着纵坡的减小，结构的刚度在增大，纵向大部分地震荷载由固定墩来承受，而且纵坡越小，固定墩的受力越大，对固定墩的受力越不利；在纵向地震荷载下，四种纵坡情况均体现出矮墩的受力要比高墩的受力大；支座处的主梁纵向位移随着纵坡的减小而逐渐减小。

②在横向输入反应谱，随着纵坡的减小，结构刚度的增加，各跨跨中横向位移在逐渐减小，各墩的内力反应都有所变化，墩的弯矩减小而剪力增大。在横向地震荷载作用下，随着纵坡的降低，固定墩的内力在逐渐减小，地震荷载由其他各中墩共同来承受，并且大致呈现出一种趋势：离固定墩越近所承受地震荷载越大，离固定墩越远所承受地震荷载越小。在横向地震荷载作用下，地震荷载不是由固定墩来承受，而是由各墩共同来承受的，这一点固定墩的受力与在纵向地震荷载激励作用下的受力是不同的，这主要是由于所有的支座横向被约束。

主线桥五跨一联模型如图 8-9 所示，不同纵坡下结构前 20 阶自振频率对比如图 8-10 所示。

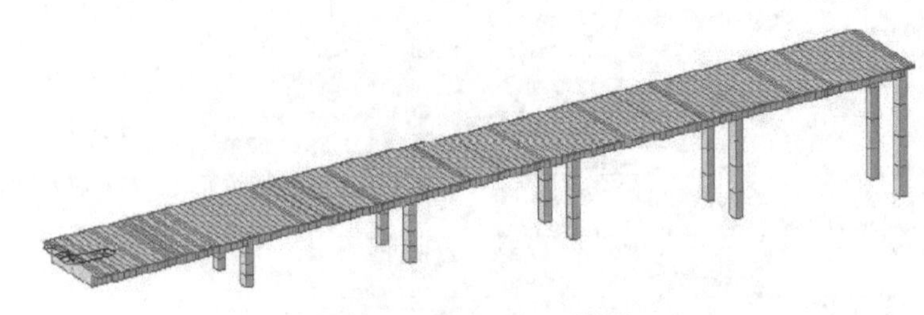

图 8-9　主线桥五跨一联模型

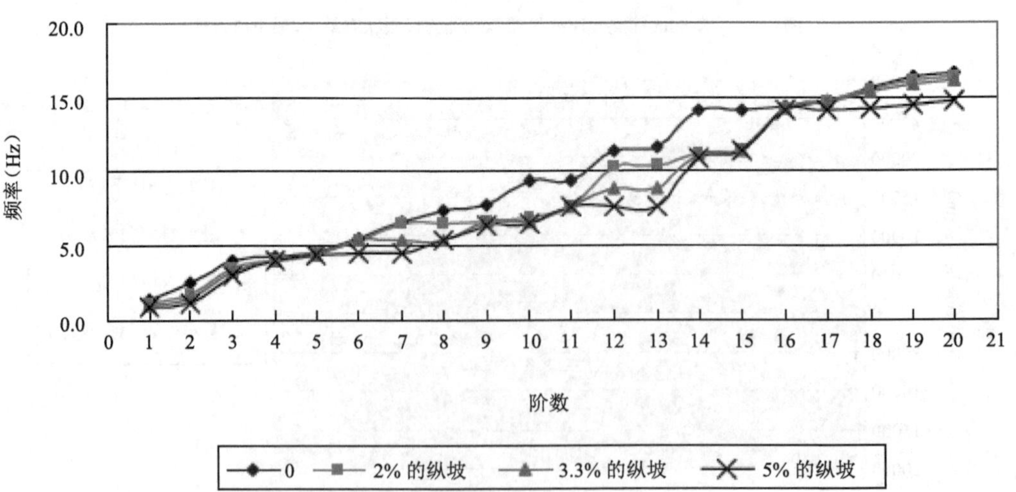

图 8-10　不同纵坡下结构前 20 阶自振频率对比

（3）对于大跨径连续刚构桥，由正常使用极限状态标准组合工况下平坡和 −2.8% 纵坡各截面上下缘应力对比分析可见，−2.8% 纵坡各截面上下缘应力均与平坡接近，说明纵坡变化，对结构的应力变化影响较小。由承载能力极限状态最不利组合作用下平坡和 −2.8% 纵坡各箱梁截面、桥墩截面的最大、最小弯矩及其抗力对比分析可见，−2.8% 纵坡各截面剪力、弯矩均与平坡接近，说明纵坡变化对大跨径连续刚构上部箱梁和桥墩内力变化影响较小。由不同纵坡大跨径连续刚构桥计算和对比分析可见，纵坡对结构的支反力、纵向位移、竖向位移影响都较小。由平坡、−2.8% 纵坡计算结果以及实际监测结果对比分析可以看出，应变计算结果与实测结果比较接近；除极个别点外，计算结果与实测结果的比率接近于 1.00，说明计算模型具有较强可靠性，同时，分析监控数据发现第一跨合龙段与第三跨合龙段截面相同位置的应变数值相差极其微小，这也验证了前面的结论，即“纵坡变化对梁体应力、应变的影响较小”。

不同纵坡下连续钢构桥模型如图 8-11 所示。

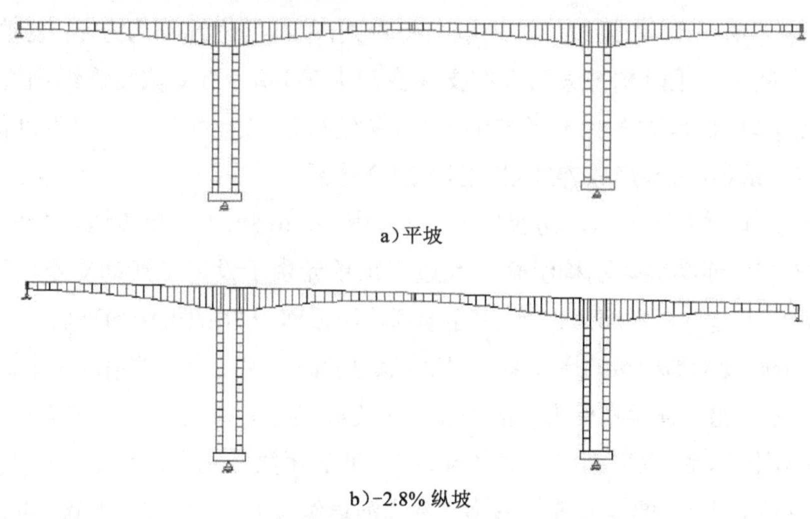

a）平坡

b）−2.8% 纵坡

图 8-11 不同纵坡下连续刚构桥模型

（4）对于大跨径变截面连续梁桥，由正常使用极限状态标准组合工况下平坡和 4% 纵坡各截面上下缘应力对比分析可见，4% 纵坡各截面上下缘应力均与平坡接近，说明纵坡变化对结构的应力变化影响较小。由承载能力极限状态最不利组合作用下平坡和 4% 纵坡各箱梁截面、桥墩截面的最大、最小弯矩及其抗力对比分析可见，4% 纵坡各截面剪力、弯矩均与平坡接近，说明纵坡变化对大跨径变截面连续箱梁和桥墩内力变化影响较小。

施工中的前范岭 2 号大桥（52+90+90+52）m 如图 8-12 所示。

由不同纵坡大跨径变截面连续梁桥计算和对比分析可见，纵坡对结构的支反力、纵向位移、竖向位移影响都较小。由平坡、4% 纵坡计算结果以及实际监测结果对比分析可以看出，应变计算结果与实测结果比较接近，按平坡计算结果与实测结果平均比值为 0.927，按实际纵坡计算结果与实测结果平均比值为 0.95，比值都接近于 1.00，说明计算模型具有较强可靠性；同时，考虑纵坡影响的应变计算值比相同位置按平坡计算的应变值更接近实测值，但是相差极其微小，这也验证了前面的结论“纵坡变化对梁体应力、应变的影响较小”。

图 8-12 施工中的前范岭 2 号大桥（52+90+90+52）m

（5）在大纵坡情况下，如果边墩与中墩高差较大，单纯的连续刚构方案，边墩顶内力计算难以通过，而变截面连续刚构方案又存在支座变形大等弊端；将变截面连续刚构方案和连续梁方案的优点予以综合，同时摒弃各自的缺点，从结构形式上对两种方案予以优化：将连续梁体系和刚构体系相组合，形成连续梁 - 刚构组合体系。

八道河大桥作为项目中典型跨径组合桥梁，中墩（46.5m 高）和边墩（15.9m 高）高度相差较大，纵坡 0.5%，连续梁 - 刚构组合体系边墩顶单元由于设置了活动支座而不存在弯矩，剪力为摩阻力且不超过最大摩阻力，约为连续刚构墩顶剪力的 1/10，中墩顶剪力比连续刚构大 13.1%，但远小于连续梁制动墩的墩顶剪力（约为其 7.8%）。说明大纵坡情况下墩高相差较大的桥梁，连续梁 - 刚构组合体系在受力方面明显优于连续梁方案和连续刚构方案；同时，由于中间墩墩梁固结为刚构体系，抗推刚度明显加强，可以抵御桥梁结构向高程低的一侧缓慢蠕动的趋势，减轻大纵坡对支座、伸缩缝等的影响。八道河连续梁 - 刚构桥结构布置如图 8-13 所示。

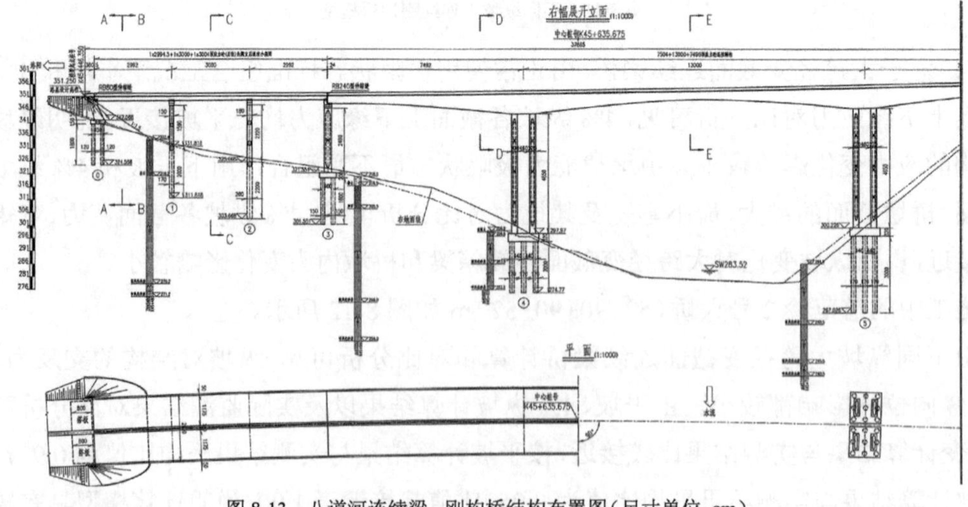

图 8-13 八道河连续梁 - 刚构桥结构布置图（尺寸单位：cm）

（6）连续梁桥随着纵坡坡率的增大，沿着纵坡方向的下滑力，包括恒、活载沿纵坡方向分力、汽车制动力等，都迅速增大；导致支座所要提供的摩阻力（克服T梁沿着纵坡方向运动趋势所需要的力）也迅速增大，纵坡6%以下大致呈线性关系；超过6%后，下滑力急剧增长（图8-14）。这种沿着纵坡方向的摩阻力必须靠支座提供，同时支座也会将其传寄给盖梁、桥墩等，给下部结构带来不利影响。即使在恒载作用下，在大纵坡路段的T梁桥也会有向纵坡下降方向运动的趋势，导致楔形钢块+上钢板+支座+下钢板+垫石组成的支承体系内存在剪切力，导致支座橡胶内存在剪应力，影响支座使用寿命。

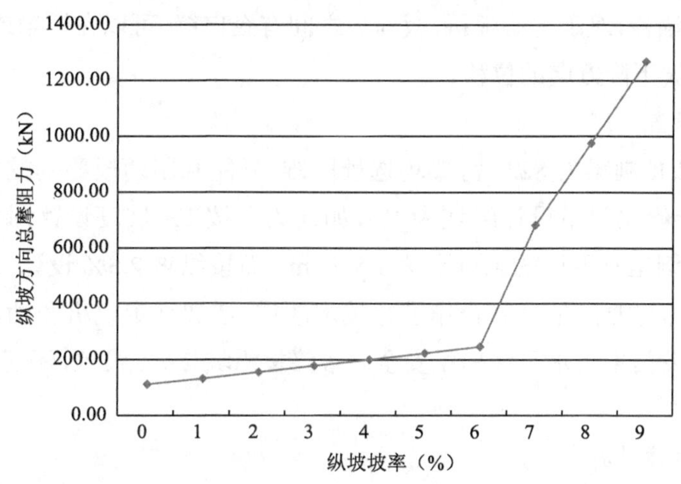

图8-14　支座顶纵坡向摩阻力随纵坡坡率变化（盆式支座）

洛栾高速公路50m跨径简支变连续T梁，中间墩中间一片梁采用QZ4000GD固定球型支座，其余梁采用QZ4000DX单向活动球型支座；边墩中间一片梁采用QZ4000DX单向活动球型支座，其余梁采用QZ4000SX双向活动球型支座。根据《公路桥梁盆式支座》（JT/T 391—2009）的规定，固定支座和单向活动支座非滑移方向的水平承载力均不小于支座竖向承载力的10%，项目采用的固定和单向盆式支座最大抗滑摩阻力为400kN。可见，当纵坡超过6%后，如不采取相应减少纵坡影响的措施，就不能满足使用要求。

由于大纵坡的影响，支座存在剪切蠕变。缓慢的蠕变，导致支座向低的一侧倾斜，同时对伸缩缝产生挤压。通过调查和归类比较可知，同类型桥梁，纵坡大的桥梁，在高程低的一侧联端出现挤压变形，在高程高的一侧出现拉裂；另外，处于大纵坡段的桥梁伸缩缝破坏的概率远大于平坡或者较小纵坡段的桥梁。

减轻大纵坡影响的措施有：

（1）梁底设置楔形块，支座下设置垫石，支座上下接触面均调整为水平，支座与梁底接触面的方向由纵坡方向改为水平方向，摩阻力大大减少。

（2）采用盆式支座或者球型支座代替板式橡胶支座，在一联中采用固定支座、单项活动支座、双向活动支座形成合理的支承体系。在一联的中间墩（变形零点附近）采用固定支座

（或完全限制纵向活动、只允许横向活动的单向支座），其余墩台中间支座是纵向单向支座、两侧其余支座为双向活动支座。通过设置固定支座限制梁体向高程低的一侧缓慢蠕变、滑移，同时减轻对联端伸缩缝的挤压或者拉裂。

（3）在一联的中间墩（变形零点附近）不设置支座，而采用墩梁固结的方法，增大抗推刚度，进而抵抗梁体的纵向下滑或者蠕变。

（4）设置纵向挡块，对于装配式箱梁、T 梁，利用梁与梁之间的空隙，可以通过联端施加约束，即在过渡墩或者桥台上设置纵向挡块，限制其沿着纵坡下降方向的位移。

（5）设置纵向锚栓，对于空心板桥，板与板之间有企口缝，可以在桥墩或者桥台上设置锚栓，限制其沿着纵坡下降方向的位移。

2）纵坡优化设置

九标段项目部预制梁为 822 片，梁场选址困难，只能利用两段路基挖方段建场，但有一段纵坡为 3.6%，一般龙门吊设计纵坡为 1%，如此梁厂按 1% 坡度设置，此段路基梁厂施工完成后，需要二次倒运且碾压的土方多达 1.5 万 m^3，而按纵坡 2.5% 设计二次倒运的土方仅为 8000m^3。项目部与龙门吊厂家合作进行技术改进，增加行走电机和功率，在龙门吊支腿增加调整节、保证龙门主桁水平和提梁安全。最终按纵坡 2.5% 设置，保证了施工安全，节省了建设费用。

3）梁体吊装方案选择

在 K100+990 五成沟 2 号大桥施工中，预制箱梁单片重 65t，共 176 片，现场施工条件无法满足预制箱梁直接运送至架桥机。经研究论证，结合现有机械设备及现场实际情况，采取先选取一处地势开阔、平坦且该位置所处桥梁墩身高度不超过 10m 的地方，安排大型汽车吊先安装两跨梁板后拼装架桥机，再用汽车吊提梁架桥机向前架梁，采用大吨位吊车（300t 2 台）将预制箱梁吊至桥面上，然后用运梁车运送至架桥机，实现预制箱梁灵活快速的架设。

具体施工过程如下：

提梁点选在右线 21 ～ 22 跨附近。先将梁板运送至吊装点，用 2 台 300t 汽车吊将 20、21 跨梁板安装完成，再进行架桥机拼装；拼装完成后先用汽车吊将梁板提送至 21 跨上的运梁小车上后喂梁，再用架桥机进行架设；架设至第一跨后，架桥机退回至 21 跨调整架桥机方向架设 22、23 跨。

左线架设与右幅基本同时进行，在左幅桥位附近再增加 1 台 300t 汽车吊，与右幅处于中间位置的 1 台 300t 汽车吊安装 18、19 跨后，再增加一台架桥机进行拼装，完成后先用汽车吊将梁板提送至 19 跨上的运梁小车上后喂梁，再用架桥机进行架设；架设至第一跨后，架桥机退回至 19 跨调整架桥机方向架设 20、21 跨。

结合起吊机实现主梁架设施工如图 8-15 所示。

图 8-15　结合起吊机实现主梁架设施工

4)钢波纹管涵技术应用

项目标段位于豫西山区，地形复杂，地表起伏大，多为高山峻岭和V字形冲沟，V字形冲沟底较顺直，沟壁直立，两侧施工区域狭小，且涵洞上部为高填方路基，填筑高度为20～30m，对钢波纹管涵洞在施工中的质量提出了更高的要求。标段5钢波纹管涵洞长83.83m，中径400cm，壁厚4.5mm，波高55mm，波距200mm，波纹管管枕用Q235-A热轧钢板加工成型，表面为热浸镀锌处理，波纹管采用分块波纹板搭接而成，波纹板采用高强螺栓紧固，密封胶密封，波纹管拼接成型后内外涂刷乳化沥青两遍。结合施工工期、工程造价、施工工艺及施工投入情况等综合对比分析，钢波纹管涵施工具有工期短、造价低、工艺投入简单、效益高的优点，具有推广价值。

由于当时豫西山区高速公路建设中尚无钢波纹管涵洞的施工经验可以借鉴，经验短缺。经前期施工调查统计，钢波纹管涵洞施工中主要质量缺陷是钢波纹管涵洞管身变形，是影响工程质量的主要问题，是重要的控制、改进对象。结合现场施工实际状况及工程实体质量缺陷，对主要质量缺陷进行研究、分析、讨论，从而对存在的主要问题进行总结并提出相应的解决措施。钢波纹管涵洞施工质量缺陷排列如图8-16所示。

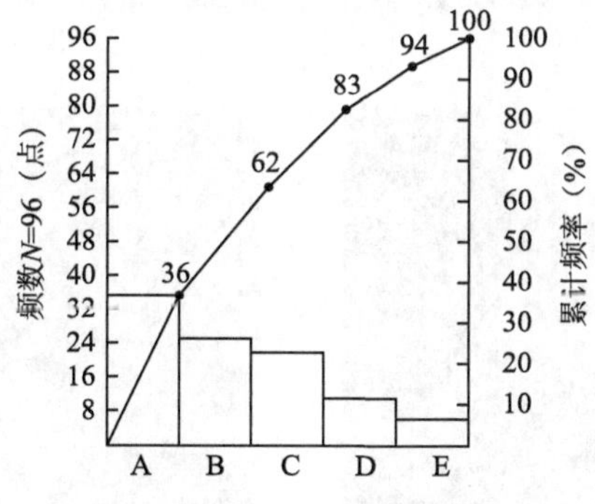

图 8-16　钢波纹管涵洞施工质量缺陷排列

(1)地基承载力不足，涵洞地基处理方式不当，采取以下措施：

①与设计单位沟通，对钢波纹管涵洞软弱地基采取三种地基处理方式(机械碾压压实、

换填砂砾石处理、换填级配碎石处理）。

②加强对现场钢波纹管涵洞地基承载力的试验，试验点数增大 1 倍，尽可能地检测到全部的软基。

（2）涵背回填填料不合格，采取以下措施：

①涵背回填填料采用利用方填筑、60% 碎石土、砂砾石填筑三种填料进行试验，通过对比选择最好的涵背填料。

②加强对涵背回填的压实度控制，压实度不小于 96%。

（3）涵背回填不对称同步，采取以下措施：

①通过与设计单位、建设单位沟通，涵洞两侧的短填方地段与涵背回填一起处理，采用同一种填料，避免机械振动对涵洞管身的影响。

②加强对涵背回填的压实度控制，压实度不小于 96%。

（4）涵顶填方碾压方式不对，采取以下措施：

①涵管上方回填厚度小于 50cm 时采用小于 6t 的静碾压路机压实，当涵管顶填土高度大于 50cm 后，方可采用 YZ12 压路机施工，每层厚度为 20cm。

②加强对涵洞顶上部填方的压实度控制，压实度不小于 96%。

钢波纹管涵洞施工流程如图 8-17 所示。

a）砂砾基础

b）拼装

c）螺栓紧固

d）密封处理

图 8-17

e）增涂沥青

f）管顶回填

g）顶部摊铺压实

h）洞口构造

图 8-17　钢波纹管涵洞施工流程

5）数控钢筋弯箍机应用

钢筋加工采用数控钢筋弯箍机（图 8-18）。数控弯箍机生产程序可由工作人员根据实际进行调整，将直径≤ 12mm 的钢筋弯箍成型，具有精度高、生产效率高、可控性强等特点。利用它可大大提高钢筋加工效率，降低成本，保证预制完成的箱梁钢筋保护层合格率稳定在 90% 以上，得到了建设单位和监理单位的一致好评。

图 8-18　数控钢筋弯箍机及现场加工

6）混凝土配合比优化

高强度等级混凝土的集料全部进行筛分和水洗，中粗砂进行过筛后才允许使用。在混凝土配合比选用上，积极推广使用高性能混凝土配合比，掺加粉煤灰等工业原料，既节约了水泥，又提高了混凝土的使用性能；合理选择高效减水剂，使配出的混凝土既节约了水泥，又提高了强度。同时根据当地每年季节变化的规律，视冬夏的温度、湿度和混凝土使用部位，适时选用早强剂或缓凝剂，使混凝土构件早期强度变化能与自身温度以及外部环境相匹配，从而避免混凝土构件在冬季受冻脱皮和夏季龟裂，确保混凝土结构的强度和整体质量。

7)季节性施工保障措施管理

加强冬季施工保证措施和相关设施建设，如预制场采取架设锅炉、搭设暖棚、施工用水加热、集料加热。冬季采用蒸养棚养生，夏季采用喷淋管设备对处于养生期间的梁板喷淋水雾，不间断地对梁体进行养生，避免因夏季温度过高而产生干缩裂缝。

其中，暖棚法养护梁板应采用到位的技术措施保证实施的效果，建议如下：

(1)暖棚的出入口应设专人管理，并应采取防止棚内温度下降或引起风口处混凝土受冻的措施。

(2)当采用暖棚法施工时，棚内各测点温度不得低于5℃，并应设专人检测混凝土及棚内温度。暖棚内测温点应选择具有代表性位置进行布置，在离地面500mm高度处必须设点，每昼夜测温不应少于4次。

(3)在混凝土养护期间应将烟或燃烧气体排至棚外，并采取防止烟气中毒和防火措施。

(4)养护期间应测量棚内湿度，混凝土不得有失水现象。当有失水现象时，应及时采取增湿措施或在混凝土表面洒水养护。

暖棚养护施工现场如图8-19所示。

图8-19 暖棚养护施工现场

8)真空辅助压浆技术应用

“真空辅助压浆”是在普通压力灌浆的基础上进行的。在压浆之前，在孔道一端采用真空泵抽吸排除孔内空气，使孔道内形成-0.1MPa的真空度，然后在孔道的另一端再用压浆机以大于0.4MPa的正常压力将优化后的特种水泥浆压入预应力孔道中，直至充满整条管道，最后对静止的孔道内浆体加 0.7MPa 的压力 1 ～ 2min，提高预应力管道的饱满度和密实度。由于孔道中只有极少的空气，很难形成气泡，同时，由于孔道与压浆机之间的正负压力差，大大提高了孔道压浆的饱满度和密实度。在水泥浆中，减小水灰比，添加专用的外加剂，提高了水泥浆的流动度，缩短了灌浆时间，减小了水泥浆的收缩。

预应力混凝土梁的压浆采用真空吸浆机，大大提高了预应力管道压浆的饱满度，保证预应力筋不会被腐蚀，从而保证了预制梁板的施工质量。

8.3　洛栾高速公路控制性工程新技术研究

洛栾高速公路地处豫西山区，项目沿线地形、地质条件复杂，工程实施难度大，且多次跨越水库、河流、地方干线道路、交叉高压输电线路和国家级自然保护区、矿区、文物保护区等。公路设计全长 129.23km，全线路基挖方 2476 万 m^3、填方 1959 万 m^3，沥青混凝土路面 3017 千 m^2，涵洞 176 道，全线 50m 以上高墩 300 余根，桥梁最高墩高 77.5m，最大单跨 170m，隧道全长 20 余公里，且多处设计为桥隧相连，桥隧比为河南省在建高速公路项目中最大，高达 57%。全线主要控制性工程共有 9 处，其概况及特点如下：

1）洛嵩段（3 处）

（1）八道河大桥：位于洛嵩段土建 6 标（K45+635.675），具为 3×30m 预应力先简支后连续箱梁 +（75+130+75）m 预应力混凝土连续刚构。主桥按 4 号、5 号墩共两个 T 对称悬臂现浇施工，除 0 号梁段采用在墩顶旁搭托架施工外，其余梁段采用挂篮悬浇。主桥合龙顺序为同时合龙两个边跨，再合龙中跨。

（2）乾涧沟特大桥：位于洛嵩段土建 8 标（K53+316.42 ～ K54+427.58），全长 1111.16m，桩基采用钻孔灌注桩，下部结构为圆形、方形、箱形桥墩，柱式、肋式桥台，上部结构为 50m 装配式部分预应力混凝土组合连续 T 梁。

（3）玉皇庙隧道：位于洛嵩段土建 9 标，该隧道采用上下行分离设置的中隧道，为小净距隧道 + 独立双洞隧道，小净距段设计线最小间距为 15.2m，其中右线隧道长 809m，左线隧道长 815m。

2）嵩栾段（6 处）

（1）栗子坪特大桥：位于嵩栾段土建 1 标，全长 368.12m，采用预应力混凝土连续刚构箱梁，桥跨布置为（95+170+95）m，双向四车道，桥面宽 12m。桥梁下部结构墩身为双肢等截面矩形空心墩，单肢截面 6.5m×3m，壁厚 0.7m，最大高度 68m。

（2）前范岭 2 号大桥：位于嵩栾段土建 2 标（中心桩号 K74+352），桥区属于低山地貌，地势起伏较大，地形条件复杂，桥址区横跨山间冲沟，冲沟内建有当地钼矿场尾矿坝、配电机房及供排水设施。桥梁下部结构墩台为桩基础，柱式桥台，等截面薄壁空心墩，上部结构采用（52+2×90+52）m 预应力混凝土变截面连续箱梁。

（3）狮子坪 1 号隧道：位于嵩栾段土建 6 标，左线起讫里程桩号为 K101+346 ～ K103+500，全长 2162m；右线起讫里程桩号为 K101+328 ～ K103+500，全长 2172m。中间设人行横洞 6 处，车行横洞 2 处，左、右线各设紧急停车带 2 处。左右线洞口均采用端墙式洞门。

（4）山羊圈大桥：位于嵩栾段土建 8 标（中心桩号 L6K114+980），全长 126.94m，桥位区属于低山地貌，地势起伏较大，地形条件复杂，桥址区横跨伊河半山腰。桥梁下部结构为桩基础，柱式桥台。上部采用 4×20m 预应力混凝土先简支后连续箱梁。

（5）西沟 1 号隧道：位于嵩栾段土建 8 标，该隧道右幅为隧道（起讫桩号为 K114+873 ～ K114+968），全长 95m；左幅为路基，进口洞门采用端墙式洞门，出口洞门接棚洞（起讫桩号 K114+934 ～ K114+968），全长 34m。

（6）西沟 2 号隧道：位于嵩栾段土建 8 标，西沟 2 号隧道采用小净距隧道（测设线间距为进口 17.7m，出口 17.1m），其中左线起讫桩号为 L6K115+049 ～ L6K115+154.3，全长 150.3m；右线起讫桩号为 K115+009 ～ K115+136，全长 127m。属短隧道，进出口洞门均采用端墙式洞门。

依托洛栾高速公路，针对全线主要控制性工程和沥青路面工程，开展了以下几项新技术研究。

8.3.1 隧道群修建关键技术研究

本研究课题针对豫西复杂山岭地区隧道设计、施工、运营中遇到的洞口软弱围岩、围岩破碎、进洞难度大，设计阶段围岩级别判断与实际施工阶段的围岩情况差异较大、易造成施工浪费或质量缺陷及运营过程中耗电大运营成本高、隧道群路段易发生交通事故等问题，以建设中的嵩栾高速公路隧道群为依托，进行研究及工程实践应用，对提高我国隧道修建技术、降低工程造价等具有重大的现实意义。

本研究课题以洛栾高速公路为依托工程，采用调研总结、理论分析、数值计算和现场监测等研究手段，针对隧道群洞口段设计与施工关键技术、浅埋软岩隧道修建关键技术、隧道群行车安全性、隧道群通风照明节能技术、隧道监控量测等方面展开了深入、系统的研究，主要取得了以下结论和研究成果：

1）本课题取得的主要成果

（1）通过广泛调研和分析总结，针对隧道洞口段设计与施工中存在的问题进行阐述；在分析总结传统进洞技术存在的问题和缺陷基础上，阐述“零开挖”、虚拟进洞等新型进洞技术的方案和技术要求，对其技术要点进行总结分析，并针对不同地形及不良地质条件下隧道施工，提出进洞方案和技术措施。

（2）采用数值模拟手段对超前大管棚和超前小导管进行对比分析得知，超前大管棚注浆条件下拱顶沉降较无支护减小32%，较超前小导管注浆减小16%。结合已有工程建设经验和依托工程施工，发现超前大管棚注浆技术施工工艺复杂，施工周期长，但其加固效果、变形和沉降控制效果均优于超前小导管，可有效解决隧道群洞口施工中的难题，确保围岩稳定和施工安全；超前小导管注浆技术施工工艺简单、周期短，符合众多工程的实际需求，其能否在隧道群洞口中成功应用的关键在于注浆加固效果。

（3）通过上述研究，提出隧道群进洞超前支护技术建议：建议优先选用超前大管棚注浆，必要时，可采用超前小导管注浆作为补充，以解决管棚伞状支护体系随着施工进尺的推进，管间距越来越大而引发的掉块、坍塌问题；当条件，如资金、工期等受限制时，在保证注浆效果的前提下，可采用超前小导管注浆作为超前支护方式，但其支护效果较弱，应加强监控量测，宜优先选用密排或双层布置形式。

（4）针对隧道群桥隧相接问题进行深入研究，分析总结桥隧相接工程的技术特点，对桥隧相接方案进行对比分析；针对桥梁进入隧道的技术问题进行深入研究，提出相应的技术对策，包括隧道断面加宽设计、洞口排水处理、管线进洞处理、隧道施工、桥台施工以及桥梁跨径布置与伸入隧道长度等。

（5）通过软岩条件下典型施工方法的施工过程数值模拟，对沉降控制效果、围岩应力、初期支护内力和二次衬砌应力等多方面进行深入的对比分析，结果表明，双侧壁导坑法和CRD法变形控制效果最好，施工安全性最高，结构受力复杂；环形开挖临时仰拱法变形控制效果次之，施工安全性一般；环形开挖预留核心土法沉降变形效果和施工安全性较差，结构受力简单。

（6）详细总结软岩隧道典型施工方法的原理、设计要点及施工工艺，包括双侧壁导坑法、CRD法、环形开挖临时仰拱法、环形开挖核心土法。结合施工过程数值模拟，对施工过程中不同工序下围岩与支护结构的变形受力特点进行动态跟踪分析，指出施工中的控制要点，并给出相应的控制措施。

（7）结合已有工程经验和依托工程实践，对典型施工方法的技术特点进行综合分析，进而给出软岩隧道施工技术建议：对于地表沉降有严格控制要求的情况，应采用双侧壁导坑法或CRD法；对于地表沉降没有严格控制要求时，可采用环形开挖临时仰拱法，该法开挖步骤少，施工体系转换灵活，能及时控制拱顶沉降和变形，也可采用环形开挖预留核心土法，但应加强监测，变形过大时应及时增加临时仰拱，以控制变形。

（8）针对软岩自稳能力差、易受施工扰动、洞室收敛变形速度快、易塌方的特点，提出“强超前、短开挖、快支护、勤量测、早封闭”的施工原则和“有效的超前支护措施是决定隧道能否安全开挖的前提，及时的初期支护是控制围岩变形的关键因素，适时施作二次衬砌是施工安全的有力保障”的施工控制指导思想。

(9)针对软岩隧道大变形及施工控制难度大的特点，通过已有工程经验总结归纳，明确软岩隧道支护技术及其机理，提出软岩隧道施工控制的基本方法和技术要求，并针对软岩隧道中常见的底鼓、裂缝、塌方等病害提出相应的治理措施。

(10)根据项目中各隧道工程地质情况，按照《公路隧道施工技术规范》(JTG F60—2009)等规范的有关要求，明确各隧道的监控量测项目，采用水准仪、数显收敛计等仪器进行及时、规范的监控量测，取得隧道准确的变形信息，为进一步的分析和处理提供基础和依据。

(11)以隧道工程地质条件理论分析为前提，以隧道实际监控量测变形数据为基础，采用回归分析、神经网络等智能预测技术，结合 VC++ 平台以及数据库技术等信息处理技术，实现对监测数据资料的信息化、智能化管理与分析，准确预测隧道变形情况，当变形超过警戒标准时及时给出报警提醒，保证施工安全，同时根据隧道地质情况结合监测数据预测二次衬砌支护时机，为施工提供技术支撑。

(12)针对隧道群定义不统一、不方便操作等问题，提出隧道群的动态定义。在此基础上，对洛栾高速公路的隧道密集路段进行隧道群和独立隧道的划分，为开展隧道群研究提供依据。

(13)将隧道群看作特殊路段，根据“人 - 车 - 路”的结构分析车辆、道路及其相关因素对驾驶员的影响，分析影响道路安全的影响因子；将隧道群的子集进行三段落结构划分，为开展隧道群研究提供可借鉴的思路。

(14)通过对以往公路隧道各种交通事故及原因等的调研与总结，对以往理论及研究成果的分析等得到高速公路隧道群交通事故指标体系。该体系比较完善地列出影响高速公路隧道群交通安全问题的各种因素，同时也为高速公路隧道群的交通事故评估建立基本的层次模型，并应用模糊综合评价理论对洛栾高速公路西沟隧道群段交通事故风险评估进行研究，给出评价值。

(15)为进一步提高隧道群的运营安全，对高速公路隧道群建设提出如下建议：增加关键位置处的遮阳棚，防止偶变因素(雨雪等自然环境因素)和固定因素(隧道照明过渡不均匀)带来的影响；以整个隧道群为整体研究对象，对典型隧道群处进行隧道群段的可变限速控制，降低隧道差，以避免或者缓解交通拥堵和保障隧道群行车安全。

(16)通过对现行公路隧道通风设计思路的研究，指出部分不足之处，分析交通流密度系数在隧道通风计算中的不合理性，并提出改进思路；总结分析自然风对隧道通风扩散的影响，认为狮子坪隧道群之间可以忽略通风污染。基于上述成果，应用隧道经济坡度理论对狮子坪 1 号隧道的通风进行通风计算，并提出基于服务水平的通风控制思路。

(17)总结分析现有主要的隧道照明的节能手段，分析适合隧道群应用的隧道照明设计技术和成果；本着以人为本的思路，从驾驶员视觉特性出发研究存在遮阳棚时隧道群的洞外亮度需求；提出在隧道群照明中应用无级调光技术、逆光照明与宽光带照明技术和应用稀土铝合金电缆材料等节能技术；同时分析应用的根据节能安全的矛盾关系，提出基于驾驶员视觉和心理需求的隧道群均一照明、系统控制的设计方案和管理方法。

2）本课题创新点

（1）针对隧道洞口地质、地形条件复杂、进洞难的现状，通过工程实践总结、数值模拟分析等，提出隧道群进洞技术和超前支护技术建议，为隧道群路段隧道安全、快速进洞提供技术支撑。

（2）针对自稳能力差、易受施工扰动、洞室收敛变形速度快、易塌方等软岩隧道施工技术难点，结合依托工程实践及已有工程建设经验，总结提炼出环形开挖临时仰拱法的软岩隧道施工方法，对其施工工艺和技术特点进行研究和总结，为软岩隧道施工提供有效指导。

（3）针对隧道群桥隧相接工程不断增多，但相应设计与施工技术尚不成熟的状况，通过工程实践总结和分析，提出桥梁进入隧道的技术对策，包括隧道断面加宽设计、洞口排水处理、管线进洞处理、隧道施工、桥台施工以及桥梁跨径布置与伸入隧道长度等，可有效解决隧道群桥隧方案设计和施工中的技术难题。

（4）结合洛嵩高速公路隧道设计和施工实际，提出个性化的围岩动态分级方法，其内容是：在勘察阶段围岩分级的基础上，根据开挖揭露的围岩地质状态和监测信息，找出影响本段隧道围岩的关键地质因素，分析其对围岩强度和变形的影响机理，根据已提前建立的隧道数值模型，及时定量分析和预测围岩变形随时间曲线，修正原围岩分级，为调整施工开挖和支护方案提供依据。由于局部地质条件的稳定性，建议的开挖和支护方案将对该隧道施工具有现实意义。项目地区若干个隧道的动态分级数据将对该地区类似地质条件的隧道设计和施工形成一个隧道围岩动态分级数据库，阐明关键的有限个定量因素与开挖、支护的对应关系，方便其他工程参考使用。

（5）结合玉皇庙隧道原位观测和三维数值分析成果，揭示软岩隧道大变形过程的主要特征：隧道大变形过程包括开挖弹性变形阶段、塑性变形阶段以及流变变形阶段，各段所占比例为30%～40%、40%～50%、10%～20%。

（6）在对监测数据分析处理过程中采用VC++及sql server信息处理技术，实现监测信息的自动化管理、智能化预测预警等，有效保障施工过程顺利实施。

（7）在总结归纳隧道群定义的基础上，对隧道群的定义进行研究分析，提出动态的隧道群定义，并给出了方便操作的查表判断方法。隧道群及长大隧道建设需要统筹全局，综合考虑各方面因素。首次提出了隧道通风的经济坡度值概念，并给出了求解思路，为隧道群及长大隧道的经济建设提供了依据。

(8)通过分析高铁稀土铝合金电缆的理化特性和经济价值,首次提出了使用该电缆作为隧道加强照明和基本照明干线电缆的节能思路,为隧道及隧道群照明节能提供了新思路。

(9)完善了高速公路隧道群可变限速的思路,给出了该方法的实际应用范例,以及该方法应用时应注意的细节。

(10)改进了隧道群智能照明及其联动控制方案,首次从驾驶员生理和心理特性出发,提出了隧道群照明时统一控制线形的思路,为加强隧道群安全运营提供了借鉴。

8.3.2 偏压隧道变形控制技术研究

本研究课题依托洛栾高速公路建设工程,该工程是河南省高速公路重点建设项目,项目一期洛嵩高速公路起于九朝古都洛阳,向南经酒圣之乡伊川,终点位于"豫西山水画廊"嵩县;项目二期为嵩县至栾川段。该工程位于河南西部山区,所经地区山脉纵横,地形地势陡峻险要,地质条件复杂。该工程设计有大量公路隧道,其中浅埋、偏压隧道占有较大比重,修建难度较大,易造成衬砌开裂、变形、塌方等事故。在项目建设过程中,许多隧道在施工过程中遇到了一系列地质和结构方面的问题,针对这些问题也提出了现场解决方案,同时施工单位和第三方监测单位在施工过程中积累了大量的现场实测资料。这些具体问题的现场观测和现场应对方案以及丰富的现场数据资料对于科研人员是宝贵的财富,对这些问题进行研究和对比具有重要的理论意义和实际应用价值。项目针对豫西复杂山岭地区洛栾高速公路两个典型隧道在隧道设计、施工过程中遇到的工程难点问题,开展相关数值仿真研究工作。研究过程中将文献检索、现场调查分析、室内试验、数值分析、现场试验等方法有机结合,立足现有国内外学术发展方向和已有研究成果,分阶段及时提交研究成果,同时将研究成果及时总结,对依托工程进行指导,对后续工程的设计与施工也具有参考价值。

本课题主要针对狮子坪隧道偏压问题(图 8-20)、西沟傍山偏压隧道成洞过程这两类典型问题进行数据模拟研究,并与实测资料进行对比分析。从围岩性质、隧道埋深和地形偏压等角度利用数值模拟方法研究隧道围岩压力、结构内力和隧道变形等规律,探讨偏压软基隧道设计计算方法,研究傍山偏压隧道的成洞机理,以期为偏压软岩隧道设计和施工提供参考。通过开展偏压隧道的受力变形及其控制技术研究,对保证软弱围岩偏压地段隧道的安全施工、合理支护具有重要的指导意义,并可进一步推广应用到我国其他的软弱围岩偏压隧道建设中,应用前景非常广阔,经济及社会效益显著。

1)本课题取得的主要成果

(1)调研总结已有的偏压隧道建设经验和科研成果,结合项目实际情况分析地形偏压、地质顺层偏压的成因机理和力学特点。

图 8-20　嵩栾段狮子坪 1 号隧道

（2）分析地形偏压隧道的主要影响因素，偏压角度、埋深、双洞开挖次序对结构受力均有一定影响。随偏压角度增大，埋深高的一侧支护结构承受的荷载有较明显增加；沉降云图也向深埋一侧偏移，拱顶和地表最大沉降均随偏压角度增加而增加，最大值位置与对称轴线的距离也逐渐增大。随隧道埋深增加，结构受力呈线性增长情形，初期支护和二次衬砌内力随埋深增加而显著增大，围岩越差即刚度越小，对埋深变化的影响越敏感。隧道结构受 CD 开挖方法工序的影响，先开挖的右侧初期支护内力量值大于后开挖的左侧，最大弯矩出现于右侧边墙和仰拱连接处，最大轴力出现于边墙处，同时也是右侧上导洞的拱脚位置。初期支护受力角度考虑，宜先开挖深埋侧，从二次衬砌受力及沉降控制方面考虑，宜先开挖浅埋侧，综合以上因素，隧道施工宜尽可能发挥围岩自承能力及初期支护的承载效用，确保二次衬砌在运营期具有足够的安全储备，同时结合施工实践经验“先难后易”的习惯，偏压双洞隧道宜先开挖浅埋侧，后开挖深埋侧。

（3）分析地质偏压隧道的主要影响因素，从节理角度、浅埋侧覆盖层厚度、预裂爆破方式三方面分析围岩及结构的受力情况，研究成果表明：西沟 1 号隧道围岩条件较好，尽管隧道傍山而开挖，隧道一侧离陡坡较近，但计算结果表明没有明显偏压现象。从分析结果看，围岩条件较好，计算出的开挖完成后的位移较小。西沟 1 号隧道围岩节理分布密度不高，基本上只有一组节理切割岩体，岩体的稳定性好。考虑节理计算开挖完成后计算出的位移增加不明显，总体数值较小。西沟 1 号隧道所在地岩体两组节理的倾角为 80º，经对比计算可见，节理倾角 45º 方向倾斜时，最为不利。实际节理的倾角为 80º，并不是最不利的倾斜方向。针对西沟隧道进行的显式有限元动力分析模拟爆破开挖过程，表明以全断面爆破靠山壁一侧的岩体爆振速度最大，对成洞最为不利，采用上台级法，分左右施爆且在靠山壁侧先爆的开挖方案力学效果最优。

(4)从偏压荷载不均匀程度、结构受力及施工效率三方面对偏压隧道常用的双侧壁导坑法、CD法、环形导坑留核心土法进行对比分析。从力学角度考虑,双侧壁导坑法是偏压隧道最优的施工工法,结合效率综合考虑,CD法可以有效将偏压荷载不均匀程度控制在比较理想的状态,同时也可较好地控制结构变形,并且施工速度较快,造价合理。因此,对于偏压隧道施工方案宜以CD法为主,双侧壁法为补充。

(5)对不同埋深和地面坡角下围岩塑性区范围进行对比研究,得出偏压隧道地层加固的总体原则和方式。埋深小于5m的偏压隧道应以纵向超前支护体系为主,地面坡角超过25°时,明洞宜设计偏压式结构,在浅埋侧设置小挡墙稳定地表塑性破坏区域。埋深大于5m、小于10m时,地层加固应重点对浅埋侧进行加固,径向锚杆可以起到稳定地层的作用,锚杆长度大于4m时基本可锚固至弹性区。埋深大于10m、小于20m时,根据需要,以径向锚杆为主对破碎岩体进行加固处理。埋深大于20m时,基本无必要进行地层加固处理。

(6)针对偏压结构整体加强、深埋侧结构加强、浅埋侧结构加强三种结构加强方式,对比分析其在偏压荷载作用下的力学响应结果,以确定科学有效的结构加强方式。计算得出,偏压隧道宜加强深埋一侧结构刚度和强度,整体应力分布更趋于均匀,且安全性薄弱的深埋侧得以提高。

(7)以CD法代表,模拟研究偏压隧道施工过程力学特性,得出隧道结构内力响应和沉降分布。临时中隔壁较好地抑制了右侧开挖对左侧围岩的扰动,围岩压力释放的规律和最终量值分布主要受地面坡度方向的影响,表现为深埋侧围岩压力大于浅埋侧。分析结果表明,先开挖深埋一侧对结构受力是有利的,荷载释放过程较长,最终结构承担的力就相对较低,偏压效应也能相对减缓。

(8)总结分析偏压隧道施工控制技术,系统研究变形控制及防塌技术。提出偏压隧道施工设计的原则与方法,从地表倾角的角度考虑,倾角超过30°时,应按偏压隧道进行设计;从埋深的角度考虑,埋深小于10m时,应考虑偏压措施,埋深超过20m时,可以不按照偏压隧道设计;施工遵循“及时防护、先柔后刚、先放后抗”的原则。汇总了偏压隧道开挖及辅助控制措施的特点与适用性,认为偏压隧道应加强信息化动态施工设计,重视后期的监控动态设计。

2)本课题创新点

(1)研究地形偏压隧道地形倾角、隧道埋深、开挖次序对结构的影响作用和程度,结合监控量测结果得出施工过程结构力学特性,提出双洞开挖次序遵循“先难后易”的习惯做法,先施工浅埋侧隧道。

(2)以穿越单薄山梁的西沟1号隧道为背景,采用ABAQUS程序,模拟研究地质偏压隧道爆破振动特征。分别对有无超前支护,不同的起爆破方式进行分析,提出适用于穿越单薄山梁偏压隧道的爆破开挖方式——采用上台级法，分左右施爆且在靠山壁侧先爆的开挖方案，该方案对控制围岩变形以及围岩稳定更有效。

（3）从偏压荷载不均匀程度、结构受力及施工效率三方面对偏压隧道常用的双侧壁导坑法、CD法、环形导坑留核心土法进行对比分析。提出偏压隧道施工方案宜以CD法为主，双侧壁法为补充。

（4）以狮子坪1号偏压隧道为背景，从地形、地下水以及岩体结构出发，研究分析隧道结构在地质偏压和地下水作用下的力学响应特征，得出偏压形成的机理主要为：地形造成的隧道左右两侧初始地应力差值是形成偏压的直接原因，节理产状以及地下水的影响使得偏压效应显著增大。

（5）从围岩塑性范围和贯通情况以及结构受力特征分析，对偏压隧道地层加固和结构加强方式进行对比研究，得出偏压隧道地层加固处理宜以浅埋侧为重点，结构加强措施宜以深埋侧为重点。

（6）系统提出偏压隧道变形控制及防塌技术措施。归纳偏压隧道开挖荷载释放率、偏压隧道设计施工原则与程序、偏压隧道信息化动态施工、偏压隧道施工控制等技术要点。

8.3.3 山区高速公路桥梁结构力学性能研究

本研究课题结合洛栾高速公路依托工程，分别研究山区大纵坡对装配式箱梁、T梁、等截面现浇连续箱梁、大跨径连续刚构、大跨径变截面连续箱梁桥等力学性能和敏感构件（如支座、伸缩缝等）的影响，并结合依托工程进行检验。针对装配式先简支后连续箱梁、T梁桥，采用墩梁固结、设置纵向挡块等方法减轻大纵坡对结构受力和敏感构件的不利影响；针对装配式简支空心板桥，采用增加锚栓减轻大纵坡对结构受力和敏感构件的不利影响；针对现浇预应力混凝土连续箱梁桥，也采用墩梁固结形成连续梁-刚构组合体系减轻大纵坡对结构受力和敏感构件的不利影响。具体的固结或者增加锚栓数量、纵向挡块尺寸以及对结构力学性能和敏感构件的影响程度将在项目研究中结合具体桥梁进行深入分析，并对正在施工中的洛栾高速公路上的桥梁予以设计优化和技术指导。

1）本课题取得的主要成果

（1）对于装配式T形连续梁桥，由成桥状态恒载作用、正常使用极限状态短期效应组合、正常使用极限状态标准组合三种工况下平坡和3%纵坡各截面上下缘应力对比分析可见，3%纵坡各截面上下缘应力均与平坡接近，差值不超过1.5%。说明纵坡变化，对结构的应力变化影响较小。由承载能力极限状态最不利组合作用下平坡和3%纵坡各截面最大、最小剪力和最大、最小弯矩对比分析可见，3%纵坡各截面剪力、弯矩均与平坡接近，剪力差值不超过4%，弯矩不超过1%。说明纵坡变化，对T梁的内力变化影响较小。

(2)装配式T形连续梁桥受纵坡影响,两边跨或者两边墩,一侧处于较低位置,另一侧处于相对较高位置,两边跨跨中恒载弯矩接近,低的一侧跨中弯矩略大一些;两边墩墩顶恒载负弯矩接近,高的一侧负弯矩绝对值略大。随着纵坡的增大,边跨跨中弯矩、墩顶负弯矩均变化较小。

(3)对于等截面现浇连续箱梁桥,随着纵坡的减小,结构刚度在增大,其频率值也随着增大,但振型和频率变化不大;连续梁桥只设置一个固定墩,并且只能绕横轴发生转动,结构的纵向和横向振型都有固定墩在参与变形,而竖向振型时固定墩没有发生变形。

(4)等截面现浇连续箱梁桥,单向地震激励下纵坡变化规律:首先,五跨一联的连续梁,在纵向输入反应谱,随着纵坡的减小,结构的刚度在增大,纵向大部分地震荷载由固定墩来承受,而且纵坡越小,固定墩的受力越大,对固定墩的受力越不利;在纵向地震荷载下,四种纵坡情况均体现出矮墩的受力要比高墩的受力大;支座处的主梁纵向位移随着纵坡的减小而逐渐减小。其次,在横向输入反应谱,随着纵坡的减小,结构刚度的增加,各跨跨中横向位移在逐渐减小,各墩的内力反应都有所变化,墩的弯矩减小而剪力增大。在横向地震荷载作用下,随着纵坡的降低,固定墩的内力在逐渐减小,地震荷载由其他各中墩共同来承受,并且大致呈现出一种趋势:离固定墩越近所承受地震荷载越大,离固定墩越远所承受地震荷载越小。在横向地震荷载作用下,地震荷载不是由固定墩来承受,而是由各墩共同来承受的,这一点固定墩的受力与在纵向地震荷载激励作用下的受力是不同的,这主要是由于所有的支座横向被约束。

(5)对于大跨径连续刚构桥,由正常使用极限状态标准组合工况下平坡和-2.8%纵坡各截面上下缘应力对比分析可见,-2.8%纵坡各截面上下缘应力均与平坡接近。可以说明纵坡变化,对结构的应力变化影响较小。由承载能力极限状态最不利组合作用下平坡和-2.8%纵坡各箱梁截面、桥墩截面的最大、最小弯矩及其抗力对比分析可见,-2.8%纵坡各截面剪力、弯矩均与平坡接近,说明纵坡变化对大跨径连续刚构上部箱梁和桥墩内力变化影响较小。

(6)由不同纵坡大跨径连续刚构桥计算和对比分析可见,纵坡对结构的支反力、纵向位移、竖向位移影响都较小。由平坡、-2.8%纵坡计算结果以及实际监测结果对比分析可以看出,应变计算结果与实测结果比较接近;除极个别点外,计算结果与实测结果的比率接近于1.00,说明计算模型具有较强可靠性,同时,分析监控数据发现第一跨合龙段与第三跨合龙段截面相同位置的应变数值相差极其微小,这也验证了前面的结论“纵坡变化对梁体应力、应变的影响较小”。

(7)对于大跨径变截面连续梁桥,由正常使用极限状态标准组合工况下平坡和4%纵坡各截面上下缘应力对比分析可见,4%纵坡各截面上下缘应力均与平坡接近。说明纵坡变化,对结构的应力变化影响较小。由承载能力极限状态最不利组合作用下平坡和4%纵坡各箱梁截面、桥墩截面的最大、最小弯矩及其抗力对比分析可见,4%纵坡各截面剪力、弯矩均与平坡接近，说明纵坡变化对大跨径变截面连续箱梁和桥墩内力变化影响较小。

（8）不同纵坡大跨径变截面连续梁桥计算和对比分析可见，纵坡对结构的支反力、纵向位移、竖向位移影响都较小。由平坡、4% 纵坡计算结果以及实际监测结果对比分析可以看出，应变计算结果与实测结果比较接近，按平坡计算结果与实测结果平均比值为 0.927，按实际纵坡计算结果与实测结果平均比值为 0.95，比值都接近于 1.00，说明计算模型具有较强可靠性；同时，考虑纵坡影响的应变计算值比相同位置按平坡计算的应变值更接近实测值，但是相差极其微小，这也验证了前面的结论"纵坡变化对梁体应力、应变的影响较小"。

（9）在大纵坡情况下，如果边墩与中墩高差较大，单纯的连续刚构方案，边墩顶内力计算难以通过，而变截面连续刚构方案又存在支座变形大等弊端；将变截面连续刚构方案和连续梁方案的优点予以综合，同时摒弃各自的缺点，从结构形式上对两种方案予以优化：将连续梁体系和刚构体系相组合，形成连续梁 - 刚构组合体系。

（10）（65+3×100+65）m 跨径组合桥梁，中墩（53m 高）和边墩（20m 高）高度相差较大，纵坡 5%，连续梁 - 刚构组合体系边墩顶单元由于设置了活动支座而不存在弯矩，剪力为摩阻力且不超过最大摩阻力计，约为连续刚构墩顶剪力的 1/10，中墩顶剪力比连续刚构大 13.1%，但远小于连续梁制动墩的墩顶剪力（约为其 7.8%）。说明大纵坡情况下墩高相差较大的桥梁，连续梁 - 刚构组合体系在受力方面明显优于连续梁方案和连续刚构方案；同时，由于中间墩墩梁固结为刚构体系，抗推刚度明显加强，可以抵御桥梁结构向高程低的一侧缓慢蠕动的趋势，减轻大纵坡对支座、伸缩缝等的影响。

（11）连续梁桥随着纵坡坡率的增大，沿着纵坡方向的下滑力，包括恒、活载沿纵坡方向分力、汽车制动力等，都迅速增大；导致支座所要提供的摩阻力（克服 T 梁沿着纵坡方向运动趋势所需要的力）也迅速增大，纵坡 6% 以下大致呈线性关系；超过 6% 后，下滑力急剧增长。这种沿着纵坡方向的摩阻力必须靠支座提供，同时支座也会将其传寄给盖梁、桥墩等给下部结构带来不利影响。即使在恒载作用下，在大纵坡路段的 T 梁桥也会有向纵坡下降方向运动的趋势，导致楔形钢块 + 上钢板 + 支座 + 下钢板 + 垫石组成的支承体系内存在剪切力，导致支座橡胶内存在剪应力，影响支座使用寿命。

（12）洛栾高速公路 50m 跨径简支变连续 T 梁，中间墩中间一片梁采用 QZ4000GD 固定球型支座，其余梁采用 QZ4000DX 单向活动球型支座；边墩中间一片梁采用 QZ4000DX 单向活动球型支座，其余梁采用 QZ4000SX 双向活动球型支座。根据《公路桥梁盆式支座》（JT/T 391—2009）的规定，固定支座和单向活动支座非滑移方向的水平承载力均不小于支座竖向承载力的 10%，项目采用的固定和单向盆式支座最大抗滑摩阻力为 400kN。可见当纵坡超过 6% 后，如不采取相应减少纵坡影响的措施，就不能满足使用要求。

（13）由于大纵坡的影响，支座存在剪切蠕变。缓慢的蠕变，导致支座向低的一侧倾斜，同时对伸缩缝产生挤压。通过调查和归类比较，同类型桥梁，纵坡大的桥梁，在高程低的一侧联端出现挤压变形，在高程高的一侧出现拉裂；另外，处于大纵坡段的桥梁伸缩缝破坏的概率远大于平坡或者较小纵坡段的桥梁。

（14）减轻大纵坡影响的措施有：①梁底设置楔形块，支座下设置垫石，调整支座上下接触面均为水平，支座与梁底接触面的方向由纵坡方向改为水平方向，摩阻力大大减少。②采用盆式支座或者球型支座代替板式橡胶支座，在一联中采用固定支座、单项活动支座、双向活动支座形成合理的支承体系。在一联的中间墩（变形零点附近）采用固定支座（或完全限制纵向活动、只允许横向活动的单向支座），其余墩台中间支座是纵向单向支座，两侧支座为双向活动支座。通过设置固定支座限制梁体向高程低的一侧缓慢蠕变、滑移，同时减轻对联端伸缩缝的挤压或者拉裂。③在一联的中间墩（变形零点附近）不设置支座，而采用墩梁固结的方法，增大抗推刚度，进而抵抗梁体的纵向下滑或者蠕变。④设置纵向挡块，对于装配式箱梁、T 梁，利用梁与梁之间的空隙，可以通过联端施加约束，即在过渡墩或者桥台上设置纵向挡块，限制其沿着纵坡下降方向的位移。⑤设置纵向锚栓，对于空心板桥，板与板之间有企口缝，可以在桥墩或者桥台上设置锚栓，限制其沿着纵坡下降方向的位移。

2）本课题创新点

（1）对大纵坡情况下墩高相差较大的多跨（四跨及以上）大跨径（$L > 100$m）桥梁，通过连续刚构、连续梁和连续梁 - 刚构组合体系对比分析，提出适应大纵坡桥梁的连续梁 - 刚构组合体系。

（2）通过数值模拟、监测分析和细部分析，研究常规桥梁及支座受纵坡坡率影响的力学变化规律，并给出各类桥梁减轻大纵坡影响的方法和措施。

（3）利用地震反应谱，通过计算分析和归纳总结，研究不同纵坡连续梁桥（中小跨径）在纵向地震荷载作用下，纵向支座处的主梁纵向位移规律和桥墩的内力变化规律。

8.3.4 沥青路面抗车辙材料与结构成套技术开发研究

洛栾高速公路地处豫西山岭重丘区，长大纵坡较多，防治车辙将是路面设计与施工中的重点，原路面设计为双层改性沥青混合料。但是由于材料涨价等原因，导致预算不足、建设资金紧张，争取追加预算有一定的困难，并且亟须寻找经济有效的车辙防治技术，力争在不增加预算的前提下，确保路面的抗车辙能力。本研究课题从沥青路面抗车辙能力为根本，通过对沥青路面车辙病害进行分类，形成机理和影响因素进行深入分析研究，确定沥青路面车辙病害的影响因素。对抗车辙沥青路面的材料与结构进行深入的研究探索，确定抗车辙沥青路面的推荐材料、抗车辙沥青混合料的推荐级配，并对抗车辙沥青路面材料进行经济与环境效益分析。与此同时，提出基于抗车辙的沥青路面结构与材料一体化设计。最后，从施工质量控制、沥青路面层间处理等方面进行抗车辙沥青路面的详细阐述，并将研究成果应用于洛栾高速公路，经济社会效果良好。

1）本课题取得的主要成果

（1）以国内外相关资料为依据，提出高温和重载条件下硫化沥青混合料设计方法、性能评价方法和设计参数。

（2）通过室内外研究，确定硫化改性沥青的机理和硫化改性沥青混合料配合比设计以及基于抗车辙性能改性剂的最佳掺量，编写《上面层 AC-13C 赛欧铺沥青混合料目标配合比及性能验证报告》《上面层 AC-13C 特种沥青混合料目标配合比及性能验证报告》《中面层 AC-20C 特种沥青混合料目标配合比及性能验证报告》《中面层 AC-20C 赛欧铺沥青沥青混合料目标配合比及性能验证报告》。

（3）提出基于抗车辙性能的路面设计方法和控制指标。

（4）以抗车辙性能的路面机构研究为基础，提出相应的路用性能平衡的路面结构设计方法；通过试验确定了硫化改性沥青具有良好的温拌效果和降温效果。

（5）结合洛栾高速公路洛嵩段沥青路面施工铺筑的试验路段经验，铺筑面层为中面层和上面层；将施工现场所取得的监测数据与试验室研究结果进行对比，进一步完善硫化改性沥青混合料的设计方法。同时，对沥青路面抗车辙材料与路面结构成套技术进行研究，硫化复合改性沥青混合料抗车辙效果明显、能耗低、经济效益和环境效益突出。

2）本课题创新点

（1）提出基于硫黄改性的 Thiopave 沥青混合料技术，并用等体积替换法确定硫黄改性剂添加剂量的计算方法，同时通过相关的试验确定硫黄改性剂的最佳添加剂量。

（2）以层位功能为根本，引入沥青路面结构与材料一体化设计理念，提出基于抗车辙性能的沥青路面结构与材料一体化设计方法。

（3）综合分析荷载、温度等因素对沥青路面抗车辙能力的影响，荷载、温度与加载频率与沥青路面剪应力的变化关系。

8.3.5　透层乳化沥青应用研究

在我国高速公路路面结构中，以半刚性材料为基层的沥青路面占大多数。这种路面设计采用的是双圆垂直均布荷载作用下的多层弹性连续体系理论，即在设计上要求沥青路面结构及有关材料能达到层间完全连续，同时也是沥青路面保持良好运营状态、延长使用寿命的必要条件。

本课题结合洛栾高速公路路面工程，进行透层油材料现场对比试验，通过实际试验，取得透层乳化沥青材料真实的渗透效果（图 8-21），确定施工工艺要求、质量检测和试验的方法，取得的主要成果如下：

（1）针对目前国内处于无法合理、有效的区分不同渗透能力的透层乳化沥青的应用现状，在国内首次提出了评价渗透能力的指标并研制了透层乳化沥青渗透效果测试仪。

（2）在国内首次提出了适用于河南省高速公路半刚性基层透层乳化沥青的专项技术要求及评价方法（地方标准草案）。

（3）提出透层乳化沥青渗透性检测方法——单一粒径标准砂与特制透气量筒组合进行渗透试验的方法。提出的乳化沥青渗透性能指标计算简单，可以为透层乳化沥青产品渗透效果性能评价提供一种可靠、有效的方法。

（4）在国内首次研制出适用的透层乳化沥青渗透效果测试仪。

试验证明：该仪器所得试验结果能很好地区分不同类型乳化沥青的渗透性能，该测试仪操作方便，使用可靠，为我国提供一种新型的测试透层乳化沥青产品渗透效果的专用仪器。

（5）提出《河南省高速公路半刚性基层透层乳化沥青施工指南（草案）》，为河南省高速公路半刚性基层透层油的施工和工程质量提供整套完整的设计、施工技术。

图 8-21　已喷洒过 RPS-2 高渗透乳化沥青的路面

8.4　洛栾高速公路关键控制性工程施工管理

关键控制性工程的施工管理作为影响项目成本、质量与进度等目标实现的重要环节，如何加强项目施工管理成为项目管理中的重要内容，针对洛栾高速公路的项目建设，存在诸多典型关键控制性工程项目的施工管理。

8.4.1　工程概况

K114+800 ～ K115+136 段于山羊圈附近，于伊河 V 字形河谷旁的山岭上，与卢谭公路隔河相望，交通条件极差，施工区域场地狭小，但结构物比较集中。由大羊蹄隧道出口（左线 L6K114+814，右线 K114+800）至西沟 2 号隧道出口（左线 L6K115+154.3，右线 K115+136）

的主要结构物有：山羊圈中桥、山羊圈大桥、西沟1号隧道、山羊圈中桥与山羊圈大桥间18.07m路基、西沟1号隧道与西沟2号隧道间44m路基以及西沟2号隧道。该段地处半山腰施工属高空、交叉作业，又面临雨季、冬季施工，安全形势非常严峻，施工难度大。

山羊圈地貌图如图8-22所示。

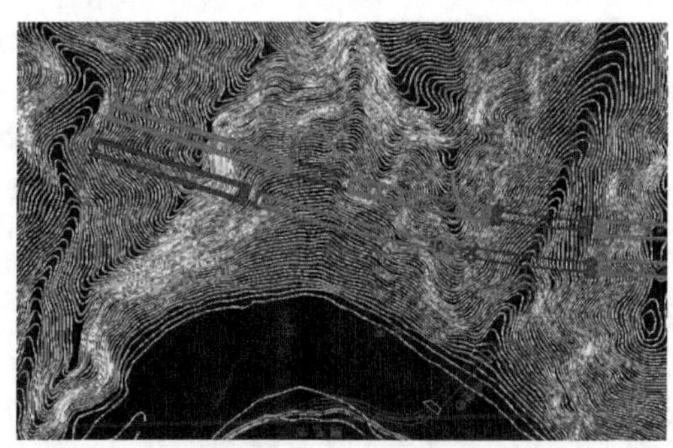

图8-22　山羊圈地貌图

8.4.2　施工方案

1）桥梁

（1）施工平台。

首先采用全站仪对其桥墩位进行测设放样，并用白灰或红旗标出施工平台的平面位置及开挖线。根据现场情况，针对软岩土质采用挖掘机、炮锤等机械进行施工平台的开挖施工。对坚石、硬岩大方量爆破采用潜孔钻进行钻孔爆破，小方量及钻机无法到位施工的爆破采用人工风钻钻孔爆破。炸药及相关小型机械用装载机或挖掘机进行倒运。对于半挖半填的施工平台，不仅填方段用机械分层压实，而且结合面挖台阶处理，防止滑坡。

（2）桩基。

桩基全部采用人工挖孔桩，针对项目实际情况分为无水和有水两种情况。无水的旱桩采用风镐挖掘，如遇硬岩坚石采用微爆，卷扬机人工出渣。遇水采用大功率水泵边抽水边掘进施工，爆破采用防水炸药。钢筋笼集中下料人工运至现场加工，分节制作。吊车吊装时分节长度不宜超过10m，挖掘机吊装时分节长度不宜超过5m。桩基混凝土施工采用导管法或串筒法，分两种情况：一种是混凝土运输车能到达挖孔桩孔口时，用料斗灌注；另一种是场地不具备条件，混凝土运输车不能到达挖孔桩孔口时，混凝土采用泵车泵送入导管或串筒法。

2）隧道施工

（1）洞身开挖。

洞口及明洞土石方施工均采用分层小切口明挖，微震爆破，按自上而下顺序进行，随挖随护；隧道Ⅴ级围岩采用预留核心土环形开挖法开挖；隧道Ⅳ级围岩采用正台阶法开挖，光面爆破；Ⅲ级围岩采用全断面开挖法，光面爆破，喷射混凝土采用湿喷技术，锚杆钻孔采用气腿式风枪等凿岩机械。

（2）初期支护及辅助施工措施。

喷射混凝土采用湿喷技术，锚杆钻孔采用气腿式风枪等凿岩机械；大管棚采用潜孔钻车钻进成孔，挖掘机顶管就位。

（3）仰拱、边墙基础施工。

二次衬砌施工前首先进行仰拱施工。仰拱采用仰拱定型大样模板，加密测点，保证仰拱的设计拱度。

8.4.3 危险因素的控制措施

1）技术因素控制措施

（1）针对K114+800～K115+136段的项目情况，在项目施工过程中进行专项的安全施工方案设计、采用较为成熟的施工工艺标准和安全技术标准等。其中安全施工的方案包括：项目施工过程中的临时用电安全方案、基坑护坡支护安全方案以及针对高空作业的临边洞口安全防护方案等。

（2）通过编制科学合理的安全操作规程、安全作业指导书，开展相关培训、技术交底以及对项目施工进度和实际施工情况进行定期检查，从而进一步加强岗位的安全化、操作的标准化。

2）施工机械因素控制措施

（1）针对该路段中所选用的相关机械设备，指定专人操作危险性较大的机械设备，特殊设备操作人员持证上岗。

（2）对于项目中使用的机械设备进行定期检修保养以及关键部位零件的更换，从而确保机械设备的正常运转以及项目的施工安全。

3）材料因素控制措施

（1）现场严格执行安全物质材料进场复检制度，确保项目中使用的相关材料符合国家相关质量安全标准。

（2）施工过程中加强各供应商之间的协作关系，督促并帮助供应商做好质量控制和质量保证工作。

4）管理因素控制措施

（1）K114+800～K115+136路段作为项目中关键控制性工程，项目情况复杂、施工难度大，因此在建设过程中建立全各项危险因素管理的规章制度，如安全生产责任制、安全操作规程、交替班制度、检查制度、危险作业审批制度等各项管理制度，从而确保在完成项目各项任务的同时确保项目的施工安全。

（2）进一步加强相关人员的技术培训与安全教育工作，增强相关管理人员的安全意识、危险应对能力，明确安全责任，实现对施工中各危险因素的判定与管理。

5）应急管理措施

K114+800 ～ K115+136 路段作为典型山区高速公路施工路段，由于安全事故的发生不能实现完全规避，在管控下仍存在多种风险和不确定性。因此，在项目施工过程中编制安全事故应急预案做好应急救援工作，如组建应急救援小组，建立应急组织；储备应急物资，布置应急设备；组织员工进行应急培训和应急演练。

8.4.4 典型案例分析

2012 年 6 月 25 日，由于项目区出现连续降雨，第八标段西沟 I 号隧道至西沟 II 号隧道之间 K114+934 ～ K115+012 段路基右侧岩质路堑边坡发生顺层滑动，滑动体高度约 10m，沿路线长约 12m，滑体厚度 2 ～ 3m，滑体方量约 140m^3。下部岩体发生顺层滑动后，在滑体上方形成 2 ～ 3m 高的反坡台坎，对其上部岩体失去有效支撑，导致在距离路面高约 32m 的位置沿结构面出现拉张裂缝，裂缝长约 10m，缝宽约 10mm，深度 5 ～ 10cm。

发生顺层滑动后，在 K114+942 ～ K114+983 段路基边坡形成变形区，变形区岩体失去支撑，目前处于不稳定状态，随时有向下发生顺层滑动的可能。

边坡如图 8-23 所示。

图 8-23　边坡工程

针对该项目现状，所采取的施工方案优化措施如下：

1）排水措施

对变形区岩体出现的裂缝采用水泥砂浆灌缝充填，阻止地表水的渗入。在一级边坡上部平台设置排水沟，将边坡大桩号处冲沟地表水汇集，并在 K114+966 ～ K114+968 位置一级边坡坡面设置2m宽的排水踏步，通过增加竖井和增设1.5m的圆管涵排出路基以外。

2）支挡

对于一级以上边坡维持原设计采用的挂网喷锚工程，挂网喷锚面积1380m^2，单根锚杆长度为2m。对K114+938.5～K114+974.5段变形区采用预应力锚索墩进行防护，锚索长度为15m，锚固段长度为8m，锚墩间距3.5m×3.5m，锚墩尺寸为0.8m×0.8m，梅花状布设；对一级边坡K114+942～K114+982.0段设置锚杆挡墙进行防护（大桩号方向同已施工护面墙顺接，桩号以现场实测为准），墙高为10m，墙厚为0.4m，坡率为1∶0.3，墙面板每5m一片，锚杆垂直墙面板布置，间距3.0m×3.0m，单根锚杆长度为8m，采用全黏结锚杆。

针对该路段中出现的滑坡问题，在总体施工上进行了调整：从清除危岩、裂缝充填到挂网喷浆、预应力锚墩、一级边坡锚杆挡墙、护面墙，最后进行局部嵌补以及排水设施的施工完善。

8.5 本章小结

项目的技术管理与创新，在洛栾高速公路的建设过程中提供了重要的技术保证和技术支撑，同时技术创新活动为项目中各项施工难题的攻坚发挥了重要作用，在现有高速公路建设技术的基础上，实现了在山区高速公路技术上的多项重要突破。

（1）在项目技术管理的活动中，充分结合高速公路建设的技术特点与洛栾高速公路建设的实际情况，在确保质量和安全的前提下通过相关研究，进行相关措施的制定与实施在保证项目质量的同时，大大缩短了项目建设周期。

（2）在洛栾高速公路项目的技术与创新管理中，通过开展豫西山区高速公路隧道群修建关键技术、偏压隧道变形控制技术、大纵坡对桥梁结构力学性能的影响及解决办法、经济有效的沥青路面抗车辙材料等开展对控制性工程新技术的研究，以及对于山区高速公路桥梁建设管理办法的研究，从而为项目顺利实施提供了重要的技术保证。

（3）针对项目中控制性部位的技术创新需求，公司通过专项技术方案的研究比选，为工程的顺利开展提供了高效的方案选择。在技术创新活动中从本项目的实际需求出发，结合高速公路建设的技术需要，通过开展经济有效的沥青路面抗车辙材料与路面结构成套技术开发研究、岩质边坡稳定性评价及防护技术研究、豫西山区（洛栾项目）高速公路隧道群修建关键技术研究、山区高速公路半填半挖路基施工关键技术等研究，从而研发出具有广泛使用性的技术产品和使用规范，如研制出的国内首次适用的透层乳化沥青渗透效果测试仪以及相关标准等技术领域都取得了突破性的技术创新成果，推广了钢波纹管涵在山区高速公路的应用以及高渗透乳化沥青在半刚性基层中的应用。

(4)针对山区高速公路项目的技术研究与开发,必须进一步加强相关材料、技术的质量把控,加强可行性研判,必须采用安全有效的新工艺,不得盲目求新。同时,目技术上的创新离不开对于科技资金的投入,因此相关企业还需强化在科技资金投入领域的系统管理。需要进一步促进产学研一体化,加强与技术领域对口高校和科研机构的合作,促进研发和成果的转化,进一步加强相关成果的推广运用。

(5)在企业内部还应建立完善的创新激励机制,对于技术创新建立行之有效的激励措施,促进企业内部技术人员在技术领域内的创新升级,从而进一步提高企业在项目中的成本以及进度等方面的管理水平。

第9章 主要创新点及成果应用综合效益分析

9.1 主要创新点

9.1.1 关键技术创新

（1）系统研究经济有效的沥青路面抗车辙材料与结构，通过试验研究等体积替换法确定硫黄改性剂添加剂量的计算方法，进一步确定硫化改性沥青的机理和硫化改性沥青混合料配合比设计以及基于抗车辙性能改性剂的最佳掺量。

（2）首次提出评价渗透能力的指标并研制出可以实现有效区分不同渗透能力的透层乳化沥青渗透效果测试仪。

（3）通过对围岩性质、隧道埋深和地形偏压等角度利用数值模拟方法研究隧道围岩压力、结构内力和隧道变形等规律的研究，探讨偏压软基隧道设计计算方法，保证软弱围岩偏压地段隧道的安全施工和支护的合理性。

（4）建立山区高速公路隧道群的交通事故评估的层次模型，建立交通事故风险评估模型与评价标准，提出有针对性的应对措施。

（5）提出采用钢波纹管涵带代替混凝土拱涵，进一步保证项目的施工进度，降低项目的施工成本。

9.1.2 管理创新

（1）组织结构的设置中创新的结合多种组织结构模型，并分段设置办事机构做到责任到点、责任到岗、责任到人，为山区高速公路的管理调控提供了组织保障。

（2）针对项目的质量管理目标，引入“首件工程认可制”和“样板工程评审制”，并按照“工程创优”的要求加强项目管理，同时根据项目实际制定质量评定标准与质量管理体系。

（3）为确保项目进度、质量等目标的实现，举办“大干100天施工高潮”“优胜杯”“优质工程杯”“平安工地杯”等争先创优劳动竞赛活动，以提高全体参建人员积极性。

9.1.3 项目群管理创新

以洛栾高速公路项目为依托工程，系统研究复杂地形地质条件下山区高速公路项目群管理中对于质量、进度、组织等工作的协调与管理，全方位总结和提炼项目建设中的工程施工技术、管理制度、控制措施等经验，创新提出山区高速公路项目群管理与建设的思路、方式和方法，集成项目中所形成的管理思路和关键技术，构成一套完善的山区高速公路项目建设理论体系。

9.2 成果应用综合效益分析

山区高速公路项目管理研究的核心理念是在现有管理理论、施工技术的基础上，结合项目实际实现对项目管理实现创新升级，从而达到节约自然资源、保护生态环境以及项目建设等各项目标的目的；研究成果的应用实现了对于山区高速公路的绿色、可持续发展，可为我国同类项目建设提供示范与借鉴；研究所提出的新方法、新思路和新技术，对于补充和完善我国山区高速公路的建设体系，具有重要的参考和实践支撑作用。相关成果的应用实现了节约、环保和安全的建设目标，将对山区高速公路设计、施工和管理起到良好的借鉴作用，具有创新性和广阔的推广应用前景，具有显著的社会效益与经济效益。

9.2.1 社会效益

1）安全与质量并存

在洛栾高速公路工程建设过程中出现工期严重压缩、工程材料运输难、工程车辆进场难、项目建设过程复杂管理难等情况下，通过相关课题研究明确了洛栾高速公路项目建设中遇到的各种困难成因，并根据相关理论知识和管理手段，提出了适用于山区高速公路工程建设的施工技术和管理思路，制定了工程管理、质量管理和安全管理的相关制度，成功实施了施工全过程动态管控，及时消除了安全隐患，降低了施工安全风险，有效避免了质量、安全事故，为解决山区施工难提供了科学的方案，保障了洛栾高速公路的整体工程质量并顺利完成工期目标，得到了积极的社会舆论评价。相关研究成果和实践成就在同类工程建设中具有典型的示范意义和重要的社会意义。

2)技术与管理并行

项目通过对技术与管理的创新研究，形成关于山区高速公路建设与管理的完善体系。洛栾高速公路地处豫西南地区，地形复杂、水文人文条件欠佳、设施设备及工程材料输送困难等因素，以及项目本身因工期严重压缩等原因也给项目的建设增添了难度。因此，本项目中通过开展豫西山区高速公路隧道群修建关键技术、偏压隧道变形控制技术、大纵坡对桥梁结构力学性能的影响及解决办法、经济有效的沥青路面抗车辙材料等控制性工程新技术，以及山区高速公路桥梁建设管理方法的研究，从而制定出适用于山区高速公路桥梁建设的管理措施。

我国目前山区高速公路方案设计、施工理论尚落后于施工实践，很多关键问题尚未形成统一认识，工程质量建设和安全管理意识概念比较孤立，不具备体系性。项目中的研究工作和相关成果可以较好地补充完善现有山区高速公路建设知识体系，推动行业技术进步，对后续研究和深入研究具有积极的促进作用和显著的社会效益。

9.2.2 经济效益

1)优化设计方案

以成本控制为目标，从洛栾高速公路项目建设伊始，先后对桥涵结构物、隧道、路基与边坡、“改路改渠”等多项设计方案进行了重新优化，既减少了施工风险，又缩短了工期、节约了成本、有效控制了工程造价，为工程建设顺利实施创造了有利条件。其中，取消大中桥共计11座、天桥8座、涵洞及通道15道；对伊河中11座大桥累计优化减短桩长5765m；大中桥墩台结构形式优化17座、拱涵变更钢波纹管涵9道等，通过设计方案的优化实现了对于建设成本的最优化，具有显著的经济效益。

2)前期预算管理

项目建设中预算方案对工程建设各个阶段、项目管理各个环节、资金使用各个方面制定了严格的资金管理要求，在总结以往项目建设情况的基础上，采用了前期预算编制的方法对概算控制进行创新尝试，从而保证了项目施工成本的可控性，对于项目总成本的形成具有重要作用。

3)技术创新应用

如针对路面车辙问题，创新地提出并研制出透层乳化沥青，提高了乳化沥青透层油的渗透性能，具有环保、低廉、高效等诸多特点。水稳基层施工碾压完成后及时撒布乳化沥青透层油，与正常土工布养生费用相比，每平方米节省 1.27 元，具有显著的经济效益。

9.2.3　推广应用前景

在我国东部平原地区高速公路管网日趋完善的同时，中西部等偏远地区将成为未来高速公路发展的重要方向，但面对山区地形、地质、地貌等复杂条件，如何进行项目的建设与管理成为重要的研究课题。

项目中关于山区高速公路工程建设项目管理技术的研究，科学指导了工程施工实践，降低了安全风险，避免了质量、安全事故，有效节约了工程成本和事故处理费用，缩短了工期。项目中所形成的研究成果推广应用前景较为广阔，可为后续工程设计施工方案优化、造价控制、工程管理等提供技术指导，将会带动山区高速公路工程成本控制、质量控制及风险控制水平的提升，在后续类似工程修建过程中展现可观的间接和潜在社会、经济效益，推广应用前景十分广阔。

目前，我国类似山区高速公路工程的数量逐步增多，对于山区高速公路的技术问题的研究仍然存在较大发展空间，行业及国内针对相关的技术标准、规范较少，项目中所形成的研究成果也在一定程度上为相关标准规范的制定提供了有效的实践支持与数据支撑。

第10章 总结与展望

在洛栾高速公路的项目管理活动中，通过从工程项目的进度、质量、成本、安全等多个方面进行研究与分析，针对山区高速公路的建设提出了多种新的思路、方式和方法，对于绿色公路、旅游公路的核心理念有了完美的诠释。项目建设中的多项创新研究成果以及管理方法的创新提出，对补充与完善我国同类山区高速公路工程相关标准规范具有重要的数据支撑与重要参考价值。项目中既有高速公路技术的运用以及创新，也为我国山区高速公路项目的建设提供了示范与借鉴。

在项目中为确保工程质量，河南嵩阳高速公路有限公司通过制定质量总目标，强调全过程的质量意识，并大力开展工程创优，确保实现创优目标，最终将洛栾高速公路项目打造成为“国家优质工程”“河南山区高速公路典型示范工程”，并制订了《洛阳至栾川高速公路项目首件工程认可制实施方案》。由此可见，在项目的管理中目标的确立对于项目建设活动具有导向和激发作用，同时也可以更好地确保项目目标的实现。

山区高速公路项目的建设离不开各种技术的支持，洛栾高速公路项目中多处设计为桥隧相连，桥隧比为全省在建高速公路项目中最大，因此针对项目桥梁部分工程建设所需的关键技术进行了优化设计与专项管理，最终在与原设计方案相比很大程度上缩短了项目的施工周期，提高了工程的安全系数并确保了工程质量。

洛栾高速公路地处豫西山区，项目沿线地形、地质条件复杂，工程实施难度大，且多次跨越水库、河流、地方干线道路、交叉高压输电线路等。因此针对项目中多处控制性工程设立专项的课题研究，如隧道群修建关键技术研究、偏压隧道变形控制技术研究、大纵坡对桥梁结构力学性能的影响及解决方法研究、经济有效的沥青路面抗车辙材料与路面结构成套技术开发研究等一系列的山区高速公路施工技术的课题研究，最终形成了关于山区高速公路建设的完整施工技术体系以及实际施工数据的收集，为进一步技术的优化与升级提供了基础。因此在项目建设中对于技术的管理与研究，需要加强已有技术的合理应用以及新技术的研发，抓住项目中建设的关键性、控制性工程，设立专项的课题研究不仅有利于项目问题的解决以及项目目标的实现，还将进一步带动行业内的技术创新与升级，产生更大的社会效益和经济效益。

作为项目管理活动，建立完善的组织与管理制度体系在项目中也十分重要，结合项目实际通过建立激励机制并综合运用激励手段，从而进一步加强了施工参与单位的责任感与安全感，为提高工程质量与安全提供保障；通过结合项目实际，以项目目标为导向建立高效的项目组织结构对项目管理活动的开展具有重要的作用。

交通一直都是制约山区进一步发展的瓶颈之一，不仅与人民群众的生活息息相关，而且与山区的资源开发和经济发展也有着密切联系。在洛栾高速公路项目的建设中，依然可以发现许多需要进一步完善或者提高的地方。

（1）山区高速公路在建设以及运行过程中都不可避免的会对生态环境造成污染以及破坏，必须进一步加强施工过程中对于生态保护的重视。首先，今后在山区高速公路的建设中要加强施工废弃物的集中处理，并对土地进行及时整治；其次，在项目施工过程中应减少线路沿线树木以及植被的乱砍滥伐，尽可能地减少对于项目周边生态环境的影响；最后，对施工过程中所造成的生活垃圾以及临时搭建的建筑及时进行集中收集和无害化处理，及时对土地进行绿化以及复垦的恢复，才能真正实现绿色公路、旅游公路的建设目标。

（2）在项目建设中需要根据项目实际，加强对于沿线的地质、道路规划等多方面了解实现路线的优化设计。在路线优化设计中需要尽可能地避免耕地的占用，以及对国家级自然保护区、矿区、文物保护区等地方所造成的破坏，并且对于路线的设计需要认真听取有关专家以及各方的意见和建议优化线路设计与选址，最大限度减小施工建设对项目沿线生态环境的影响。

（3）山区高速公路的建设，需要在项目中进一步加强与专业领域内有关科研院所以及高校之间的合作，加强与行业内信息上的互联互通，从而减少建设过程中因信息闭塞、技术落后所导致的资金以及进度上的损失。

（4）在项目建设中要积极研发新材料、采用新技术、运用新设备、建立新模式，从多个维度确保工程质量安全，并降低项目建设过程中的生产成本以及山区高速公路建设过程中对生态环境所产生的影响，也能够使得山区高速公路乃至全国高速公路的建设能够全面、协调、可持续发展，获得经济与生态上的双重收益。

（5）项目中管理方法的选取以及管理模式的建立，需要进一步结合项目实际而不是对于固有经验的套用，要将管理思想和要求进行规范化和条例化，要在项目管理活动中做到有据可依，才能真正地为项目的质量、安全等多方面提供保障。

洛栾高速公路作为河南省真正意义上的首条山区高速公路，无论是项目在技术上的创新还是在管理方法以及管理模式上的构建，都使得该条高速公路在确保高品质的前提下大幅缩短了项目的建设周期以及资金。并且该项目的完工填补了洛阳市下辖9县市中洛宁县、嵩县、栾川县仍然还未有高速公路的空白，完善了河南省现有的交通运输网络，极大地提高了线路沿线的交通运输能力以及资源的开发，对河南省乃至全国同类山区高速公路的建设起到了典型的示范作用。

山区高速公路的项目管理作为高速公路建设中的重要难题之一，通过管理经验的总结以及管理方法的不断优化，相信不久的未来我国在山区高速公路的建设中将拥有更加完备的建设模式以及更加成熟的管理体系，在面对不同情况下的山区高速公路建设都可以做出有效的调整和选择。相信以项目的结束作为起点，今后将以更为合理的项目管理经验为基础，建设更为优秀的高品质山区高速公路项目。

参考文献

[1] 中华人民共和国行业标准. 公路工程技术标准:JTG B01—2003[S]. 北京:人民交通出版社,2004.

[2] 中华人民共和国行业标准. 公路沥青路面设计规范:JTG D50—2006 [S]. 北京:人民交通出版社,2006.

[3] 中华人民共和国行业标准. 公路工程质量检测评定标准　第一册　土建工程:JTG F80/1—2004 [S]. 北京:人民交通出版社,2004.

[4] 丁士昭. 工程项目管理 [M]. 北京:中国建筑工业出版社,2014.

[5] 中国建设监理协会. 建设工程质量控制 [M]. 北京:中国建筑工业出版社,2003.

[6] 懂良峰,张瑞敏. 工程项目管理 [M]. 北京:北京大学出版社,2015.

[7] 霍明. 山区高速公路勘察设计指南 [M]. 北京:人民交通出版社,2003.

[8] 张宪堂,杨正凯. 公路施工组织与管理 [M]. 北京:人民交通出版社股份有限公司,2017.

[9] 李晋. 公路设计新理念与案例分析 [M]. 北京:中国矿业大学出版社,2014.

[10] 李继业,范世香. 公路工程项目管理 [M]. 北京:化学工业出版社,2010.

[11] 邱国林,宫立鸣. 工程项目管理 [M]. 北京:中国电力出版社,2014.

[12] 陈勇,曲赜胜. 工程项目管理 [M]. 北京:清华大学出版社,2016.

[13] 河南嵩阳高速公路有限公司. 公路半刚性基层透层乳化沥青渗入效果及评价指标研究 [R].2012.

[14] 河南嵩阳高速公路有限公司. 隧道施工监测与安全风险控制技术研究 [R].2012.

[15] 河南嵩阳高速公路有限公司. 节能减排经济型抗车辙沥青路面材料与结构研发与工程应用 [R].2012.

[16] 周洪文. 技术创新项目在洛栾高速公路工程中应用的经济效益分析 [J]. 科技展望,2014(13):15-16.

[17] 张作海. 河南洛栾高速公路沿线地质情况研究 [J]. 资源环境与工程,2009,23(S1):37-40.

[18] 林鸣,王孟钧,罗冬,等. 港珠澳大桥岛隧工程项目管理探索与实践 [M]. 北京:中国建筑工业出版社,2018.

[19] 陈中治,钮洪亮. 山区旅游公路设计新理念——湖北省兴山县的“最美水上公路”[J]. 中外公路,2017,37(06):1-5.

[20] 梁志勇，易巍，彭向荣. 广梧高速公路路线方案设计 [J]. 公路交通科技（应用技术版），2010，6（11）：345-347.

[21] 黄湛军. 绿色公路在广梧高速公路中的设计实践 [J]. 中外公路，2018，38（04）：342-346.

[22] 晏威，程谦，刘跃，等. 旅游公路沿线生态环境管控新模式的探讨 [J]. 环境与可持续发展，2018，43（02）：74-75.

[23] 赵威. 山区高速公路隧道洞口边坡稳定性分析及防护研究 [J]. 北方交通，2017（01）：80-84.

[24] 梁贤伟. 公路边坡稳定性分析及治理措施研究 [D]. 石家庄：石家庄铁道大学，2019.

[25] 邹建前. 浅谈如何加强和规范高速公路工程项目管理 [J]. 科技视界，2019（19）：209-210.

[26] 韩守勇. 公路工程施工项目管理内容及优化措施 [J]. 居舍，2018（03）：113，60.

[27] 李昱波. 高速公路工程施工项目成本管理研究 [J]. 工程技术研究，2019，4（08）：134-135.

[28] 任湘钰. 高速公路项目建设成本费用的控制管理 [J]. 山东交通科技，2019（02）：118-119.

[29] 穆小京. 公路工程项目质量控制与进度管理探讨 [J]. 工程建设与设计，2018（03）：161-163.

后　　记

洛栾高速公路的建设完工，进一步促进了河南省高速公路规划网络的形成。作为全省首条真正意义上的山区高速公路，项目在面临着时间短、任务多、技术标准高、施工难度大等诸多困难和挑战的情况下，依然顺利地在要求工期内完成了全线通车的目标，因此通过对洛栾高速公路项目管理的研究，可为我国今后山区高速以及其他高速公路的建设提供新思路。

河南嵩阳高速公路有限公司始终将洛栾高速公路的建设作为一项重要的政治任务，公司在项目管理活动中针对山区的特殊环境以及项目的定位，始终坚持以绿色公路、旅游公路作为项目建设的核心理念。项目在施工前期通过开展各种调研活动以及对于区域内的经济发展和社会发展战略的研究，从而可以更加精准地确定洛栾高速公路项目的建设思路以及建设方向。

通过整理、分析前期社会调研所得数据，对交通运输量等相关指标进行预测，从而确定建设方案以及投资成本，以此为基础，河南嵩阳高速公路有限公司积极借鉴我国长期以来积累的高速公路建设管理丰富经验，结合洛栾高速公路项目工程实际，认真实践，努力进行尝试创新。

虽然在项目前期开展了大量的调查研究，对于项目的需求定位等方面有了更进一步的了解，但洛栾高速公路在工期受到严重压缩的情况下，如何保质、保量地完成工程项目的建设，依然是项目管理活动中所面临的重要难题。从公司各项管理措施的制定及实施中可以得知，公司对于项目目标的确立、项目质量和安全工作等各目标的实现做了大量的工作。首先，项目建设中从多角度、多层次加强项目参建人员的技能培训和思想安全教育。其次，项目中随着工程的不断推进，对于各项管理制度的系统化、制度化也在发现问题与解决问题当中不断进行优化，使得在项目实践中对参与人员有着更为有效的行为约束力。

在洛栾高速公路的项目管理工作中，目标的确立、管理的规范化和制度化、人员管理的系统化等诸多方面通过大量管理工作的实践，都得到了有效的优化和改进。但针对目前我国山区高速公路建设中项目管理经验不足的情况，需要在今后山区高速公路的建设中进一步总结施工经验以及教训，完善项目管理中的各项工作。还需针对我国坚持的可持续发展战略，进一步推进山区高速公路在旅游公路、绿色公路理念上的深入研究与落实，就各项指标开展专项的数据分析，针对不足和问题之处开展优化设计。

在洛栾高速公路项目中，公路建设信息化管理技术的应用是今后山区高速公路项目管理中需要进一步加强调研和研究的重要部分，并且是今后项目管理工作发展和优化的重点内容，这是适应当今信息化社会不断发展的关键，也是推进项目管理工作不断前进的必然要求。